経済学者の栄光と敗北

ケインズからクルーグマンまで 14人の物語

东方丛书

经济学家的荣光与败北

从凯恩斯到克鲁格曼

[日] 东谷晓 著

靳园元 译

人民东方出版传媒
People's Oriental Publishing & Media
东方出版社
The Oriental Press

自序

Preface

本书旨在介绍现当代著名经济学家的生平以及他们的学说，这些人对当今的经济政策仍有着深远的影响。书中内容浅显易懂，即使读者不熟悉经济学知识，也可以轻松阅读。

市面上有很多读物介绍亚当·斯密、马克思等已经离我们很远、名垂青史的经济学家，这些读物无需专业知识也能读懂，而关于现当代经济学家，很难见到除了学术理论介绍类之外的书籍。即便有，通常也是用大量篇幅来介绍他们的学术理论，若非经济学专业出身，读者很难尽读全书。

造成这样局面的原因有很多。其中之一，可能是因为这些经济学家仍然影响着当今的经济政策，故而我们往往对他们的学说更感兴趣，至于这位经济学家是怎样的一个人，他有怎样的人生观等，我们就很少关注了。

我在机缘巧合下，从事了撰写有关经济政策和经济学的报告及书籍的工作，但我并非经济学专业出身，所以常常需要专门去阅读一些经济学家的相关著作和文献。毋庸赘言，学术理论都很抽象，绝非一看就懂。作为调节，我间或会查一查这些经济学家的生平，开个小差。开小差的时候总是更为轻松。本书就是在这样开小差的过程中诞生的，可以说是偶然中的偶然，所谓"兴趣本位主义视域下的现当代经济学家列传"是也。

一旦撰写成书，我无可避免地发现自己的兴趣所向偏好明显，好恶分明。所以在撰写本书的过程中，我对于自己没什么兴趣的经济学家的著作和论文，尽量抱着公平公正的态度认真拜读；而对于自己喜欢的经济学家的文章，则有意更为苛刻地重新审视。

我非常清楚不应该在读者开始阅读之前将我的个人观点强加于人，但我还是想在此处先向各位读者朋友特别说明。所谓遵循着严谨科学方法论的经济学理论，其实会由于每一位经济学家的人生观和价值观的不同，而呈现出令人惊叹的多元化。

诚然，在社会科学领域中，经济学无论是从理论的构建，还是从对数学的高度应用来看，都是最接近自然科学的。也正因如此，经济学与自然科学共通的基础部分是十分扎实的。如果了解了经济学家的生平和言行，我们就会重新发现——有多少种性格的经济学家，就有多少门经济学。希望各位读者朋友在阅读本书时能充分体会到这一点。

本书简述了十四位经济学家的生平和他们的学术理论。相信读者朋友很快就会注意到，书中关于其中一位经济学家的部分，无论是叙述方式还是篇幅，都与其他经济学家截然不同。这个人就是约翰·梅纳德·凯恩斯。

理由很简单。纵观经济学史，论及对现代经济政策的影响，无人能出其右。也有很多人认为，凯恩斯经济学已经过时了，败给了米尔顿·弗里德曼的学说，所以弗里德曼才是应该被大写特写的核心人物。然而，凯恩斯经济学之所以被认为败给了弗里德曼的学说，难道不是因为凯恩斯经济学被严重低估了吗？在雷曼事件（即2008年美国次贷危机）之后，凯恩斯经济学再次急速地流行起来。在这样的现实背景下，重新审视弗里德曼的"胜利"就显得十分必要。另外，弗里德曼是通过批判凯恩斯经济学才登上历史舞台的，放眼第二次世界大战后的经济学史就会发现，以凯恩斯为出发点才更为恰当。

顺附一言，可能很多人会奇怪，以凯恩斯为出发点的话，为什么不介绍琼·罗宾逊等被称为是"后凯恩斯学派"的凯恩斯的得意门生？关于这一点我只能说，近十余年来，在谈论经济政策的时候，我们首先会想到的是美国的经济学家。

总之，本书并不是以应试为目的的学术史，书中描述的主要对象是在凯恩斯影响下确立起自己学说的经济学家，以及对凯恩斯学说提出批判的经济学家，这是一本关于经济学家的荣光与失败的传记。在此，我衷心地祝愿大家展卷愉快。

现代经济学的谱系

```
重农主义 → 亚当·斯密 ← 重商主义
              ↓         ↓
           李嘉图   古典主义   马尔萨斯
          ↓    ↓                ↓
       马克思  约翰·斯图尔特·密尔
                    ↓
              瓦尔拉斯、马歇尔
          新古典主义
              ↓              ↓
           弗里德曼    新古典主义综合派 ← 凯恩斯
           ↓     ↓          ↓
       理性预期理论  货币主义   新凯恩斯主义
                 凯恩斯主义
```

目录

Contents

自 序 / I

PART 01
现代经济学的卡珊德拉

第1章 约翰·梅纳德·凯恩斯①

一个局外人的肖像　　002

魂归蒂尔顿 / 003　"凯恩斯死了" / 005　哈维路的神童 / 006
入选"使徒社" / 007　摩尔的"善不可定义" / 009
只学习过八周经济学 / 010　同性恋者凯恩斯 / 011
"对未来的规划中没有孩子" / 013　与布鲁姆斯伯里派的交往 / 015
与芭蕾舞者意外成婚 / 016　曾是良心拒服兵役者？ / 018

第2章

不确定性时代的预言家　　　　　　　　　约翰·梅纳德·凯恩斯②　025

莽撞的幻想 / 025　　年轻的英雄凯恩斯 / 027
错误货币政策的后果 / 028　　是大英帝国还是英国产业？ / 030
学术性的《货币论》/ 032　　作为理论的概率论 / 033
并非逻辑而是权宜之计的判断 / 035　　适于平庸的微明 / 037
拉姆齐的批判与信念等级 / 038　　从风险到不确定性 / 040

第3章

世界经济危机的"救世主"　　　　　　　约翰·梅纳德·凯恩斯③　048

看似简单的结构 / 049　　着实复杂的心理与预期 / 050
对消失的"不确定性"的看法 / 051　　应对萧条的经济学在僵化 / 054
体系封闭的国民经济 / 055　　第二次世界大战与战费筹措 / 057
《布雷顿森林协议》/ 058　　凯恩斯计划与怀特计划 / 061
全球经济学家的失败 / 062　　不列颠之战 / 063
年轻时的信仰与成熟的真相 / 065　　灯熄之后 / 067

PART 02
美国的凯恩斯主义者们

第4章
保罗·萨缪尔森

美国版凯恩斯经济学的"幕后黑手"   076

畅销书《经济学》的作者 / 077　印第安纳州加里市 / 079
哈佛大学的年轻才俊 / 080　凯恩斯革命与萨缪尔森 / 082
转到麻省理工时牵扯出的犹太裔问题 / 084
《经济分析基础》与新古典综合派 / 086
肯尼迪政府的"幕后黑手" / 088　通货膨胀埋葬了凯恩斯吗？/ 090
对自由贸易的"修正" / 092　伴随着技术革新的自由贸易的意义 / 094

第5章
约翰·肯尼思·加尔布雷思

新型社会主义的煽动者   101

为什么富裕国家中仍然存在贫困？/ 102　催生欲望的经济"机制" / 103
学生时期经受大萧条的震撼 / 105　丰裕社会 / 107
从新工业国到新社会主义 / 109　从世界知名到昨日旧人 / 111
大萧条与泡沫经济再次出现的可能 / 113

第6章　海曼·菲利普·明斯基

解说不稳定性的异类　118

重读明斯基之夜 / 119　异端与边缘的生活 / 121
对新古典综合派的批判 / 123　不确定性与金融不稳定性假说 / 125
稳住不稳定的经济 / 127　明斯基理论的政策性意义 / 129
次贷危机带来的"复活" / 131

PART 03
现代货币主义与新古典派的兴盛

第7章　米尔顿·弗里德曼

反凯恩斯革命的英雄　138

与凯恩斯经济学的斗争 / 139　批判《通论》中的消费理论 / 141
贫穷的犹太裔移民之子 / 142　漫步经济学圣地 / 145
弗里德曼的"金钱观" / 147　何谓实证经济学 / 149
高产的60年代——其一：微观经济学 / 151
高产的60年代——其二：宏观经济学 / 154
高产的60年代——其三：政策建言 / 155
理论、名声与现实 / 157　博彩经济 / 159

第8章　加里·斯坦利·贝克尔

帝国主义经济学的推手　168

第一部著作所引发的论争 / 169　结识米尔顿·弗里德曼 / 170
犯罪与刑罚的经济学 / 172　提出人力资本的概念 / 174
用经济学分析家庭 / 175　回到芝加哥大学和妻子的离世 / 177
在经济学上应如是 / 178　人称"经济学帝国主义" / 180
将人类生活经济学化的野蛮行径 / 181

第9章　理查德·艾伦·波斯纳

用金钱衡量"正义"的法学家　188

被引用次数最多的学者 / 189　法律界的优等生 / 190
《正义/司法的经济学》的诞生 / 192　"怪胎"大法官 / 195
波斯纳和贝克尔的博客 / 197　法律哲学上的论争 / 199
波斯纳的"变心" / 201　转向新经济学式的思考 / 202

第10章

理性预期的教父

小罗伯特·卢卡斯

210

经济政策都无效 / 211　以成为历史学家为目标 / 213
从经济学史到经济学 / 215　"预期和货币中性" / 216
卢卡斯孤岛模型 / 218　理性预期是对萨缪尔森理论的应用 / 220
极端的教条化与批判狂潮 / 221　理性预期革命开始出现阴云 / 224

PART 04
市场经济秩序的社会哲学

第11章

自生自发经济秩序的守护者

弗里德里希·冯·哈耶克

230

对各种计划经济的批判 / 231　隐秘的激烈性格 / 233
活跃的奥地利学派经济学家 / 236　与凯恩斯的激烈论战 / 237
针对《通往奴役之路》的疑问 / 240　从伦敦到芝加哥 / 241
为自由而奋斗的社会哲学家 / 243　荣光与巨大的误解 / 245
对实证主义的批判 / 246

第12章　　　　　　　　　　　　　　　　　　　　卡尔·波兰尼

彻底的市场社会怀疑论者　　　　　　　　253

市场经济将要终结 / 254　波兰尼一家 / 256
对大萧条与法西斯的分析 / 258　逃亡生活与《大转型》/ 260
迈克尔与卡尔的凯恩斯论 / 261　《大转型》之后的"经济人类学" / 264
名为"社会"的乌托邦 / 266

第13章　　　　　　　　　　　　　　　　彼得·费迪南·德鲁克

管理界的导师　　　　　　　　　　　　272

成名作《经济人的末日》/ 273　与其说是管理学，更像管理哲学 / 275
维也纳名门德鲁克一族 / 277　在美国再出发 / 279
彼得是个撒谎精 / 281　被波兰尼的亲属提出抗议 / 283
与斯隆之间的摩擦 / 285　德鲁克的凯恩斯论 / 287
全球经济与民族国家 / 289

PART 05
新凯恩斯经济学的艰苦奋斗

第14章
保罗·罗宾·克鲁格曼

兜售经济政策的男人　　298

好则无用，坏则有害 / 299　　专门研究国际贸易理论 / 301
开拓新贸易理论 / 303　　引领战略性国际贸易政策理论 / 304
回到李嘉图！ / 306　　克林顿的失望 / 308
轻率的行事风格 / 310　　凯恩斯经济学尚在 / 313
得偿所愿的诺贝尔奖 / 314　　激烈的政策批判家 / 317

第15章
罗伯特·詹姆斯·席勒

金融经济的启蒙主义者　　327

"非理性繁荣" / 328　　不要迷信权威和名人 / 330
推动股价的研究 / 332　　预言了房地产经济泡沫的破裂 / 334
解决次贷危机 / 336　　席勒构想的泛保险世界 / 338
动物精神 / 340　　一般市民的金融启蒙 / 342

第16章

约瑟夫·斯蒂格利茨

信息不对称经济学的修补工　　　　　　　348

支持占领华尔街运动 / 349　　萨缪尔森的"后辈"/ 351
修行中的斯蒂格利茨 / 353　　信息不对称是常态 / 355
东欧失败的原因在于市场主义 / 357
对IMF与美国财政部的批判 / 359　　对华盛顿共识的批判 / 361
泡沫经济的崩溃与凯恩斯主义的复兴 / 363
斯蒂格利茨去向何处 / 365

终章　　　　　　　　　　　　　　　　　　373

图片来源　　　　　　　　　　　　　　　　375

PART

01

现代经济学的卡珊德拉

> 在各种经济政策都宣告失败的现状下,现代经济学作为根源,承受的批判声日益高涨。与之同时,人们急不可待地开始再次评估曾被认为无效的凯恩斯经济学。
>
> 但是,曾经颠覆了凯恩斯的现代经济学失败了,于是就马上宣布凯恩斯经济学复兴,这样做真的妥当吗?
>
> 我们需要先弄清楚,被现代经济学推翻的凯恩斯经济学究竟是什么,它的缔造者约翰·梅纳德·凯恩斯又是一个怎样的人。

第1章 一个局外人的肖像

约翰·梅纳德·凯恩斯[1]

1883—1946

1936年出版的《就业、利息和货币通论》[1]一书让全世界的经济学为之一变,凯恩斯的名字从此为世人所熟知。凯恩斯的学术活动涉猎甚广,著有批判《凡尔赛和约》的《〈凡尔赛和约〉的经济后果》、哲学论集《论概率》等。

同时,他还是知名收藏家,收藏后印象派等绘画。与俄罗斯芭蕾舞者莉迪亚·乐甫歌娃结婚后,他出资经营了一家剧院。他还曾在一家保险公司担任董事长,作为投资人,多次战胜经营危机,积累起巨额的财富。

作为英国剑桥经济学家约翰·内维尔·凯恩斯的长子,他自幼擅长数学和写作,在进入伊顿公学读书后不久便显露出了在演讲方面的卓越才能。

自剑桥大学毕业后,他曾先后任职于英国印度事务部和财政部,并在剑桥大学担任经济学讲师。第二次世界大战时,他主导着英国的战时经济政策,对全球经济中布雷顿森林体系的形成作出了卓越的贡献。

---

[1] 下文简称《通论》。——译者注,下同。

作为19世纪英国的精英知识分子，
凯恩斯无论是在思想上还是在伦理道德上，
都对旧权威发起了猛烈的挑战。
可以说，年轻的凯恩斯在踏上征程之初，
是英国社会中一个离经叛道的局外人。

魂归蒂尔顿

凯恩斯参加了召开于美国佐治亚州萨凡纳的国际货币基金组织（IMF）与世界银行创立大会，之后，他回到了英国的蒂尔顿庄园。这段时间，他的健康状况一直都不太好。

1946年3月9日，在IMF和世界银行创立大会的演讲中，凯恩斯将IMF称为"基金先生"，将世界银行称为"银行小姐"，博得了参会人员的会心一笑。他还讲了一个有关妖精的寓言，在为这两个国际机构的未来送上祝福的同时，也对它们今后的命运表示出了担忧。

> 希望我们这里没有邪恶的妖精。万一有，我猜他肯定会诵念这样的咒语："等你们两个（指IMF和世界银行）长大了，我一定要让你们成为政客，让你们的所想所做都是黑暗的。"[1]

虽说是一个寓言，但这显然是在奚落试图支配IMF和世界银行的美国，尤其是当时的美国财政部部长弗雷德里克·文森。文森当然也听懂了，他曾对身边的人表达过自己的愤怒："我并不介意别人说我心怀不轨，但是变成妖精什么的，还是敬谢不敏了。"[2]

凯恩斯从萨凡纳回到英国后，于同年4月18日，一个人来到了查尔斯顿，与克莱夫·贝尔、凡妮莎·贝尔、邓肯·格兰特等青年时代的友人见面。同月20日，他与妻子莉迪亚一起登上了蒂尔顿附近的山丘欣赏风景，他们一边沿着坡道漫步，一边聊着诗人托马斯·格雷的作品。

次日，凯恩斯离世了。

> 第二天早上，凯恩斯的母亲听到他房间传来咳嗽声，于是去找莉迪亚，莉迪亚飞速赶到凯恩斯身边。他之前已经撑过了多次的心脏病发作，但这一次他没能挺过来。[3]

凯恩斯年轻时猛烈地批判了第一次世界大战后签订的《凡尔赛和约》，从此人们记住了这个年轻人的名字。1936年，他出版了《就业、利息和货币通论》一书，让全世界的经济学和经济政策为之一变。第二次世界大战时期，他大力支持英国的战费筹措，打造出了战后的世界货币体系。这样的一个人，他的死却被一笔带过。

凯恩斯离世后，他的遗体被火化，骨灰撒在了蒂尔顿的山丘上。凯恩斯原本希望将自己的棺椁停放在母校剑桥大学国王学院的教堂里，但是他的弟弟杰弗瑞完全忘了这回事。[4]

"凯恩斯死了"

1946年，凯恩斯于蒂尔顿离世之后，全世界范围内的凯恩斯经济学时代才终于到来。当时，学习经济学就等同于通读凯恩斯的著作。

特别是第二次世界大战后的美国，政府根据凯恩斯经济学原理制定了经济政策，出现经济衰退就动用财政支出来促使经济恢复，这些举措足以让人们意识到新的经济学时代已经到来。在20世纪60年代，这被称为"新经济学"。

但是，看似可以长盛的凯恩斯经济学在20世纪60年代后半程开始显现颓势。到了70年代，它甚至被认为是经济停滞的原因；而到了80年代，反凯恩斯经济学取得了全面胜利。

让经济政策制定者更为失望的是，通过财政支出促使经济恢复的政策给本就萧条的市场带来了"滞胀"。美国的通货膨胀极其严重，通胀率从60年代后半程开始攀升，1970年时达到了6%；70年代后半程超过10%，80年代时达到了14%。这直接导致人们不再相信凯恩斯经济学。

虽然凯恩斯采用以财政支出推动消费不断加速的"乘数理论"，但他所说的乘数数值达到10倍不过是一个假设，实际上只有1倍多，这也让他的经济政策大为失色。

同时，反凯恩斯经济学的急速发展也大大加剧了凯恩斯经济学的衰败。特别是芝加哥大学的米尔顿·弗里德曼指出，凯恩斯所说的消费倾向是完全不可信的。[5]

财政学家詹姆斯·布坎南曾批判说，凯恩斯经济学的"哈维路"（凯恩斯的出生地——剑桥——的一处地名）式的假定认为由某一位精英制定政策决策是合理的，而这导致了肆无忌惮的财政支出和腐败。

1980年前后，英国的撒切尔政府与美国的里根政府先后成立，这宣告了凯恩斯经济政策的终结。撒切尔政府采用了弗里德曼的货币主义，里根政府也更看重货币主义和供给学派经济学等反凯恩斯经济学。而之后到来的经济繁荣看上去更是证明了反凯恩斯经济学的正确。信息技术革命是供给经济学的成果，而金融工程学带来的房地产热潮是弗里德曼金融经济学的胜利。

然而在2007年夏天，次贷问题愈发显露，全球经济黯淡。2008年2月14日发行的英国经济杂志《经济学人》报道称，"凯恩斯式的财政回来了"[6]。2008年9月，美国次贷危机（雷曼事件）爆发，美国陷入金融危机。旋即，研究凯恩斯经济学的专著和新版《凯恩斯传》纷纷出版。"凯恩斯已死"的观点流传已久，而如今，凯恩斯主义复苏了。

如果我们因为凯恩斯主义的归来而欢欣雀跃，认为凯恩斯的经济学和他的言行全部正确，那么一切就都失去了意义，就如同他的骨灰被撒在了有悖他愿望的地方一样。究竟，凯恩斯是何许人物呢？

哈维路的神童

要想了解凯恩斯，首先要了解他的成长背景。

约翰·梅纳德·凯恩斯生于英国的大学城剑桥。他的父亲约翰·内维尔·凯恩斯是剑桥大学的经济学老师，母亲佛洛伦丝·凯恩斯是剑桥大学第一批毕业的女大学生之一。

梅纳德自幼就展现出了不凡的才能,他4岁半时说的话让大人们吃了一惊,他说:"假如我借给你半便士,你持有相当长的一段时间,那么你要还给我的就不仅是那半便士了,还要多还我一些钱。这就是利息。"[7]

凯恩斯的父亲内维尔意识到,自己的儿子对算数和代数"有着非常敏锐的直觉。他10岁之前就已经读完了几何学的第一卷,10岁时已经会解二次方程,还能运用斯托克斯公式;他还能用拉丁语读奥维德的诗和其他一些散文,用英语学习了《斗士参孙》"。[8]

凯恩斯以优异的成绩从名门学府伊顿公学毕业后,进入剑桥大学学习数学,他在数学领域也留下了傲人的成绩。从他父亲的记录中可以推知,那是他长期以来努力的结果。

年少的凯恩斯最让人感到好奇的地方是,他6岁的时候似乎认为自己样貌丑陋[9]。"他觉得再也没有像他这么丑的人",与同龄小伙伴们相比,"他的身体不够协调,运动神经也很差"。

在成长过程中经历了一些波折,让这个对美丑十分敏感的少年形成了自己的审美倾向。诚然,凯恩斯后来的交际圈中以政治家和经济学家居多,但他对与画家、小说家、音乐家及舞蹈家等探求美的人的交流,一直都很看重。

入选"使徒社"

凯恩斯一生都保持着精英知识分子的骄傲与傲慢。要想了解这一点,就需要了解一下当时他所在的剑桥大学的氛围,以及他大学时期参加的"使徒社"。

当时,剑桥大学有优秀学生秘密结社的传统,这个社团叫作

"使徒社"。从名字就可以看出，在过去的大学中，前辈通过宗教式的神秘仪式授予年轻人对未来的期许，代代相传，如同神学根据地培养对神灵忠诚的信徒一般。

但是，剑桥大学使徒社的神秘仪式无关神学，而是哲学和文学式的。凯恩斯被"使徒社"选中时，在"使徒社"做指导的OB（被称为"天使"）中有伦理学家乔治·爱德华·摩尔、数理哲学家伯兰特·罗素、历史学家里顿·斯特拉奇等人。

摩尔于1903年10月出版的《伦理学原理》一书给现代伦理学带来了重大影响，他在书中对前代剑桥哲学家亨利·西季威克所提出的功利主义予以了根本性的批判。

众所周知，杰里米·边沁是功利主义的创始人。他在草稿中写道，人和牛马等其他动物一样，会为了追求快乐、回避痛苦而算计。这就是著名的"疯子也算计"一说。[10] 边沁认为，人的快乐与痛苦很容易辨别。所以，将人的快乐最大化就能让人得到幸福。这就是所谓的"最大幸福原则"。他认为人的正义与道德都应当依据这个原则来判断。

19世纪的英国经济学家的思想都是以边沁的功利主义为前提的。即使是与边沁既为朋友，又在经济学上彻底地站在边沁对立面的戴维·卡德和马尔萨斯，在这一前提上也是一致的。

但是，快乐和痛苦真的可以被辨别和计算吗？边沁的孙辈弟子约翰·穆勒已经指出，快乐和痛苦是无法清楚判别的。穆勒曾说："不满足的人比满足的猪幸福，不满足的苏格拉底比满足的傻瓜幸福。"[11]

尽管如此，西季威克作为"最后一位功利主义哲学家"，他一方面承认大多被认为具有伦理学价值的属性和特质与快乐没有关系,另一方面又认为这个世界允许通过快乐最大化而提升幸福感。换句话说,他的观点是,即使伦理学上认为人应当断食,但粮食增产依旧是一件好事。[12]

摩尔的"善不可定义"

在摩尔看来,上述观点不过是机会主义的投机取巧。摩尔的结论是,善不是因为在伦理学命题上被认为是善所以就是善,只有让每个人都感觉到的善才是善。[13]

> 善就是善,不是任何其他的东西。
> 善即为善,仅此而已。

这样的说法看上去不过是同义反复,但对当时的剑桥知识分子来说,《伦理与原理》的出版是一个令人拍案叫绝的大事件。里顿·斯特拉奇甚至兴奋地给摩尔写了信,他在信中说:"上至亚里士多德和耶稣,下至赫伯特·斯宾塞、赫伯特·布拉德莱等人,他们的伦理学观点都被你推翻了。你构筑了伦理学真正的基础,对一切近代哲学予以了嘲弄……我愿将1903年10月称为'理性时代的开端'。"[14]

摩尔的伦理学由以下四个部分构成。第一,善是不可定义的;第二,精神状态本身就具有价值;第三,正确的行为是指以达到理想状态为目标的行为;第四,理想状态是复杂的。

当时20岁的凯恩斯同样为摩尔的《伦理学原理》而感到兴奋,甚至成了摩尔的信徒。英国维多利亚王朝的伦理观念在表面上尊重基督教强加于人的传统道德，同时又接受了功利主义所倡导的得失计算，这让年轻的凯恩斯深恶痛绝。可以说，摩尔一举扫清了那些伪善面孔之下的冠冕堂皇的说辞。

只学习过八周经济学

不过，考虑到凯恩斯与经济学初相识的经历，他对《伦理学原理》的崇拜显得稍稍有些讽刺。凯恩斯所学的经济学是阿尔弗雷德·马歇尔的理论，而马歇尔的思想与被摩尔狠批的西季威克的十分相近。

凯恩斯在剑桥大学国王学院读书时主要学习数学，这是剑桥的传统教育体制。剑桥当时的制度被称为"Tripos"，毕业考试只考数学，放到现在来看可能会让人有些吃惊。

虽然凯恩斯在伊顿公学读书时对数学很有自信，但在剑桥时他的兴趣范围急速扩展，加上他还担任着学生会会长的职务，所以他对Tripos考试的准备算不上充分。

结果，凯恩斯在考试中不仅没有取得第一，甚至还和威廉·佩奇——专注于数学的威廉伯爵家的儿子——拉开了不小的差距，这不仅让凯恩斯自己，也让他的父亲内维尔大失所望。凯恩斯成为数学研究员（拥有大学教师资格的人）的路被堵死了，他只得去探索其他领域的可能性。作为尝试，他开始阅读马歇尔的《经济学原理》。

最初，凯恩斯对放弃数学之路感到屈辱，但渐渐地他对经济学产生了兴趣。除了马歇尔，他也喜欢阅读著名经济学家威廉姆·杰文斯的著作，后来他开始每周接受一次马歇尔的个人指导。

马歇尔的道德哲学是西季威克式的功利主义，并且试图用所谓的"经济学的骑士精神"来解决西季威克持保留态度的伦理问题。[15] 马歇尔认为，为了伦理价值而断食的人应当与追求饱腹而不可得的贫民区分开，因为他们在追求各自的价值观时有着各自的道德思考。凯恩斯曾这样评价马歇尔的《经济学原理》："学生拜读《经济学原理》之后，深为折服，自以为读懂了，但一周之后，很有可能发现自己其实一无所知。"[16]

马歇尔的《经济学原理》在20世纪30年代成为美国大学的教材。[17] 可见，该书作为新古典派的代表著作，长期以来一直是必读的文献。

就这样，作为经济学家的凯恩斯从马歇尔学派出发，但他并没有打算以经济学作为专业留在大学。他的父亲内维尔曾劝他留在大学，但没能劝动。

> 梅纳德的心意非常坚决。他最终也没有取得任何与经济学有关的学位。事实上，他作为经济学专业人士接受学术训练的时间不过八周多一点。很多东西都是他从实践中学到的。[18]

凯恩斯在公务员考试中取得了第二名，第一名的奥托·尼梅尔填报的志愿是财政部，所以凯恩斯报了印度事务部。而当时凯恩斯之所以名落尼梅尔之后，是因为他的经济学成绩不够好。[19]

同性恋者凯恩斯

我们在了解凯恩斯这个人的时候，有一点是绝对不能忽视的。

他是一个同性恋者，这是确凿的事实。

凯恩斯传记第一人罗伊·哈罗德所著的《凯恩斯传》出版于1951年，那时，同性恋被视为违法行为。加上对凯恩斯遗孀和他家人的顾虑，哈罗德在书中完全没有提及凯恩斯是同性恋的事。

但是，于1967年出版的迈克尔·贺尔洛艾德所著的《里顿·斯特拉奇传》一书中，斯特拉奇的书信被公开，凯恩斯的性取向也随之为大众所知。之后，1983年，罗伯特·斯基德尔斯基在他的《凯恩斯传》中仔细地挖掘了有关凯恩斯是同性恋者的事实，并论述了这件事对凯恩斯在思想上所产生的影响。[20]

通常认为，凯恩斯的同性恋倾向是在他就读于伊顿公学时萌发的。他最好的朋友斯威辛邦克后来否认了他们同性恋人的关系，不过，他们一直都对美少年有着丰沛的热情和欲望。

凯恩斯的同性恋倾向清晰地浮现在人们眼前，还是因为他与斯特拉奇之间的友谊。这二人看似没什么直接联系，但斯特拉奇是"使徒会"的"天使"，他向凯恩斯讲过关于同性恋的事情，还曾跟凯恩斯盛赞过自己爱着的一个年轻人。这三个人因同性取向连接在一起，形成了奇妙的三角关系。

斯特拉奇把自己心爱的阿瑟·霍布豪斯介绍给了凯恩斯，但不久他便发现，霍布豪斯对凯恩斯更有好感。受了"情伤"的斯特拉奇移情别恋爱上了自己的外甥——当时还在学画画的邓肯·格兰特，而他让邓肯见到凯恩斯又是一个错误。

1908年6月初，里顿前往剑桥住了一个月，邓肯和梅纳德留在了伦敦。里顿离开后，他们开始相恋。[21]

斯特拉奇发现这件事后，对凯恩斯深恶痛绝，二人一度断绝了来往。但不久后，他们又恢复了通信，一直到最后都是朋友，只不过他们的关系再也回不到最初那般亲密了。

凯恩斯继续着与邓肯的恋情，后来邓肯恋上了其他人，凯恩斯便也转移了目标。但对凯恩斯来说，邓肯一直是一个特殊的存在，他甚至在生前准备好的遗言中明确地为邓肯留下了一笔巨额遗产[22]。凯恩斯的同性取向一直没有变，即使不发生肉体关系，他对漂亮年轻人的热情也一直持续到了晚年。

"对未来的规划中没有孩子"

以现在的伦理观念来看，很多人觉得同性恋不是问题。但是当时的英国还存在"鸡奸罪"（禁止同性恋的法律规定），在凯恩斯向同性倾注热情的那个年代，那可不单单是犯罪行为。"即便现在这也不是一件小事，何况当时同性恋行为是违法的，遭到恐吓的危险要更大"。[23]

计算机鼻祖之一阿兰·图灵在第二次世界大战时破译了纳粹德国的通信密码"Enigma"，成了英雄。他因自报是同性恋而不容于世，最终于1954年被迫自杀。[24]

1983年，朴素的精神分析学方法已然出现，在这样的时代背景下，当时还是记者的威廉·李斯莫格投稿到《泰晤士报》的文章中指出，凯恩斯对传统道德的抗拒态度导致了他对"自动调节通货膨胀"的金本位制度的否定。这一观点在当时引起了一片哗然。

莫里斯·派斯顿曾给英国杂志《新政治家》投稿批判这一观点，他说："暗示凯恩斯的同性取向和他的经济学之间存在关联，这种做法显然在哲学上是毫无意义的。"[25]

斯基德尔斯基的立场与后者相似，但在《凯恩斯传》第一卷的序言中，他引用了约瑟夫·熊彼特在评论凯恩斯时提到的"对未来的规划中没有孩子"的说法。2003年出版的简略版的序文中也是这样说的。

> 1946年，澳大利亚经济学家瑟夫·熊彼特已经提过这一点。熊彼特曾说："凯恩斯没有子嗣，而他的生活哲学的本质是短期的哲学。"[26]

像李斯莫格那样牵强附会地推定因果关系，或者像熊彼特那样急于将之与重视短期效益的凯恩斯经济学挂钩，恐怕都无法得出有意义的结论。像哲学家米歇尔·福柯那样，可以直接将他的同性恋情与他在《性史》中论述的权力论关联起来的事例还是少数。

查尔斯·黑森在他的《凯恩斯传记》的开篇中就指出了凯恩斯的同性恋情问题，因而备受瞩目，但该书中的分析也没什么特别之处。

> 为什么要证明双性恋取向与发达的想象力之间可能存在关联呢？原因在于，同性恋者（双性恋者）在以异性恋者为主的社会中被视为"局外人"或"边缘人"，他们时常要思考何谓"正常"，从而打磨出了双重的感受力、感觉能力和想象力。[27]

不过，正如下面我们将看到的，黑森所看到的凯恩斯的边缘性或局外性，显然不仅是因为同性取向这一个理由。

与布鲁姆斯伯里派的交往

与斯特拉奇的交往为凯恩斯打开了一个新世界的大门,凯恩斯成了布鲁姆斯伯里派的一员。这个由艺术家组成的小圈子也是"局外人",是凯恩斯形成自我的过程中一个不可或缺的要素。

布鲁姆斯伯里派是由剑桥大学学生组成的英国文化人的小圈子,存续于1906年至1930年前后。这些成员因为他们对艺术的观点、对和平主义的信仰以及混乱的男女关系而为世人所熟知。核心人物包括后来成为画家的凡妮莎·贝尔(旧姓斯蒂芬)和后来成为作家的弗吉尼亚·伍尔芙这对姐妹。

这个小圈子中会聚了里顿·斯特拉奇、罗杰·弗莱(画家)、邓肯·格兰特(画家)、戴维·加尼特和福斯特(作家)等人,而经济学家凯恩斯的加入又为之增添了一抹独特的色彩。

凯恩斯任职于印度事务部,后来进入了财政部。这在其他艺术家成员看来是"世俗的",而凯恩斯为人又格外傲慢,所以小圈子内部曾批判过他的言行。

但他们又不得不惊叹并折服于凯恩斯的涉猎之广、言辞之敏锐,以及他在投资方面的才能。凯恩斯有公职在身的时候,曾经从家人和朋友处集资,获得了成倍于本金的收益,所以他对贫穷的文化人来说是一个难能可贵的存在。

凯恩斯去世后,布鲁姆斯伯里派成员之一的克莱夫·贝尔曾经写道,凯恩斯早在1914年就染指投资。而罗伊·哈罗德因为忌惮世人的看法,反驳称"凯恩斯除了偶尔有小额投资之外,在1919年9月之前不曾有过定期的、成规模的投资行为"[30]。但事实上,克莱夫说的都是事实。

哈罗德有意隐瞒凯恩斯的投资行为是可以理解的。凯恩斯从1915年至1919年都是英国财政部的公职人员,通过经济政策和政治外交的职务之便,他有机会了解股价走向的相关信息。凯恩斯的所作所为等同于"内部人交易",这已经不是道德的问题,放到今天,这完全是犯罪行为。

1919年,凯恩斯离开财政部,不再任职公务,而是继续从事投资和投机事业,在经济不景气和大萧条时期虽然也损失惨重,但他去世时仍然留下了换算后相当于20亿日元的遗产。这笔财产大部分是通过投资和投机事业取得的,所以并非与凯恩斯经济学毫不相关。

邓肯·格兰特写给凡妮莎·贝尔的书信中曾提到,凯恩斯37岁时在性取向上出现了明显的变化。他说的是凯恩斯37岁时,那么应该是1920年时的事。

当时,本是同性恋者的凯恩斯似乎与一位已嫁作人妇的女子陷入了爱河。翌年,在凯恩斯的小伙伴们的书信中,第一次出现了俄罗斯芭蕾舞者莉迪亚·乐甫歌娃的名字。[31]

与芭蕾舞者意外成婚

莉迪亚·乐甫歌娃1891年生于俄罗斯的圣彼得堡。她的父亲是剧院的引导员,她在家中五个孩子中排行第三,他们兄弟姐妹中有四人就读于俄国的帝国芭蕾舞学校。毕业后,她进入了马林斯基剧院芭蕾舞团,开始了作为一名专业芭蕾舞者的职业生涯。

后来,莉迪亚曾在美国做过一段时间的舞蹈演员,1916年加入了俄国的达基列夫芭蕾舞团。该团的当家小生——世界著名舞蹈家尼金斯基在美国公演时，莉迪亚又一次来到美国，因为与尼金斯基同台表演而受到了关注。

凯恩斯第一次看莉迪亚的演出是1918年9月达基列夫芭蕾舞团在伦敦的公演，演出剧目为《伊戈尔王子》和《睡美人》。在同年10月召开的款待芭蕾舞团的晚宴上，凯恩斯见到了莉迪亚并和她聊了天。

莉迪亚当时的丈夫是芭蕾舞团的经理，他们相处得并不融洽，她时不时玩失踪。1921年，她再一次出演了《睡美人》，这一次她不仅扮演了丁香仙女[1]，更被选为女主角奥罗拉的扮演者，她精彩的演出博得了观众的喝彩。凯恩斯每天都去看演出，花高价买池座，还送大捧的鲜花。

凯恩斯对莉迪亚的狂热让布鲁姆斯伯里派的小伙伴有些担心，但他们又认为，凯恩斯正走出同性恋取向，开始对异性有所憧憬，这是一件值得开心的事情。不过，他们可能想错了。对凯恩斯的这一变化最为忧心的是弗吉尼亚·伍尔芙，她在给姐姐凡妮莎的信中这样写道："我在认真地思考，你是不是应该趁着梅纳德还有救时阻止他结婚。我并不认为他清楚结婚的后果是什么。我完全可以想象，莉迪亚会变得越来越丰满，越来越有魅力，而且唠叨。而梅纳德会成为政府官员，在戈登广场46号与公爵首相之类的要人来往。"[32]

最终凯恩斯和莉迪亚还是决定结婚，但他们正式登记结婚是在1925年。因为莉迪亚与前夫的离婚并不顺利，其实，莉迪亚的前夫在意大利也有一个妻子，所以离婚手续上出了一些麻烦。

弗吉尼亚对莉迪亚和凯恩斯的婚姻生活猜中了一半。"像小鸟

---

[1] 小公主出生时前来送祝福的六仙女之一。

一样"的莉迪亚在人到中年时也没有发福,她的魅力和辛辣发言时常震惊周围。不过,她一直是晚年体弱多病的凯恩斯的支柱。而凯恩斯虽也没有当上高官,但经常作为政府代表前往外国谈判。

莉迪亚是否清楚凯恩斯在与自己交往之前是一个同性恋者呢?她又是否发觉凯恩斯即使在婚后也依然保持着双性恋取向呢?关于这方面,我想再次引用一下斯特拉奇的话:"莉迪亚完全清楚凯恩斯的情史,但她并不介意。是她引导出了凯恩斯身上异性恋的一面,而她也没有打算彻底抹杀他同性恋的一面。"[33]

凯恩斯作为一个双性恋者,吸引着年轻的同性恋者前来与他畅谈人生,莉迪亚甚至在这方面充当了助手的角色。当然,前提是自己的丈夫与那些年轻人不发生肉体关系。用黑森式的说法来讲,莉迪亚理解凯恩斯作为边缘人的精神世界。

曾是良心拒服兵役者?

如前文提到的,凯恩斯在财政部任职期间存在内部人交易的嫌疑,除此之外,他身上还有一个问题可能会受到当时英国社会的指责。至少,哈罗德为了回避这个危险,特意在传记中将这一点写得很模糊。这个问题就是,有人认为凯恩斯在第一次世界大战中曾是良心拒服兵役者[1]。

克莱夫·贝尔在1957年之后的随笔中曾提到凯恩斯是良心拒服兵役者,这引起了激烈的讨论,而哈罗德反驳了贝尔的说法,认为这个说法"非常荒谬"。 当时的英国社会认为,社会精英在战场上

---

[1] 良心拒服兵役者(Conscientious Objector)是指,由于思想自由、个人良心或者宗教信仰等原因,要求拒绝履行军事服务义务的个人。

也要身先士卒，所以拒服兵役是一个非常严重的问题。

其实，包括克莱夫·贝尔在内的布鲁姆斯伯里派一众人都是良心拒服兵役者，而留在财政部协助战争推进的凯恩斯与他们在这一点上有着很大的不同。但是克莱夫·贝尔说，实际上凯恩斯"反对强制参战"，还在接到召集令后回信说自己"太过繁忙，以至无法参军"。

但是，根据凯恩斯全集的编者之一伊丽莎白·约翰逊的调查，这个所谓"太过繁忙，以至无法参军"的回信并不是回复召集令的，而是对兵役免除审查局的回信。凯恩斯在这之前已经从财政部政务次官那里拿到了"由于事务过于繁忙"而免除兵役的文书。

斯特拉奇分析了这一时期的各类书信以及凯恩斯周围的动向后得出结论，凯恩斯于1916年自财政部次官处取得了兵役免除文书，也在差不多同一时期，他被布鲁姆斯伯里派特别是里顿·斯特拉奇要求一起拒服兵役，于是凯恩斯开始考虑辞去财政部的职务。

> 如果梅纳德辞职，那么无论是参军还是征兵，他都会拒绝。他的立场始终与布鲁姆斯伯里的伙伴一致。[34]

结果，凯恩斯在财政部的上司留任，他也选择了留在财政部。因为他担心布鲁姆斯伯里的朋友因为拒服兵役而被审问，自己留任公职就可以救他们。

事实上，凯恩斯曾为了他的伙伴出席听证会作证，还曾多次协助他们申请免除兵役，甚至为此写信给财政部的相关负责人。总之，凯恩斯虽然对财政部的工作认真负责，但在这一时期，他在几种价值观之间摇摆也是事实。

凯恩斯坚定地表达出自己对战争的态度也是很久之后的事了。在第一次世界大战结束之后,他作为随行人员出席了巴黎和会,会上的谈判让他深感失望,他在与会中途提出辞职。后来他出版了批判《凡尔赛和约》的《〈凡尔赛和约〉的经济后果》。

　　这距他的另一著作《就业、利息和货币通论》的出版还有很长的时间,与晚年那个赌上了自己的性命为英国的未来而奋斗的凯恩斯也还有很远的距离。究竟是什么将这样的两个他连接了起来呢?让我们继续沿着时间的脉络来慢慢地看一看。

— 第1章 注释 —

1 Robert Skidelsky, *John Maynard Keynes Vol. 3: Fighting for Britain, 1937—1946*, Macmillan, 2000, p.465. 日文译文参考『ケインズ全集26：戦後世界の形成』，东洋经济新报社，1988年，第275页，有删改。
2 *Ibid.*, p. 465.
3 罗伊·哈罗德著，盐野谷九十九译『ケインズ伝（下）』，东洋经济新报社，1967年，第704页。
4 Skidelsky, *op. cit.*, p. 473.
5 米尔顿·弗里德曼著，宫川公男、今井贤一译『消費の経済理論』，严松堂，1961年，第3—7页。
6 "A stimulating notion" *The Economist*, Feb. 14th 2008. 以及 "What went wrong with economics", *The Economist*, Jul. 16th 2009.
7 罗伯特·斯基德尔斯基著，宫崎义一监译『ジョン・メイナード・ケインズI：裏切られた期待』，东洋经济新报社，1987年，第108页。
8 同上书，第111页。
9 同上书，第107页。
10 理查德·A·波斯纳著，马场孝一、国武辉久译『正義の経済学』，木铎社，1991年，第53页。
11 密尔著，伊原吉之助译『功利主義論』，收录于『世界の名著38：ベンサム/J·S·ミル』，中央公论社，1967年，第470页。根据Anthony Quinton, Utilitarian Ethics, Open Court, 1973所述，功利主义具有以下两大特征：第一，遵循"结果主义原理"，认为一个行为是否正确取决于由此产生的结果是好是坏；第二，遵循"享乐主义"，凡是自己认为是好的就是快乐的，自己认为是不好的就是痛苦的（p.1）。而这位安东尼·昆顿认为，凯恩斯年轻时反感19世纪的功利主义，但其实他自己这两条都符合。
12 罗伯特·斯基德尔斯基著，宫崎义一监译『ジョン・メイナード・ケインズI：裏切られた期待』，第55页。以及，中井大介著『功利主義と経済学：シジウィックの実践哲学の射程』，晃洋书房，2009年。

13 摩尔著，泉谷周三郎等译『倫理学原理』，三和书房，2010年，第3页"编者序"。
14 同上书，第44—45页。
15 罗伯特·斯基德尔斯基著，宫崎义一监译『ジョン・メイナード・ケインズI：裏切られた期待』，第78页。
16 J・M・凯恩斯著，熊谷尚夫、大野忠男译『人物評伝』，岩波书店，1959年，第175页。
17 Michael Szenberg, Aron A. Gottesman, Lall Ramrattan and Joseph Stiglitz, *Paul Samuelson: On Being an Economist*, Jorge Pint Books, 2005, p.106.
18 罗伯特·斯基德尔斯基著，宫崎义一监译『ジョン・メイナード・ケインズI：裏切られた期待』，第271页。
19 同上书，第286页。
20 同上书，第四章和第五章。
21 同上书，第316页。
22 Skidelsky, *op. cit.*, p. 479.
23 罗伯特·斯基德尔斯基著，宫崎义一监译『ジョン・メイナード・ケインズⅡ：裏切られた期待』，东洋经济新报社，1992年，第431页。
24 海野弘著『ホモセクシャルの世界史』，文春文库，第406—409页。
25 Robert Skidelsky, *John Maynard Keynes 1883—1946*, Pan Books, 2003, p. xxvi.
26 *Ibid.*
27 Charlse H. Hession, *John Maynard Keynes*, Macmillan, 1984, p.161.
28 海野弘著『ホモセクシャルの世界史』，第304页。
29 桥口稔著『ブルームスベリー・グループヴァネッサ、ヴァージニア姉妹とエリートたち』，中公新书，1989年，第60页及第100页。
30 罗伯特·斯基德尔斯基著，宫崎义一监译『ジョン・メイナード・ケインズⅡ：裏切られた期待』，第468页。
31 Robert Skidelsky, *John Maynard Keynes Vol. 2:The Economist as Savour, 1920—1937*, The Penguin Press, 1992, pp.93—101.
32 中矢俊博著『ケインズとケンブリッジ芸術劇場：リディアとブルーム

ズベリー・グループ』，同文馆，2008年，第58页。
33 Robert Skidelsky, *John Maynard Keynes 1883—1946, op. cit.*, p.360.
34 罗伯特·斯基德尔斯基著，宫崎义一监译『ジョン・メイナード・ケインズⅡ：裏切られた期待』，第529页。

第1章 中文参考资料及日文资料标题译文

* 序号与原文注释对应。译者未使用或未查到中文译本的资料,仅给出日文资料标题的私译译文或原标题。

1 《凯恩斯全集第26卷:战后世界的形成》。
3 罗伊·哈罗德:《凯恩斯传》,刘精香译,谭崇台校,商务印书馆1995年版。
5 《消费函数理论》。
7 罗伯特·斯基德尔斯基:《凯恩斯传》,相蓝欣、储英译,三联书店2006年版。
10 理查德·A·波斯纳:《正义/司法经济学》,苏力译,中国政法大学出版社,2002年版。
11 《功利主义论》,收录于《世界名著第38卷:边沁/密尔》。
12 《功利主义与经济学:西季威克实践哲学的射程》。
13 摩尔:《伦理学原理》,陈德中译,商务印书馆2019年版。
16 《人物评传》。
24 《同性恋世界史》。
29 《布鲁姆斯伯里派:凡妮莎、弗吉尼亚姐妹与精英们》。
32 《凯恩斯与剑桥艺术剧院:莉迪亚与布鲁姆斯伯里派》。

第2章
不确定性时代的预言家

年轻的社会精英凯恩斯见证了持续空前繁荣的
欧洲世界的崩溃。
曾让他享受了莫大好处的世界消失了。
不得不直面不确定的未来而产生的危机感，
让凯恩斯开始构思一种全新的经济学。

"

莽撞的幻想

凯恩斯于1919年出版的《〈凡尔赛和约〉的经济后果》一书，给他带来了几个"后果"。

这样的政策让德国在这30年来陷入奴隶状态，拉低了上百万人的生活水平，剥夺了全体国民的幸福。这样的政策是令人憎恶的。……一部分人对此冠以正义之名进行说教。当人类历史上的大事件解开每一个人复杂的命运时，正义绝非如此简单的东西。[1]

巴黎和会本应重建第一次世界大战之后的世界秩序，但谈判过程中仅仅暴露出了各国的利害关系，并没有形成任何有用的理念。一开始，美国总统伍德罗·威尔逊看上去是和会的主导，但他提出的"十四点原则"被英法两国无视，和会的主要诉求变成了要求德国支付巨额的战争赔偿。

威尔逊提案中提出的联合国虽然建立了起来，美国议会却没有通过该案。因此，美国虽然在终结第一次世界大战上起到了非常重要的作用，但在战后世界中只落得一个退居次位的结果。

凯恩斯在英国财政部为和会做准备时，已经预料到在这次和会上可能要面对各国列强的傲慢和自私。而英国政府原本也没打算提出一个凯恩斯以为的恰当的索赔要求。

英国财政部在会议上讨论，按照德国的支付能力计算其应负担的赔偿，20亿英镑可能是一个稳妥的最大金额。但是，当时的舆论中占主导地位的论调是，德国对战争负有全部责任，所有损失都应该由德国赔付。

所以，英国政府设立了"休斯委员会"，负责撰写报告书，并给出了240亿英镑的天文数字。即使是战时的内阁也认为这个结论是"莽撞的幻想"[2]，予以驳回。但当时前往凡尔赛的劳合·乔治却不是一个会无视舆论的粗心政治家。

和会刚开始时，乔治认为这个"莽撞的幻想"尚属保守，所有损失都应由德国及其同盟国负责，所以把金额抬得更高。最终，和会上的赔偿金额方案被抬到了660亿英镑，是凯恩斯他们算出的数字的33倍。

年轻的英雄凯恩斯

没等到这一赔偿款条约签署，凯恩斯就向英国财政部提交了辞呈。回到英国后，他马上着手准备他的著作，是年12月，麦克米伦出版社出版了《〈凡尔赛和约〉的经济后果》一书，并于翌年1月在美国发行。凯恩斯在这本书中有着这样不祥的预言。

> 来年的事态如何发展，执政者的精心盘算已然不再能发挥决定性作用，起决定性作用的是处于政治历史的表层之下潜滋暗长的汹涌暗潮，其结果如何，无人可以预料。我们唯一能够影响这潜在潮流的方法，就是将那些有教育作用和扩大理想之效的力量激发起来，以此来改变舆论。[3]

这种卡珊德拉（希腊神话中带来不祥预言的女子）式的预言在凯恩斯之后的言论中也时有出现。

这本著作给凯恩斯带来的最大收获是，他的发言受到了全世界的关注，提高了他在英国舆论和政界中的存在感。比凯恩斯小16岁的经济学家弗里德里希·哈耶克，在回忆凯恩斯作为评价家的闪亮登场时曾说："在作为一个经济理论学家获得声望之前，他就早已是一个英雄了。"[4]

凯恩斯在《〈凡尔赛和约〉的经济后果》的开篇中描写了战前的欧洲。

> 在人类的发展历程当中，截止到1914年8月之前的这一段时期，真可谓是一个壮丽的时代！……伦敦的居民可以一边在床上啜饮着早茶，一边用电话订购来自世界各地的各种商品。这些商品可谓应有尽有，想要多少就可以订购多少，而且完全可以期待着它们一大早就会被送到顾客的家门口。[5]

但是，凯恩斯认为，这个看上去繁荣稳固的体制中有很多潜在的问题，一旦受到某种巨大冲击，这些问题就会显现出来。

> 此次大战如此猛烈地动摇了这一体系，以至将所有欧洲人的生活都置于危境。欧洲大陆有很大一部分人重病缠身，气息奄奄；它的人口大大超出了可以维持其生计的数量。[6]

欧洲大陆一下子陷入了一片混乱的广漠荒凉。之前那些对未来理所当然的期许变成了不确定，欧洲成了一个满是不安的世界。而巴黎和会制定的条约本应是为了消除这种混乱和不安而迈出的第一步。

错误货币政策的后果

就在人们对《凡尔赛和约》的批判以及之后的一系列评论津津

乐道时，凯恩斯的又一力作《货币改革论》（1923年）再一次为他赢得了大量的读者。他在这本书中批判了英国在第一次世界大战后向金本位制的回归。

第一次世界大战之前，英国采用的是金本位制的货币制度，所以很多人坚信是金本位制给大英帝国带来了繁荣。但是，英国的金本位制其实是基于英国的世界殖民体系的，而不是压倒性的黄金持有量。

英国的世界殖民体系已经开始瓦解，几乎可以说，是第一次世界大战埋葬了英国的霸主地位。英国经济疲敝，凯恩斯认为按照战前黄金与英镑的换算比例（金平价），英国的经济恐怕难以为继。

凯恩斯在《货币改革论》中提出的观点是，如果按照英国政府提出的做法，将黄金与英镑的换算比例恢复到第一次世界大战以前金本位制的水平（旧金平价），则会给第一次世界大战前经济就已经开始衰退的英国强加上与实力不符的负担。即便是回归到金本位制，也应该恢复到与当下英国经济实力相符的新的金平价（当时英镑的价值低于第一次世界大战之前）。[7]

凯恩斯还指出了英国的"三个阶级"之间的利害关系。他认为，英国的经济可以分成三个阶层：第一，投资家阶级；第二，实业家阶级；第三，劳动者阶级。

投资家阶级中的很多人前往资产收益率更好的海外进行投资，英镑越强势，他们的收入就越多。但英镑越强势，英国国内的物价就越便宜，长此以往，会出现通货紧缩。

对实业家阶级来说，如果英镑的价值超过了英国的经济实力，就会导致通货紧缩，这对他们是不利的。特别是英镑价高，制造业的出口会变得困难，招致蒙受损失的结果。

而从劳动者阶级的角度来看，他们通过实业家阶级的商贸活动获取工资，所以英镑价高的话，他们的工资就不会涨。当出现通货紧缩时，物价降低，看上去好像对他们有利，但结果却是经济低迷，导致减薪，失业增多，最终他们依然会蒙受损失。

由此可以得到结论，不仅实际发生的物价变动会给一部分阶级带来利益，而给其他阶级带来损失，对物价下跌的普遍担忧也有可能抑制整个生产过程。[8]

凯恩斯还在《货币改革论》中指出，英国政府试图回归到旧金平价下的金本位制，是以牺牲实业家阶级和劳动者阶级为前提的，给投资家阶级牟利，而这还有可能让英国产业本身出现衰退。

因此我认为，物价、信用、就业的稳定是最为重要的。我也无法相信旧式的金本位制能带来它曾经以这些代价换来的些微稳定，所以我拒绝回归到战前水平金本位制的政策。[9]

是大英帝国还是英国产业？

这一时期，凯恩斯为了避免造成英国国内产业的衰退，在其他文件中也提出了对英国回归金本位制的反对。他批判的对象是当时任英国财政大臣的保守党人温斯顿·丘吉尔。1925年，凯恩斯把在《货币改革论》中讨论过的内容加以浓缩，写成了《丘吉尔先生的经济后果》一文，以煤矿工人作为国内劳动者例子，猛烈地敲打了丘吉尔。

> 从社会公平的角度来看，我们找不到理所当然降低煤炭矿工工资的理由。他们是经济上的克利须那（印度教中需要活祭品的神）的牺牲者。他们为了缓解城市"神父们"的焦躁，将英国财政部和英格兰银行设计的"根本性调整"以活体的形式表现了出来。煤矿工的窘境是丘吉尔经济最初的结果，但这不会是最后一次，除非我们极其幸运。[10]

如上所述，金融中心城市当然希望英镑强势，而国内产业和劳动者却被逼进了窘境。

后来，凯恩和霍普金斯在《绅士资本主义的帝国》中描述的"大英帝国与英国制造业"的对立，也是这种"金融与制造业"的对立。[11]

传统观点认为，大英帝国是建立在英国制造业出口基础上的，而凯恩和霍普金斯颠覆了这一观点，他们认为连接起伦敦金融城与财政部的新兴绅士阶级才是真正的帝国旗手。

新兴绅士阶级是由伦敦城中支配着金融形势的大人物与地产贵族绅士联姻形成的，他们的金融体系在大英帝国中构筑了"看不见的帝国"，形成了自己的利害关系网，与没有政治力量的企业家形成了对峙。

新兴绅士阶级为英国的帝国化进程提供了巨大的财政支持，其中还涌现出了很多政要。随着财政部以及英国银行与伦敦金融城的相互浸透，到了19世纪中叶，伦敦金融城的利害关系与大英帝国的海外政策趋于一致。这样的绅士资本主义一直持续到第一次世界大战之后。

如果我们将凯恩斯的观点和行为放到上述阶级结构中来看，就能十分清晰地看出他是自由党的支持者，重视国内产业。不仅是凯恩和霍普金斯，还比如近年历史学家尼尔·弗格森指出的，"帝国体制有益于全球经济增长——当然，这比凯恩斯所思考的那种替代政策——将英国的工业生产和就业率放在优先位置——更为有益"。[12] 从就业的角度来看，凯恩斯在支持英国产业方面的言行是一致的。

学术性的《货币论》

凯恩斯的很多著作都采用了时事评论的形式，因为他的作品基本上是以自由评论人的身份出版的。不过也有一些作品并非时评的形式，而是具有非常专业的学术性。1930年出版的《货币论》就是其中之一。凯恩斯对自己的这一作品似乎很满意，还曾特意告诉母亲佛萝伦丝自己写完了这本书。他一边说"从美学的观点来看这是一个失败的作品"，一边又在信中写道，"可那是因为这本书中的观点和素材太过丰富所致"。[13]

从某种意义上来看，这一著作的诞生过程是非常不幸的。正当凯恩斯信心满满地准备自己的力作时，全球经济状况发生了巨变。这种环境的变化让凯恩斯的观点也随之发生了改变。

《货币论》定位于货币数量论的延长线上，重视市场上货币流通量与经济增长之间的关系，所以米尔顿·弗里德曼之后的现代货币主义者（即从金融的观点来衡量经济的经济学家）中有些人持有一个奇怪的观点，他们认为，"《通论》是错误的，而《货币论》是正确的"。顺附一言，弗里德曼对凯恩斯著作中的《货币改革论》予以了高度评价[14]，因为凯恩斯在《货币改革论》中是遵循货币数量论展开论述的。

总之，如果说使凯恩斯成为凯恩斯的是《通论》，而"凯恩斯的革命史则主要是他从货币数量论中脱离出来的过程"[15]，那么《货币论》就如同他本人也承认的那样，是一个算不上成功的斗争记录。

在这本著作中，凯恩斯已经将人们持有货币的动机分为"收入存款"、"企业存款"和"储蓄存款"三种。关于"储蓄存款"，有一点值得我们注意，凯恩斯指出储蓄存款量取决于它与其他可用来代替它的证券在存款者心中的相对吸引力。[16]

这里所说的"储蓄存款"包括"贮藏"着的货币。储蓄存款量随证券市场是"牛市"还是"熊市"而变化，"牛市"时储蓄存款量减少，"熊市"时储蓄存款量增加。随着储蓄存款量的变化，经济整体的产出量（现在所说的GDP）也会相应发生变化。

凯恩斯后来在《通论》中换了一个术语，对证券市场与货币持有量的关系重新进行了论述，这两本著作之间有着质的飞跃。

凯恩斯在《通论》的序言中这样写道：

> 当我开始撰写我的《货币论》时，我仍然沿袭着传统的思路，把货币的影响看成好像与供给和需求的一般理论无关的东西。完成该书以后，我取得了一些进展，倾向于把货币理论变成一个总产量的理论。[17]

作为理论的概率论

我们在了解凯恩斯的《通论》之前，有一件事不得不提，那就是凯恩斯的另一本著作，出版于1921年，形式上非常具有学术性的《概率论》。

凯恩斯对概率的研究开始得非常早，大约在1906年，他从剑桥大学毕业后进入印度事务部工作前后就已经开始了。他当时是为了取得国王学院的研究生资格而写的论文，但对他而言，真正的目的是探索摩尔在《伦理学原理》中所提出的行为问题的答案。

摩尔在《伦理学原理》的第5章中论述了与行为相关的义务，这不仅与善的优劣相关，盖然性（即概率的高低）也是关键。

> 不仅要考虑不同结果的相对优劣，还必须考虑获得它们的相对盖然性。如果盖然性的差异大于善的优劣差异，那么二者之中，更应该选择较差但获得可能性较大的东西，而不是较好但获得可能性较小的东西。[18]

摩尔在这里指出，比起善的优劣，更应当重视的是产出结果概率的高低。因为"我们的因果知识非常不完善"，所以我们无法在掌握所有因果关系之后再作出判断。与行为相关的个人判断应当遵循"大部分被大多数人认可并执行的规则"。

当然，对刚走出大学校门的凯恩斯来说，这样的行为准则有些令人难以接受。摩尔曾在他的伦理学中断言"善即是善"，这本应把凯恩斯他们从维多利亚王朝的价值观中解放出来，然而摩尔却又在这一章中提出应当遵循旧有的规则。

唐纳德·吉利斯在他的《概率的哲学理论》中，略带嘲讽地推测了这一时期凯恩斯心中的失望。

凯恩斯不喜欢摩尔的这个结论。使徒会的理性成员自信地相信，违反习惯道德的行为可以被判断为是好的。凯恩斯可能是在思考同性恋的行为，后来的使徒会成员也可能就是从这一点上判断他是俄罗斯间谍。凯恩斯将摩尔论点中"凯恩斯认为是错误"的错误归因于摩尔对概率的误解。[19]

这里所说的"俄罗斯间谍"一事，是指在20世纪30年代，使徒会染上了共产主义色彩，成员中出现了三个苏联间谍。至于凯恩斯是否曾在这一时期试图通过概率论来给自己的同性恋取向正名，无从考证。

并非逻辑而是权宜之计的判断

上述凯恩斯在伦理学方面的思考让我们联想到一件事，那就是凯恩斯在进入伊顿公学读书后，非常热衷于阅读18世纪保守主义思想家埃德蒙·伯克的书。大学时期，他曾写过一篇关于伯克的论文，题为《埃德蒙·伯克的政治学说》。反感旧道德的凯恩斯和英国保守思想奠基人伯克[20]之间本应势同水火，而事实却并非如此。

凯恩斯认为，伯克在进行某个政治行为的时候，并不是因为这个行为保证可以获得权利，而是因为历史告诉我们，"人性、理性和公平，理应如此"。[21]

凯恩斯认为，当我们不得不做些什么的时候，是有"权宜之计（Expediency）"的。也许这是出于对人类能力的谦虚吧。凯恩斯指出，我们不具备预测长期未来的能力，无法判断革命是否正当、合理，但可以预测短期的未来，解决燃眉之急。因为即使短期预测是错误的，所产生的弊害也不会太大。

正如摩尔所说，"我们的因果知识非常不完善"，无法在完全肯定的基础上作出长期判断。但凯恩斯在学生时期写的论文中指出，即使这个判断超越了"大部分被大多数人认可并执行的规则"，我们仍然可以通过权宜之计，凭借有把握的短期判断来使这个长期判断合理化。

下面是松原隆一对凯恩斯这篇论文的评价。

> 凯恩斯认为伯克的自由主义介于共产主义和保守主义之间。它既不同于通过论述是否可以合理预见未来而为革命辩护的共产主义，也不同于过于畏惧将来的不确定性而一味沿袭旧制的保守主义。他在《盖然性〔概率〕论》中试图在以确定性为前提而认为可以合理预见未来的合理论与认为未来完全未知而坚守旧制的反动主义的中间点上，找到一种有分量的信念和观点。可见，这篇论文与他的这一著作有着明显的平行关系。[22]

总之，凯恩斯作为一名整日公务繁忙的印度事务部官僚，与布鲁姆斯伯里的小圈子来往频繁，靠着投机生意积累财富，与此同时，还继续着《概率论》的创作。终于，1914年，到了排版印刷的阶段，因为凯恩斯这时已进入财政部工作，作为随行人员参加凡尔赛和会，影响了这本书的出版。最终，《概率论》于1921年才得以付梓。

如果用一句话来概括凯恩斯在这一著作中阐述的观点，那就是——"概率是一种逻辑"。这个观点乍看之下非常奇怪。凯恩斯通读了所有能收集到的关于概率论的文献，他得出结论，逻辑学是研究思考合理性的学问，而使用概率是为了保证推论的正确，所以概率正是"逻辑学的一部分"。

适于平庸的微明

凯恩斯的《概率论》出版时，剑桥的很多知识分子予以了热情的称颂。凯恩斯曾多次与使徒会的前辈——数理哲学家伯特兰·罗素探讨，罗素在《哲学入门》一书中介绍过《概率论》的概要。在全书出版之后，凯恩斯作为数学家的评价名声得到了很大的提高。

除了凯恩斯的"逻辑学说"之外，现代概率论中还有"频度说""倾向说""主观说""间主观说"和"多元说"。凯恩斯在《概率论》中指出，逻辑命题之间存在客观的"概率关系"，这种关系是可以被认知的，虽然可能不是所有人都可以认知到。[23]

凯恩斯将概率作为逻辑学，是出于对摩尔放弃了的长期因果认知可能性的一个探索。如果这个概率论式的认知可以被有着相同确信的人共有，这就可以成为普遍善的依据。

凯恩斯在《概率论》的第26章"在概率行为上的应用"的最后，用略显含蓄的口吻阐述了这个可能性。

> 概率的重要性只源于我们行动时遵循它是理性的这一判断。而我们在实践中对这一判断的依赖，只能通过我们认为应该在行动中多少考虑到这一判断来证明这样做是合理的。正因如此，概率才被认为是我们的"人生向导"。因为如洛克所说，在我们所涉及的大部分事情上，神明只

赋予了我们一种应该说是神明认为适合我们的平庸,以及对试炼平庸的我们来说光亮微弱得恰到好处的概率。[24]

一开始,凯恩斯的《概率论》被大家善意地接受了,但很快,他的"逻辑说"便迎来了猛烈的批判。剑桥大学学生——使徒会成员之一的弗兰克·拉姆齐曾为之写过书评,基本上对凯恩斯的理论予以了全盘否定。下面引用的是拉姆齐后来再一次对"逻辑说"提出批判时的论述。

在这里,我们对凯恩斯的想法转向更为根本性的批评。那就是,他所描述的概率关系似乎并不真的存在,这是一个显而易见的问题。根据他的设想,这种关系是可以察觉的,至少在特定情况下是这样的。但是,就我自己而言,我确信事实并非如此。我没有察觉到它的存在,想要理解它的存在,就只能通过讨论来实现。同时,我非常怀疑其他人是不是也没有察觉到它的存在。因为对于两个给定的命题之间存在怎样的概率关系,人们几乎无法达成任何共识。[25]

拉姆齐的批判与信念等级

拉姆齐抓住了凯恩斯"逻辑说"中最薄弱的环节,予以了尖锐的批判。对概率的信念是共通的,他这么说的依据究竟是什么?这难道不仅仅是凯恩斯一个想当然的想法吗?如果这只是凯恩斯的自以为是,那么所谓的概率认知不就是完全依靠每个人的主观吗?

拉姆齐通过这样的论述，开创了"概率主观说"。他最初对凯恩斯提出批判时只有17岁，但他的数学天赋已经在剑桥为众人所知，所以他在数学问题方面的见解让剑桥的知识分子都不得不高看一眼。这个天才少年的"辣评"对凯恩斯的概率论来说是一个非常棘手的痛点。

其实，凯恩斯在论述"概率关系"可以被认知时是以剑桥精英为对象的，这对旧使徒会成员来说是一个毋庸置疑的前提，而对年轻的天才拉姆齐来说，这却是一个毫不犹豫需要打碎的幻想。如果凯恩斯希望从过去的伦理束缚中解放出来，那么拉姆齐的观点才是凯恩斯希望看到的吧。

然而，天妒英才，拉姆齐在写下几篇灵光乍现的论文之后，26岁时突然病逝。凯恩斯对这位英年早逝的天才非常惋惜，他在1931年的随笔中写下了下面的内容。

> 对我提出的观点，拉姆齐反驳说，概率论所涉及的不仅是命题之间的客观联系，（在某种意义上）还涉及信念等级的问题；他还表示，概率的微积分只相当于一系列规则，用于确保我们持有的信心等级体系是一贯的体系。……我认为他是正确的，但在试图区分信心的"理性"等级和一般信心时，我认为他还不是很成功。[26]

将信念等级作为概率的观念，已经完全支配了凯恩斯的思考。概率也许是一个主观的东西，但它是否合理难道不应该是不确定的吗？这样的认知在凯恩斯后来的思想中也有着浓墨重彩的呈现。

从风险到不确定性

凯恩斯的《概率论》中还有一个非常显著的特征。那就是，他认为在概率的认知上，数值并非绝对的东西。

> 概率未必都可以通过数值来表示。
> 如果认同这一事实，那么当我们无论是在实际上还是理解上都无法测量数值时，就更需要研究各种原理，以使概率之间的大小比较合理化。[27]

吉利斯认为，概率无法数值化是凯恩斯《概率论》的一大缺陷，虽然也有人像约亨·伦德一样，认为"概率的非数值理论应当保留"[28]，但是坚持主观说的德·芬内蒂也批判，"这无法作为一个原理来接受"。[29]

无独有偶，美国经济学家富兰克·奈特在凯恩斯出版《概率论》的1921年，出版了《风险、不确定性和利润》一书。奈特在这本书中对经济现象中的危险进行了以下划分。

> 我们将用"风险"指可度量的不确定性，用"不确定性"指不可度量的风险。……"不确定性"仅指不可度量的不确定性。[30]

奈特将可度量的风险称为"风险"，将不可度量的风险称为"不确定性"，以此对二者加以区别。另外，奈特还详细地论述了面对不确定性的两个方法。其一是风险的"分散"，即利用保险等机制，将不确定事态发生时的损害控制在最小范围内；其二是"集中"，即创建专门机构，及早应对。

凯恩斯在经历了始于1929年的大萧条之后，马上开始着手《通论》的创作，所以这本书中自然也反映了他在《概率论》上经历的曲折，以及自己投机事业上的跌宕起伏。

首先，经济被描述成了一个与确定程度相关的存在。经济不景气是确定性的危机时期，而这种确定性才是经济学需要解决的问题。

> 作为决策基础的长期预期状态，不仅仅取决于我们能作出的盖然性（概率）最高的预测，还取决于作出预测时的信心。换句话说，取决于评价我们本以为最好的预测最终大错特错的可能性有多大。[31]

认为经济具有稳定的结构并由总是可以测量的数字构成是一个误解，因为其中还夹杂着容易变动的确定性问题。所以，为了使确定性变得稳定，凯恩斯经济学中点出了"政府"这一组织的名字。

《凯恩斯全集》的编者之一D. E. 莫格列殊在1992年出版的《凯恩斯——一个经济学家的传记》中，对比了凯恩斯年轻时和第一次世界大战之后思想上的异同，指出凯恩斯的《概率论》与他的思想转变有着明显的关系。

> 凯恩斯创作《概率论》时一个重要的因素是他的世界观发生了变化，将他从原本内向而超理性的"早期思想"中带了出来，使他与"科学与艺术"连接在了一起。[32]

凯恩斯在持久繁荣的英国接受了知识分子精英的教育，他周围的环境是欧洲世界。但是，凯恩斯在写《概率论》期间，欧洲世界崩塌，人们陷入了无法作出长期预测的不确定性之中。

凯恩斯比任何人都更清楚生活在确定性崩塌的时代是一种什么样的感受。作为一位经济学家，他在与身边的人经历着同样的崩溃的同时，不依附于简单的数量化和理性解释，构建出了自己的不确定性经济学。

第2章 注释

1 J・M・凯恩斯著，救仁乡繁译『講和の経済的帰結』，ぺりかん社，1972年，第225页。
2 罗伯特・斯基德尔斯基著，宫崎义一监译『ジョン・メイナード・ケインズⅡ：裏切られた期待』，东洋经济新报社，1992年，第581页。以及Robert Skidelsky, *John Maynard Keynes Vol. 3: Fighting for Britain, 1937—1946*, Macmillan, 2000, p.465.
3 J・M・凯恩斯著，救仁乡繁译『講和の経済的帰結』，第291页。
4 F・A・哈耶克著，田中真晴、田中秀夫编译『市場・知識・自由 自由主義の経済思想』，ミネルヴァ书房，1986年，第187页。
5 J・M・凯恩斯著，救仁乡繁译『講和の経済的帰結』，第19—20页。
6 同上书，第34页。
7 J・M・凯恩斯著，中内恒夫译『貨幣改革論』，收录于『世界の名著57：ケインズ/ハロッド』，中央公论社，1971年。"因此，我认为物价、信用以及就业的稳定是最重要的，旧式的金本位制不会给人半点以前那样的安定性，所以我反对回归到战前那种形式的金本位制的政策"（第279页）。凯恩斯还提出了货币应该是管理货币。
8 J・M・凯恩斯著，中内恒夫译『貨幣改革論』，收录于『世界の名著57：ケインズ/ハロッド』，中央公论社，1971年，第197—198页。日文译文引自J・M・凯恩斯著，救仁乡繁译『説得評論集』，ぺりかん社，1969年，第101—102页。
9 J・M・凯恩斯著，救仁乡繁译『説得評論集』，第198页。
10 同上书，第241页。有删改。
11 P・J・凯恩斯、A・G・霍普金斯著，竹内幸雄、秋田茂译『ジェントルマン資本主義の帝国（1・2）』，名古屋大学出版会，1997年。
12 Niall Ferguson, *Colossus: The Rise and Fall of the American Empire*, Penguin Press, 2004, p.193.
13 J・M・凯恩斯著，小泉明、长泽惟恭译『ケインズ全集5：貨幣論I——

貨幣の純粋理論』，东洋经济新报社，1979年，"编者序"，第xxiii页。

14 "The Keynes Centenary: A Monetarist Reflects", *The Economist*, 4 June 1983.

15 罗伯特·斯基德尔斯基著，宫崎义一监译『ジョン・メイナード・ケインズⅡ：裏切られた期待』，第354页。

16 J·M·凯恩斯著，小泉明、长泽惟恭译『ケインズ全集5：貨幣論Ⅰ——貨幣の純粋理論』，第34—36页及第144—149页。

17 J·M·凯恩斯，间宫阳介译『雇用、利子および貨幣の一般理論（上）』，岩波文库，2008年，第xv页。

18 G·E·摩尔著，泉谷周三郎等译『倫理学原理』，三和书籍，2010年，第302—303页。下一段的引文出自本书第284页和第296页。

19 Donald Gillies, *Philosophical Theories of Probability*, Routlidge, 1997, p.28. 日文译文出自中山智香子译『確率の哲学理論』，日本经济评论社，2004年，第54页。

20 伯克无疑是近代保守思想的大人物，例如安东尼·奎恩顿的《不完全性政治学》中指出："伯克认为，道德原理与政治原理是分离开来的。前者是普遍的、被视为神谕的；后者是符合各个场合，关系到某些历史上具体的公共社会利益的，是深思熟虑的措施。""也就是说，伯克在政治上是功利主义者，而在道德上是古典自然法的信徒。"（岩重政敏译，东信堂2003年版，第103页）

21 罗伯特·斯基德尔斯基著，宫崎义一监译『ジョン・メイナード・ケインズⅡ：裏切られた期待』，第253页。"凯恩斯认为，伯克的政治学功利主义中最重要的结论是，拥护他的'对抗观念式正义的方便主义'"。另外，『便宜主義』（《方便主义》）的原文出自Robert Skidelsky, *John Maynard Keynes Vol. 1*, p.155.

22 松原隆一郎著『イギリス経済思想における共和主義の影』，收录于佐伯启思、松原隆一郎编『共和主義ルネサンス』，NTT出版，2007年，第312页。

23 日本高中教育的"概率论"中，通常将例如骰子掷出某一个点数的概率总是六分之一这样的现象称为概率，但对于更为复杂的现象，根据对概率的解释不同，概率论的观点存在很大的分歧。事实上，即使是应用于投资、保险以及理论物理学上的概率论也存在很多不同观点。

在"频度说"中，将某一个现象在很长一段时间里发生的频度定义为概率，这与我们笼统地说概率时的说法接近。这一说法由理查德·冯·米塞斯等人精练而成。

"倾向说"认为，反复出现的一系列条件中的内在倾向是概率。也就是说，当概率的值为p时，就意味着这个条件的内在倾向是p。该学说克服了以直接观察的实验为绝对前提的频率说的局限，以卡尔·波普尔爵士的论述最为知名。

在"主观说"中，概率被定义为某个特定个体所具有的确信程度，因此概率会因人而异。虽然主观说很早就有模糊的理论，但具有一致性的论述始于弗兰克·拉姆齐和布鲁诺·德菲内蒂。例如赌博者在赌博时所认定的获胜概率是主观的，但也是合理的。

再到"逻辑说"，与主观性说一样，承认个体的主观性，但是认为拥有相同确信的理性人会持有相同的预测。正文中也提到，凯恩斯在《概率论》中指出，逻辑命题之间存在着客观的"概率关系"，而这是可以被特定的人感知的。

"间主观说"介于主观说和逻辑说之间，有些时候个体的主观性决定概率，而有些时候一部分人依据相同的确信来确定概率。

而"多元说"可以说是这些学说的折衷，在自然科学领域中依据频度说和倾向说来看待概率，而在社会科学领域中则采用主观说或间主观说的观点。

24 J·M·凯恩斯著，佐藤隆三译『ケインズ全集8：確率論』，东洋经济新报社，2010年，第373—374页。

25 F·P·拉姆齐著，伊藤邦武·桥本康二译『ラムジー哲学論文集』，劲草书房，1996年，第82页。

26 J·M·凯恩斯著，大野忠男译『ケインズ全集10：人物評伝』，东洋经济新报社，1980年，第448页。

27 J·M·凯恩斯著，佐藤隆三译『ケインズ全集8：確率論』，第74页。

28 Jochen Runde, "Keynes After Ramsey: In Defence of A Treatise on Probability",

Stud. Hist. Phil. Sci., Vol. 25, No. 1, 1994, pp.97—121. 在此，伦德指出了两点：第一，虽然凯恩斯承认如拉姆齐所指出那样，"概率关系"是否存在是存疑的，但是凯恩斯的理论框架与概率的非客观主义解释并不冲突；第二，拉姆齐对凯恩斯论述合理性时的严谨性要求得过于苛刻了。

29 Gillies, *op. cit.*, pp. 34—35. 日译版第63页。

30 Frank H. Knight, Risk, *Uncertainty and Profit*, Dover Publications, 2006, p.20.参考了富兰克·奈特著，奥隅荣喜译『危険・不確実性および利潤』，文雅堂银行，1959年，第66页。

31 J·M·凯恩斯著，间宫阳介译『雇用、利子および貨幣の一般理論（上）』，第204页。

32 Donald E. Moggridge, *Maynard Keynes: An Economist's Biography*, Routledge, 1992, p.165.

— 第2章 中文参考资料及日文资料标题译文 —

1. 凯恩斯：《〈凡尔赛和约〉的经济后果》，李井奎译，中国人民大学出版社2017年版。
2. 罗伯特·斯基德尔斯基：《凯恩斯传》，相蓝欣、储英译。
4. 《市场·知识·自由 自由主义经济思想》。
7. 凯恩斯：《货币改革论》，方福前译，商务印书馆2020年版。收录于《世界名著第57卷：凯恩斯/哈罗德》。
8. 凯恩斯：《劝说集》，蔡受百译，商务印书馆2016年版。
11. 《绅士资本主义的帝国》。
13. 《凯恩斯全集第5卷：货币论Ⅰ——货币纯粹理论》。
17. 凯恩斯：《就业、利息和货币通论》，高鸿业译，商务印书馆1999年版。
18. 摩尔：《伦理学原理》，长河译，上海出版社2005年版。
19. 吉利斯：《概率的哲学理论》，张健丰、陈晓平译，中山大学出版社2012年版。
22. 《英国经济思想中共和主义的影子》。《共和主义文艺复兴》。
24. 《凯恩斯全集第8卷：概率论》。
25. 《拉姆齐哲学论文集》。
26. 《凯恩斯全集第10卷：人物评传》。
30. 奈特：《风险、不确定性与利润》，安佳译，商务印书馆2009年版。

第3章 世界经济危机的"救世主"

约翰·梅纳德·凯恩斯③

1929年开始的全球经济危机将凯恩斯推上了
"救世主"的位置。
凯恩斯在繁忙的工作生活之余,
抽出时间完成了《就业、利息和货币通论》的创作,
对英国的战时经济政策提出了建议,
并为第二次世界大战后的国际经济体系重建而努力奋斗着。

"

看似简单的结构

凯恩斯的主要著作《就业、利息和货币通论》出版于1936年2月，这本书因为对一般读者来说艰涩难懂而恶名远扬。其实，要把握这一著作的框架也并非难事。因为凯恩斯曾两次在这本书中为我们写下了简单易懂的说明。

《通论》中最重要的一点：创造就业的"总需求"不是总能带来充分就业水平下的国民收入的。从图表上来看，总需求无论是高是低，都会与企业产生的商品和服务的"总供给"相交，但并不能保证那个交点就是充分就业所带来的国民收入。[1]

关于凯恩斯的独创性存在很多争议，但是在需求与供给的概念之上，他又提出了总需求与总供给的概念，这二者的交点所得到的国民收入未必足以达到充分就业水平，这是一个全新的观点。

那么，总需求是如何确定的呢？根据《通论》第三章"有效需要原理"来看，总需求是由三点决定的：描述消费者会将新得收入的几成用于消费的"消费倾向"；描述投资者认为他能从投资中得到多少回报的"资本边际效率"；以及，依据人们在金融市场上是选择货币还是选择其他资产的不同选择而产生的"利率"。[2]

凯恩斯指出，消费倾向基本是稳定的，获得新收入时，消费者会遵循现有比例增加消费；利率是"流动性偏好"的程度决定的，即比起其他金融资产形式，人们更偏爱货币；当投资者对资本边际效率的期待高于利率一定程度时，他们就会尝试新的投资。

经济衰退指的就是消费和资本的边际效率下降，总需求低迷，以致无法达到充分就业的状态。当经济陷入不景气时，政府如果尝试自己进行投资，那么投资会带来新的收入，而新的收入又会拉动新的消费；甚至还有可能形成新的消费带来新的收入，新的收入拉动新的消费这样的"乘数效应"。这样一来，总需求就可以被提高到足以实现充分就业的水平上。

着实复杂的心理与预期

如果道理只是这么简单，那么这本《通论》为什么会让人越读越不明白呢？原因在于，凯恩斯在解释影响总需要的"消化倾向""资本边际效率""利率""流动性偏好"等术语时说得纷繁复杂，让读者读着就如堕五里雾中，搞不懂究竟在说什么。

不过，让这本书看上去非常难懂的最主要的一点，还是决定总需要的各种各样的因素是由人的心理和预期构成的。凯恩斯在第18章"就业通论的重述"中融入了这些心理和预期，进行了如下的描述。[3]

（1）三个基本心理因素，即心理上的消费倾向、对流动性的心理态度以及与资本资产未来收益相关的心理预期。
（2）雇主与被雇佣者之间通过协定来决定的工资单位。
（3）由中央银行的活动来决定的货币量。

如果上述三个基本心理因素是确定的，那么这些变量就决定了国民收入（国民可分配总收入）与就业量。

这样看来，决定国民收入和就业量的要素中，除了工资单位和货币量之外，全部与心理相关。然而，这些心理因素真的可以准确把握住吗？在展开分析之初就已经包含了不确定因素，读者觉得读不懂也不能算是读者的责任。

另外，决定利率的"流动性偏好"也是由心理因素决定的。选择持有货币还是持有证券和债券等，取决于投资者的"直觉"，而这决定了利率，进而决定了实体经济投资的增减。

"流动性偏好"一词也可以替换成"贮藏货币"。所谓"贮藏货币"，指的是钱存着不用，都当成"压箱底的钱"存起来，这些货币处于无法替换成其他资产形式的状态。"如果我们用'贮藏货币倾向'代替'贮藏货币'，那么本质上'贮藏货币'与'流动性偏好'就几乎是一样的了。"[4]

凯恩斯之前的"货币数量说"中不存在贮藏货币这个概念。不论货币是多是少，从长期来看，对实体经济都不会产生任何影响。所以，货币被看作一个套在实体经济上伸缩自如的橡皮圈。

但是，在凯恩斯的《通论》中，因为存在作为心理现象的贮藏货币，货币成了可以动摇实体经济、对投资起决定性影响的因素。

对消失的"不确定性"的看法

凯恩斯指出，这种心理因素带来的不确定性也可见于应对经济衰退的王牌——公共投资。

> 由于人们的心理状态往往缺乏一致性，政府的公共工程项目通过影响"信心"，既可能提高流动性偏好，也可能降低资本边际效率。如果不采取一些手段（民间投资）来抵消它，这些都会阻挠其他投资。[5]

即使是以刺激经济为目的而推行的公共投资，也可能在无法预料的其他部分产生负面效果。而这就是凯恩斯所说的,由人的心理所组成的经济。由于消费者和企业等经济主体所表现出的无法计算的"不确定性",心理总是处于变化之中。

借用凯恩斯在《通论》中的话来说,"将来以及将来会带来什么极端不确定的发展,会严重影响消费倾向,这是一种不正常的状态",还"存在着对将来利率的……不确定性",另外,企业家的投资回报率也"都是甘愿冒着某种不确定性风险得来的报酬"。[6]

凯恩斯在《通论》中使用的"不确定性"一词,被他自己重新定义了。凯恩斯指出,俄罗斯轮盘赌算不上基于不确定性,甚至一个人剩余寿命的多少也算不上。

> 我使用的(不确定性的)意思是,如预测欧洲是否会爆发战争,从现在开始20年后铜的价格和利率,某种新发明的陈旧化……之类。没有任何科学依据表明,可以在这些事情上套用某种可计算的概率。[7]

也就是说,凯恩斯认为,经济的结点是由人的"心理"连接起来的,而这些心理被置于关于将来的"不确定性"之中。这种无法计算的不确定性通过影响人的心理,进而动摇整个经济体系。

就在凯恩斯《通论》出版的第二年,他的理论被约翰·希克斯通过名为"IS-LM曲线"的数学公式建出模型,并由阿尔文·汉森带到美国普及开来。这个IS-LM(Investment=投资,Saving=储蓄,Liquidity Preference=流动性偏好,Money Supply=货币供给)模型在凯恩斯经济学的普及和应用上确实作出了很大的贡献,但与之同时,这也让影响人们心理的不确定性失去了存在的空间。

凯恩斯的高徒琼·罗宾逊来到美国时，批判了美国化的凯恩斯经济学。她说："凯恩斯准确地区分了可计算的风险和由于缺乏可信赖信息而产生的不确定性。"尽管，她指出"历史总是从无法回归的过去走向未知的未来，而经济就是存在于这一单方向的时间进程之中"[8]，但是美国的凯恩斯主义者丝毫没有出现重新思考的苗头。

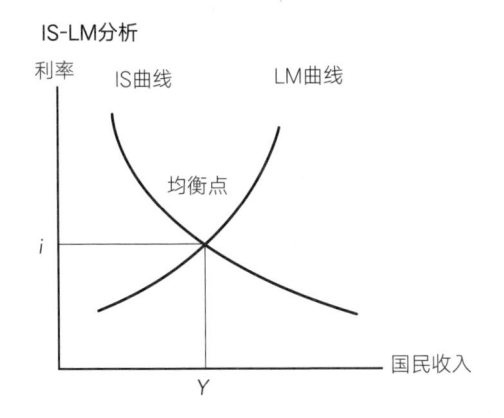

IS-LM分析

在IS-LM曲线中，纵轴表示利率，横轴表示国民收入。利率越低，投资越活跃，描述投资与储蓄之间关系的IS曲线呈下降趋势。随着国民收入增加，货币需求和利率都会上涨，描述流动性偏好与货币供给量之间关系的LM曲线呈上升趋势。这两条曲线的交点得出的是均衡利率 i 与均衡国民收入 Y。

凭借一般均衡理论而为世人所知的经济学家肯尼斯·阿罗认为，当未来存在不确定性时，无法达到均衡状态。他曾在医疗问题上就不确定性展开过论述，但当被问到凯恩斯所说的不确定性的概念时，他回答说，"现在还无法证实，不确定性与风险之间的差异是否是一个决定性的问题"。[9]

正如已经在第2章中所提到的，富兰克·奈特认为风险与不确定性的区别是绝对的。但是，他的学生米尔顿·弗里德曼认为这是概率分布差异的问题，再到后来，这个问题就完全被忽略了。[10]

不同于弗里德曼，萨缪尔森并不认为概率和效率相结合的观点可以简单地成立，但也仅仅对认定风险总是可以准确计算出来的想法发出了警示。[11]

应对萧条的经济学在僵化

对美国式凯恩斯经济学持批判态度的人认为，因为在经济景气的时候采用了本该用于应对经济衰退的凯恩斯政策，才导致了通货膨胀的加速，而这损害了凯恩斯经济学的信誉。

如果是这样的，就不得不承认，其原因之一在于凯恩斯自己。对于自己打着"通论"名号的经济学究竟可以涵盖到什么范围，凯恩斯给出的论述太过模糊了。

凯恩斯认为，就业由总需求与总供给的交点，即有效需求决定，而有效需求由消费倾向与资本边际效率决定。这里最需要注意的是，凯恩斯想说的其实是即使有新的收入，也不会全部被用于消费，也就是所谓的"过少消费"。[12]

但是，在剩余物资充足的社会中长期存在过少消费的话，那么富裕社会中就不可能达到充分就业的状态。富裕社会即使因为后来变得贫穷而促进了就业，仍然不可能达到充分就业。

在凯恩斯的理论体系中，真正意义上的充分就业不可能实现，而轻度的不充分就业会长期持续。要想解决轻度的就业不足，就需要政府平时推进公共事业来填补这个空隙。

众所周知，凯恩斯在《通论》的最后一章中是这样写的：

> 我们对已经被接受的古典学派经济理论的批评，倒并不更多地在于发现它分析上的逻辑错误，而是指出它所暗含的假设条件很少或者从来没有被满足过。因而，它不能解决现实世界的经济问题。不过，如果我们的中央控制机构能够成功地使总产量相当于实际可以达到的充分就业水平，那么这可以作为古典学派理论自身从此开始前进的一个起点。[13]

如果这里说的"实际可以达到的充分就业水平"能够实现，那么它真的"可以作为古典学派理论[14]自身从此开始前进的一个起点"吗？严谨地说，这是不成立的。其实，凯恩斯应该说自己的经济学与古典学派所持的世界观是完全不同的。

体系封闭的国民经济

凯恩斯在《通论》中展开论述的前提是国民经济具有封闭的体系。很多人对这一点也存在很多误解，乃至现在依然有人抓着这一点，指责凯恩斯不懂国际经济学，不明白贸易的意义。不过，我们也不可以忽视，《通论》中是不是存在抛开这个前提而展开论述的部分。

> 在一个具有对外贸易关系的开放经济体系中，投资增加时产生的乘数作用的某些部分（会溢出），使外国得到就业量增加的好处。因为增加的消费中有一定的比例（被

进口的增加所填补），会减少我们本国的贸易顺差。如果我们考虑的只是对国内的而不是对世界的就业量的影响，那么我们就必定要减少乘数的充分数值。[15]

这里所说的"乘数效应"在本章的开头已经提到过，消费增长会带来收入增长，收入增长也会拉动新的消费增长，呈现出螺旋式上升的效果。凯恩斯指出，这种乘数效应带来的国内需求还会促进外国的就业。

这就是现在所说的"蒙代尔—弗莱明模型"[16]，通过增加财政支出拉动内需时，出口也会随之增加。相反，全球经济活动规模扩大时，国内就业也会变得更容易增多。这正与现在美国主导的以国际合作之名所进行的经济政策是一样的。

那么，对于为什么凯恩斯在《通论》中以体系封闭的国民经济为前提会遭到各种诟病，最为恰当的解释是，这反映了对包括金融在内的世界贸易持有一种极端怀疑的态度。

凯恩斯在1933年所写的论文《国家自足》中指出，以纽约证券交易所暴跌为开端的经济萧条的根本原因在于粗放的金融国际化，他批判金融失控中反映出的人心贪婪十分丑恶。

> 个人主义的资本主义虽然具有国际性，但已经衰退，从时常发生战争一点上，也让人无法认可它的成功。它既不符合理性，也不具有美感。它是错误的、不道德的，也是不值得期待的。总而言之，我们已经开始对个人主义的资本主义抱以厌恶和蔑视。[17]

基于这样的历史经验，凯恩斯认为贸易行为应当被限制在物与物的交换上，金融不应当国际化，在世界上流通的也不应该是资本，货币的自由流动是极其危险的。

> 为了有利于实现未来理想社会的实践，以及在不产生过高经济成本的前提下推进国家自足与经济分离，我们需要尽可能地不受外部经济变化的干涉。[18]

凯恩斯还在《通论》中指出，从贸易的整体来看，应当限制会导致国家经济政策不稳定的贸易行为，贸易应当在政府管理之下进行。

也许，在已经习惯了当今全球化理论的人们看来，他的观点非常荒谬。但是2008年次贷危机爆发之后，限制资本流动的观点越来越强势，这也是"凯恩斯复兴"的一个实证。

第二次世界大战与战费筹措

第二次世界大战开始后，凯恩斯主要着眼于解决战费筹措的问题。他为了实现符合战时目的的经济运营，建议实施"强制储蓄"，这其实表现出了对通货膨胀的一种警惕姿态。他在1940年出版的《如何筹措战费》中这样解释道：

> 如果工资及其他货币成本与民生支出成正比上升，我们将与之前一样，面临无休止的通货膨胀，每个阶段上涨20%。这就是通常所说的恶性通货膨胀。[19]

所以，为了预防这种恶性通货膨胀，凯恩斯认为应当实行"自发储蓄制度"，即通过强制储蓄来实现货币回笼。

这个观点看上去与《通论》中警惕通货紧缩的观点互相矛盾，自然遭到了很多指责。凯恩斯在美国演讲时，美国的凯恩斯主义者用《通论》的观点提出反驳，他们认为比起通货膨胀，经济衰退更需要小心。在美国财政部举行的晚宴上，凯恩斯与财政部一位官员争论时曾这样说："你比我更是一个凯恩斯主义者呢。"[20]

《通论》探讨的是需求不足导致就业不充分的情况，没必要警惕通货膨胀，反而通货紧缩才更危险。但是在战争时期，以武器为中心的制造业会吸引就业，接近充分就业水平，这时危险的就是恶性通货膨胀了。这个观点从《通论》中也能推导出来。

这一时期，凯恩斯虽然是英国财政部顾问，但他没有打算正式进入财政部工作。其原因在于，一方面财政部存在反凯恩斯主义势力，极其擅长与人争论的凯恩斯让人敬而远之。"凯恩斯经常运用他的才能，在他本不占理的争论中依然取胜。"[21]另一方面，如果他有正式的职位，就要受控于上司，而保持非正式的身份，他就可以凭借之前的人脉和名声，不论对方是财政大臣还是首相，都能平等地进行对话。显然，凯恩斯没有主动放弃这样的位置。

《布雷顿森林协议》

凯恩斯在人生的最后几年，为了英国的未来，不断与美国进行着激烈的交涉。这场斗争需要一个比《通论》更强有力的武器，而且即便有，也未必能取胜。1944年7月，在美国新罕布什尔州布雷顿森林镇召开的会议对凯恩斯来说是一场苦战。

美国时任国务卿科德尔·赫尔将来自44个国家的代表邀请到这个避暑胜地，就战后的国际货币制度展开了会谈。然而事实上，早在会议召开之前，英美两国之间已经进行了长达数年的交涉。

最初提出方案的就是英国的凯恩斯。1941年8月，为了迎接即将到来的战后世界，居住在蒂尔顿庄园的凯恩斯开始构想代替金本位制的"未来国际货币制度"。

在过去的金本位制之下，各国依据自己的黄金持有量来发行货币。金本位制具有这样一种平衡作用：国内经济发展得好的时候，进口多，黄金流向国外，导致国内货币量减少，利率上涨，进而带来经济发展减速；相反，国内经济发展减速时，进口减少而黄金流入国内，国内货币量增多，利率下降，进而使经济变活跃。

凯恩斯认为"这个理论过于粗糙"，因为国内货币量减少、利率上涨、经济衰退，伴随这一系列变化所产生的"社会紧张这一代价"非常巨大。从国外购买商品并背负债务的国家在黄金流出上是强制性的，而向国外出售商品并获得债权的国家在黄金流入上是自愿的，这里存在极大的不对称性。

> 债务国为了恢复均衡而调整物价和工资时所造成的社会紧张，不合理地大于债权国所要付出的牺牲。[22]

也就是说，金本位制最大的弊端是无法阻止债务国经济下滑。这就需要一个不同于金本位制的国际货币体系来弥补这一缺陷。从《通论》中以"国家自足"为前提的封闭体系，到建立一种不同于使各个国家经济不安定的金本位制的国际货币制度，这里明显可以看出，凯恩斯的想法向着安定开放的体系发展发生了转变。

这时，凯恩斯想到的是建立"国际清算联盟"，将国际结算货币"班柯"分到各国账户，通过账户之间的交易，结算各自贸易上的赤字和黑字。需要注意的是，这里所说的"班柯"仅用于政府之间的结算，而不作为一般货币使用。

> 以积累班柯债权取代积累黄金，不会降低这些国家的生产能力、消费能力或是吸引力。如果信用机构取代了贮藏，那么在国内反复上演的那种石子变面包的奇迹，也可以在国际上重现。[23]

凯恩斯所说的"石子变面包的奇迹"，指的是一个人的存款余额被与他不相干的企业家用于投资的行为。这个提案虽然在英国政府内部也经常被批判为"不现实""乌托邦"，但在反复修订细节和重写的过程中，支持者渐渐多了起来。该方案作为正式的英国草案于1943年3月宣布。

但是，当时美国已经准备了"稳定基金草案"，来与英国的"国际清算联盟（凯恩斯计划）"相抗衡。同年7月，美国宣布了财政部的哈里·怀特所构想的"稳定基金草案（怀特计划）"。该草案计划从各个国家筹集资金，以此向贸易逆差累积到无法解决债务问题的国家提供贷款。

凯恩斯计划与怀特计划的根本区别在于，前者提出设立并使用国际结算货币"班柯"，而后者只是通过现实的货币进行事后应对。

凯恩斯计划与怀特计划

回想当时的世界经济状况不难看出，凯恩斯计划反映了英国因为债务累积而使经济不得不陷入衰退的处境；同样的，怀特计划反映了美国不断获得债权，积累起压倒性经济实力的立场。

凯恩斯认为，美国拥有过多的债权是其他国家出现经济停滞的最大原因。要矫正世界经济的平衡，就必须让美国"多花钱"。

这个方法也是在世界经济范围内，解决凯恩斯在《通论》中提出的"富裕社会中的不均衡问题"的方法。这个观点中还包含从"国家自足"和《通论》中的封闭体系走向开放体系的转变。即便如此，凯恩斯提出的"班柯"也不会进入国内流通。

此外，其实还存在一个看不见的矛盾。凯恩斯虽然不喜欢美国这个国家，但他认为应当由英国和美国组成"英美联盟"来负责第二次世界大战后世界秩序的重建。

经济学家出身的怀特，虽然对作为经济学家的凯恩斯非常尊敬，但对大英帝国有着强烈的反感。站在美国人的立场上，"他不论作出怎样的牺牲，都不可以让人觉得他被凯恩斯收买了"。[24]

怀特构想的战后世界是由美国和苏联一起构筑的。他在思想上并不是一名共产主义者，也没有加入美国共产党，但他通过代理人的工作，作为"具有影响力的关键人物"，间接地与苏联间谍联系了起来。[25]

据说，当时FBI已经掌握了这个情况，为了顺藤摸瓜打探苏联的情报网，选择不公开这个信息，而是采取监视策略。怀特积极地推动着对苏联的贷款。1948年，上议院时任议员麦卡锡主持召开弹劾共产主义者的"非美委员会"，怀特被传唤，他严词否认了自己是间谍。怀特被传唤后不久,就因服用了过量的地高辛[1]引起心脏麻痹而去世了。

当时的凯恩斯无从了解到这些情况。他只知道,自己的对手是美国财政部时任部长小亨利·摩根索和他的部下哈里·怀特。前者的纯商务做派让他觉得扫兴,而后者的谈判技巧又让他非常挠头。

凯恩斯的妻子莉迪亚和凯恩斯一起前往了布雷顿森林。当时,莉迪亚全权负责照顾凯恩斯的健康。她曾是一名芭蕾舞者,性格开朗,承担起了相当一部分的社交工作。在莉迪亚看来,布雷顿森林"好像是瑞士和苏格兰的结合,气候温和,河里有虹鳟鱼,非常适合休闲度假。但是很可惜,杰金斯〔约翰·梅纳德·凯恩斯的简称〕完全没有那个心情。"26

全球经济学家的失败

确实,莉迪亚家的杰金斯一如往常,舌灿莲花地攻击与他交涉的对手,有时甚至有些情绪激动。"你们这些美国人……你们从全世界的债务国不断攫取资金还不满足,这次又打定主意从所有债权国攫取资金。"27

不过,怀特也不是轻易被动摇的人。他背后有美国的经济实力作为支持,而且他看穿了凯恩斯体力严重不支的事实。

交涉结束后,凯恩斯在寄给英国高级官员珀西瓦尔·利欣的信中回顾了交涉的过程,他这样写道:"讨论十分激烈。之所以会如此,都是因为哈里·怀特,他如果不让对方经历一通煎熬挣扎,就

---

[1] 一种强心剂,能有效地增强心肌收缩力,减慢心率。

不会作出分毫的让步,哪怕他并非从一开始就决心战斗到底。"[28]

经过长期的交涉,凯恩斯渐渐明白,自己的清算联盟方案是不可能说服美国人的,于是他将这次交涉的目的更改为给稳定基金方案套上清算联盟方案的外衣。而怀特对此保持着警惕,小心地不让自己的稳定基金方案被清算联盟方案从背后钻了空子。[29]

> 怀特的稳定基金建立在诸如英国汇兑平准基金与美国币值稳定等先例的基础之上。其总资产受最初一次投票表决的量的控制,出现逆差的国家将获准向这一事先确定其量的基金借款。明显不同于清算联盟,除了经由向各国纳税人要求增加款项的痛苦过程之外,它不可能有任何扩张。[30]

稳定基金与清算联盟有着如此不同的结构,可怀特面对凯恩斯的批判,仅仅通过诡辩进行反驳。他表示,虽然名称和方法不同,但清算联盟想做的事情,通过稳定基金也能取得相同的效果。[31]

最终,虽然稍加修订,但基本上采用了怀特的计划,而凯恩斯不得不满足于争取到了几个妥协。必须承认,这是英国和凯恩斯的失败。

不列颠之战

凯恩斯回到英国之后,继续在财政部做了一段时间的顾问,1945年8月中旬,日本宣布投降,凯恩斯再一次前往美国,这一次是为了谈美国给英国提供的贷款。

1945年8月27日,凯恩斯与妻子莉迪亚一起乘坐加拿大军用飞机，自英国南安普敦起飞来到魁北克，就美国向英国提供贷款的问题与美国政府高官进行了为期3个月的艰难交涉。

之前，凯恩斯已经预料到这场交涉会从一开始就十分困难，而美方对英国未来发展的态度远比他所想的还要冷淡。凯恩斯需要应战的对手还不只有美国。派凯恩斯作为特使前往美国的英国政府才是他最为顽固、难以应付又不得不说服的对手。

对凯恩斯来说还存在一个障碍。由于美国前总统罗斯福突然离世，凯恩斯的谈判对手从时任财政部部长摩根索和时任财政部部长助理哈里·怀特，变成了杜鲁门政府的高官。凯恩斯之前建立起来的人脉几乎全没有作用了。

另外，凯恩斯身上还有时间限制，已经签订好的《布雷顿森林协定》必须在这一年年末之前获得英国议会的批准。如果到时贷款谈判还看不到希望，那么英国议会有可能拒绝通过，那样一来，贷款谈判就彻底决裂了。

加之，当时凯恩斯的心脏有时会出现骤停的情况。莉迪亚遵照主治医师的指示，在谈判过程中仔细叮嘱他的饮食，在他休息和睡觉的时候会拿冰袋放在他的胸口上。即便如此，同年10月7日，过度劳累加上进食过量，依旧让凯恩斯轻度地发作了心脏病。

当时任FRB（美国联邦储备委员会）主席马瑞纳·伊寇斯骄傲地表示，美国在破产案的资金投放上有权利决定资金上限时，凯恩斯终于爆发了。"我们无法忍受伟大的国家（英国）被当作破产企业一般对待！"[32]

可能是凯恩斯对伊寇斯主席怀恨在心，后来在交涉金额时，伊寇斯一表示出顽固的姿态，凯恩斯就突然地说出了下面这样的话，震惊四座："对一个耶稣基督后期圣徒教会的男教徒来说，自然无法满足于只娶一个妻子。"[33]

耶稣基督后期圣徒教会的很多教徒来自犹他州，凯恩斯的这句话是对犹他州出身的银行家伊寇斯的讥讽，但在历史上，耶稣基督后期圣徒教会曾因承认一夫多妻制而受到镇压，所以凯恩斯的发言绝对算不上妥当。凯恩斯发表尖刻言论时的激昂情绪对他的健康更为有害。

谈判进入最后阶段时，英国的提案是40亿美元的贷款，并在租借法案结束后追加5亿美元，利率均为2%。而美国的提案是以2%的利率提供37.5亿美元的贷款，然后以2.375%的利率追加7.5亿美元。之后，英方继续寻求美方让步，最终达成的协议是37.5亿美元的贷款，利率为2%，并根据租借法案搁置对英国超过200亿美元的债务。

凯恩斯真的是以性命为代价在为英国进行谈判，然而英国对这个结果却并不满意。

1945年秋从美国回到英国时，凯恩斯已经被消磨得几乎只剩下半条性命。在回国后的庆功会上，凯恩斯不得不以躺在沙发上的姿势与时任英国财政大臣道尔顿交谈。[34]凯恩斯的头发已经很稀疏了，雪白的胡须让他看上去比实际年龄年迈很多，至少这不是世俗社会中胜者的样子。

年轻时的信仰与成熟的真相

凯恩斯这一腔为了英国牺牲自己的热血忠诚，究竟是从何而来呢？当然，这与他丰富的经历有关，但应该也有过一些思想斗争吧。不过，这样的凯恩斯难免让人觉得与本书第1章中所描述的那个年轻的圈外人差距巨大。[35]

1938年9月，戴维·加尼特的一段回忆勾起了凯恩斯关于1914年被D. H. 劳伦斯邀请参加早餐聚会时的回忆，于是提笔写就一篇题为《我的早期信仰》的文章。在加尼特的回忆中，劳伦斯在早餐聚会结束后寄来的信中，十分厌恶地将凯恩斯和邓肯·格兰特称呼为"蚜虫"。

> 只要一想起你的朋友邓肯·格兰特、凯恩斯还有比勒尔（政治家之子），我就要疯了。我甚至会梦到蚜虫。我对剑桥也是这个印象。之前我在斯特拉奇一家人的身上就隐隐有这种感觉。……那天早上我在剑桥见到凯恩斯，是我人生中的一大危机。见到他之后，精神上的痛苦、敌意还有愤怒，让我快要疯掉了。[36]

劳伦斯的激烈反应让凯恩斯重新审视了当时他们抱有的信念。凯恩斯他们对维多利亚王朝在伦理上的欺瞒表示出激烈的逆反，那时摩尔的《伦理学原理》是他们逆反的支点。

但是，他们无视了摩尔在著作中所写的有关行为义务的章节。摩尔在那一章中追求的是"在整个未来遵循因果关系，并产出尽可能高的价值"。

> 我们从摩尔那里获得的并不是他所给予的全部。他的一只脚已经跨入了新的天堂的门槛，然而另一只脚却仍然深陷于西季威克和边沁的功利主义计算，也就是正统行为的一般准则。《伦理学原理》中有一章我们是不屑一顾的。可以说，我们接受了摩尔的信仰，又拒斥了他的道德信条。[37]

尽管如此,如果将这个"转变"视为差异悬殊的青年凯恩斯和老年凯恩斯之间的过渡,[38] 就把事情想得过于简单了。那样想完全是方便主义,会沦为夏目漱石晚年说自己达到了所谓的遵照天理、去除私心的"则天去私"的神话。

也许,凯恩斯最初是一个奔放的道德叛逆者、理性的革命青年,在品尝过巨大的失望和内心纠葛之后,经过思想斗争,达到了一种成熟的境界。但是正如前面提到的,他的性取向留下了痕迹,而他那尖刻的精英知识分子秉性只可能被强化,无法被消除。

尽管如此,凯恩斯作为肩负英国命运的谈判代表,以及即将到来的世界的奠基人,他用尽了全部的力量,甚至赌上了自己的生命。这等爱国行为,恐怕已经不能把他称作圈外人或者边缘人了吧。这是他作为精英知识分子的骄傲和丰富的阅历繁杂地交织在一起而形成的人格使然,是无法还原到某一个因素上的。

灯熄之后

在凯恩斯晚年的奋斗中,莉迪亚是一个无可替代的存在。在布雷顿森林进行谈判时,凯恩斯疲劳困顿,莉迪亚甚至直接与时任美国财政部部长摩根索进行过对话:"摩根索先生,我们家梅纳德已经睡不着觉了,他说就还想从你那里多要一点点,你就多出一点点不可以吗?"[39]

另外,在进行租借法案的谈判时,莉迪亚明知时任外交官哈利法克斯就在近旁,她还故意大声地说:"喂,你觉得哈利法克斯怎么样?还记得那个软弱的外交官吗?就是慕尼黑那个……"[40] 她话里的意思是指责哈利法克斯,张伯伦向希特勒妥协时,他都做了些什么。

当时，凯恩斯也在席上，但他什么都没有说，哈利法克斯沉默着起身离开了。据说，莉迪亚经常搞这种"恶作剧"，不过凯恩斯之所以能在国际外交舞台上进行谈判，也是因为有莉迪亚常年陪在身边照顾他的起居。

莉迪亚作为芭蕾舞者虽然半引退了，但仍然在剧院担任经理，所以凯恩斯也十分积极地参与这方面的活动，比较出名的就是他在剑桥经营的"艺术剧院"。杰夫里·哈考特在给斯基德尔斯基的《凯恩斯传》写的书评[41]中提到，凯恩斯那时一边筹备经营剧院，一边执笔《通论》，那个时期对凯恩斯来说是最好的时期。

斯基德尔斯基曾用"感觉"一词这样评价道："《通论》出版于1936年2月4日，而'艺术剧院'是在前一天开业的。这二者以共通的感觉连接在一起，在时间上也凝缩成了同一个瞬间。"[42]

凯恩斯离世之后，莉迪亚依旧生活在蒂尔顿的庄园中。凯恩斯的遗产换算成现在的日元的话，价值高达20亿日元（约合人民币1.37亿元）。遵照凯恩斯的遗言，遗产交由提出乘数效应的理查德·卡恩管理，而卡恩对莉迪亚的浪费颇为苦恼。莉迪亚每年都会拿到500万日元到600万日元的遗产，但她总是一转眼的工夫就用光了，然后再向卡恩要。"梅纳德以前说过，钱就是用来花的啊，否则钱就不能在世上转起来了。"[43]

斯基德尔斯基在凯恩斯传记三部曲的最后几页中，饱含深情又十分详细地描写了凯恩斯离世后的莉迪亚。上了年纪的莉迪亚从扮演名人妻子的角色中解放了出来，她身上的波西米亚风格变得更加明显，经常穿着非常宽松的衣服，十分慵懒。

时常有媒体前来采访凯恩斯的遗孀，而莉迪亚在接电话时会伪装成自己的秘书,拒绝所有的采访,她会非常程式化地回答:"抱歉,夫人(指莉迪亚)不接受采访。"

凯恩斯离世时,莉迪亚曾说,"梅纳德不在了,就像灯熄了一样"。后来,她一直生活到了玛格丽特·撒切尔执政时期。那时,凯恩斯的名望早已无迹可寻了。

撒切尔是弗里德里希·哈耶克的信徒,但不知何故,她的政策中采用了米尔顿·弗里德曼的"货币主义",而当她发现那不符合现实时便放弃了。同一时期,英国也放弃了作为老牌帝国的荣光。

但是,至少莉迪亚还能靠着凯恩斯的遗产悠闲度日。据说,莉迪亚因为年轻时坚持锻炼,80多岁的时候还能将脚高举过头。

如今,凯恩斯的名望再次复苏起来。不过,这次复兴究竟能否充分发挥凯恩斯遗产的价值呢?这就交给读者朋友在读了下面的章节之后再作判断吧。无论如何,凯恩斯的骨灰撒在了蒂尔顿,现在已经化作他和莉迪亚曾经一起漫步过的丘陵上的土壤。

第3章 注释

1. J·M·凯恩斯著，间宫阳介译『雇用、利子および貨幣の一般理論（上）』，岩波文库，2008年，第23页及第38页。据说，凯恩斯提出的与"总需求"相关的"有效需求"这一概念，是从马尔萨斯的《政治经济学原理》得到的灵感。
2. 同上书，第34—48页。
3. 同上书，第347页。
4. 同上书，第242页。
5. 同上书，第166页。
6. 同上书，第132页、第234页和第252页。
7. H·P·明斯基著，堀内昭义译『ケインズ理論とは何か』，岩波书店，1999年，第101页。
8. 琼·罗宾逊著，山田克巳译『資本理論とケインズ経済学』，日本经济评论社，1988年，第57—58页。
9. 保罗·戴维森著，永井进译『ケインズ経済学の再生』，名古屋大学出版会，1994年，第66页。
10. Milton Friedman, *Price Theory*, Aldine De Gruyter, 1976, p.84.
11. 保罗·萨缪尔森著『確率と効用測定の試み』，收录于『サミュエルソン経済学体系2：消費者行動の理論』，劲草书房，1980年，第277—291页。另外，『危険と不確実性：大数の誤信』中的论述与此一致，第327—334页。
12. J·M·凯恩斯著，间宫阳介译『雇用、利子および貨幣の一般理論（下）』，岩波文库，2008年，第151—177页。
13. 同上书，第187页。
14. 在经济学史上，通常将边际革命之前的英国经济学被称为"古典派"，而以杰文斯、瓦尔拉斯、门格尔，以及马歇尔等人为代表的边际革命之后的经济学被称为"新古典派"。但需要注意，凯恩斯将先于自己的主流经济学都称为"古典派"。

15 J·M·凯恩斯著『雇用、利子および貨幣の一般理論（下）』，第166页。
16 蒙代尔—弗莱明模型是指，在开放经济条件下，实行宽松的金融政策时，利率会下降，汇率也会下降，同时出口增加，GDP上升；而扩大财政支出时，利率上升，汇率也会上升，同时出口减少，从而抵消扩大财政支出所带来的GDP上升的效果。
17 John Maynard Keynes, "National Self-Sufficiency", *The Yale Review*, Vol. 22, No. 4（June 1933）, pp.755—769. 译文引自艾曼纽·托德著，石崎晴己译『デモクラシー以後』，藤原书店，2009年，第347页。
18 *Ibid.*, pp.755—767. 译文同上，第348—349页。
19 J·M·凯恩斯著，中内恒夫译『戰費調達論』，收录于『世界の名著57：ケインズ/ハロッヂド』，中央公论社，1971年，第375页。
20 Robert Skidelsky, *John Maynard Keynes Vol. 3: Fighting for Britain, 1937—1946*, Macmillan, 2000, p.121.
21 *Ibid.*, p.157.
22 J·M·凯恩斯著，村野孝译『戰後の通貨政策』，收录于『ケインズ全集25：戰後世界の形成——清算同盟』，东洋经济新报社，1992年，第32页。
23 与J·M·凯恩斯著『国际通货（あるいは清算）同盟』中的论述一致，第123页。
24 罗伊·哈罗德著，盐野谷九十九译『ケインズ伝（下）』，东洋经济新报社，1967年，第616页。
25 Skidelsky, *op. cit.*, p.241f.
26 *Ibid.*, p.346.
27 罗伊·哈罗德著『ケインズ伝（下）』，第617页。
28 同上书，第627—628页。
29 Skidelsky, *op. cit.*, p.317.
30 罗伊·哈罗德著『ケインズ伝（下）』，第608—609页。
31 同上书，第609页。
32 Skidelsky, *op. cit.*, p.434.
33 *Ibid.*, p.435.

34 *Ibid.*, p.459. 另外, 国际政治学者克里斯托弗·莱恩引用了斯基德尔斯基的论述并指出, 美国和英国就《布雷顿森林协定》和租借法案所进行的谈判是"一场关于战后格局的博弈"。Christopher Layne, *The Peace of Illusions*, Cornell University Press, 2006, pp.48—50.

35 清水几太郎著『倫理学ノート』, 岩波书店, 1972年。后来, 讲谈社学术文库再版出版。1968年至1972年, 正值凯恩斯主义经济学开始出现衰退, 社会学家清水几太郎在岩波书店的杂志《思想》上连载了《伦理学笔记》, 该连载的第一篇就是从探讨凯恩斯的短篇随笔开始的。

36 J·M·凯恩斯著, 宫崎义一译『若き日の信条』, 收录于『世界の名著57: ケインズ/ハロッド』, 第107页。

37 同上书, 第113页。删去了原文中西季威克的注释。

38 清水几太郎考证了凯恩斯所著《年轻时的信条》, 他认同劳伦斯之所以强烈反感凯恩斯是因为凯恩斯的思想有所欠缺这一观点。此时清水是否注意到同性恋这一点尚不清楚。清水以六十年代的《安保条约》为分水岭, 从进步派知识分子转变为保守派。当时, 对于他的这一"转向"有很多指责的声音, 而他反驳说打造历史的正是转向者的"转向能力"。他的这本《伦理学笔记》也可以说是"转向能力"的样本清单。笔者在学生时代曾拜读过这本《伦理学笔记》, 虽然没能完全理解, 但也曾将清水的"转向"和凯恩斯的"转向"联系在一起, 兀自深为感动。

39 Skidelsky, *op. cit.*, p.368.

40 *Ibid.*, p.369.

41 G. C. Harcourt, *On Skidelsky's Keynes and Other Essays*, Macmillan, 2012, p.23.

42 Robert Skidelsky, *John Maynard Keynes Vol. 2: The Economist as Savour, 1920—1937*, The Penguin Press, 1992, p.536.

43 Skidelsky, *John Maynard Keynes Vol. 3, op. cit.*, p.489. 下文内容亦出自该书。

── 第3章 中文参考资料及日文资料标题译文 ──

1 凯恩斯：《就业、利息和货币通论》，高鸿业译，商务印书馆1999年版。
7 明斯基：《凯恩斯〈通论〉新释》，张慧卉译，清华大学出版社2009年版。
8 《资本理论与凯恩斯经济学》。原题为 Collected economic papers。
9 《凯恩斯经济学的重生》。原题为 Controversies in post Keynesian economics。
11 《试论概率与效用测定》。《萨缪尔森经济学体系2：消费者行为理论》。《危险与不确定性：大多数的误信》。
12 凯恩斯：《就业、利息和货币通论》，高鸿业译，商务印书馆1999年版。
17 《民主主义之后》。原题为 Après la démocratie。
19 《战费筹措论》。收录于《世界名著第57卷：凯恩斯/哈罗德》。
22 《战后货币政策》。收录于《凯恩斯全集第25卷：战后世界的形成——清算》。
23 《国际倾向（或清算）同盟》。
24 罗伊·哈罗德：《凯恩斯传》，刘精香译、谭崇台校，商务印书馆1995年版。
35 《伦理学笔记》。
36 《年轻时的信条》。收录于《世界名著第57卷：凯恩斯/哈罗德》。

PART 02

美国的凯恩斯主义者们

> 宛如"袭击了孤岛的疫病一般",美国的经济学家纷纷"感染"了凯恩斯主义经济学。
>
> 然而,这是凯恩斯自己以为的经济学吗?
>
> 美国的凯恩斯主义如同其代表性经济学家保罗·萨缪尔森一样,正在将经济学急速地数学化,并与凯恩斯激烈批判的新古典主义经济学结合在了一起。
>
> 他们一面装扮成"科学"的样子,一面又抛弃了凯恩斯强调的不确定性问题,对政府控制经济逐渐转变为乐观的态度。

第4章 美国版凯恩斯经济学的『幕后黑手』

保罗·萨缪尔森

1915—2009

保罗·萨缪尔森以融合了凯恩斯经济学与新古典主义的教科书《经济学》(第1版,1948年)而知名,因将大量数学工具应用于经济学理论的《经济分析基础》(1947年)而声名鹊起。长年于麻省理工学院任教授,1970年,因提高了经济学的科学水准而荣获诺贝尔经济学奖。

他在逐渐多元化的经济学的几乎所有领域都留下了斐然的业绩,主导着美国的凯恩斯主义经济学,但对始于20世纪70年代的滞胀没能作出有效的政策提示。在政治"保守化"的背景下,最终被芝加哥学派的米尔顿·弗里德曼夺走了主导经济学家的地位。

作为印第安纳州加里市的一家药店主的儿子,他前后在芝加哥大学、哈佛大学学习经济学,年纪轻轻便升任麻省理工学院副教授。对经济学的数学化以及向精度更高的科学迈进方面作出了重大贡献。据说,他为人风趣幽默,擅长开玩笑,但也有人觉得他有时有失分寸。

萨缪尔森在研究生时期第一次邂逅了凯恩斯经济学，
日后成了美国最具代表性的凯恩斯主义经济学家，
但他的经济学中有着新古典主义的底色。
后来，通货膨胀和经济衰退并行，
加上芝加哥学派的崛起，他最终丧失了主导地位。

畅销书《经济学》的作者

据说，在日本提到萨缪尔森这个名字，年过花甲的成年人会马上联想到他的教科书《经济学》。所谓学习近代经济学（近经），就意味着阅读岩波书店出版社出版的分为上下两卷的日译本《经济学》。

当然，这种说法略有夸张，也不是所有中老年经济学专业的学生都读过萨缪尔森的教科书，当时认真学习马克思经济学的学生也很多，况且"近经"的教科书也不是只有萨缪尔森这一本。

但是，萨缪尔森的《经济学》的热卖，确实可以说是一个划时代的事件。第一版于1948年在美国出版，与预想截然不同，竟卖出了121453册[1]。麦格劳希尔出版社[1]在与其他出版社的竞争中，赢下

---

[1] McGraw-Hill Education，麦格劳·希尔教育集团。

了与初露头角的经济学家签约的机会，但他们根据当时的常识，也不曾料想一本经济学教科书能如此畅销。

他们的预想接二连三地被颠覆。1951年出版了第2版《经济学》，这次更是卖到了137256册。1964年的第6版迎来了峰值，销量达441941册。后来，最后一次由萨缪尔森单独执笔的第11版也留下了196185册的销售记录。

当然，上面这些还只是美国国内的数字，这部教科书被视为美国经济学的代表作，后来被译成了41国语言，包括与威廉·诺德豪斯合著的第12版在内，总计销量在400万册以上。

萨缪尔森的成名作是1947年的《经济分析基础》，但因为某些原因（后文详述），第1版只印了750册。[2] 若非经济学专家，现在很少有人知道这本书。他在芝加哥大学的同窗——经济学家乔治·斯蒂格勒曾挖苦他说："萨缪尔森凭《经济分析基础》得了名，又凭《经济学》得了利。"[3]

通常认为，萨缪尔森的《经济学》之所以畅销，是因为它是最先引入凯恩斯经济学的教科书。对此，萨缪尔森的合作学者——诺贝尔经济学奖获得者（1987年）罗伯特·索洛这样说道："说它因为是凯恩斯思想的入门书所以畅销并不准确。保罗·萨缪尔森的《经济学》是第二次世界大战后第一本真正的教科书。真的出版于战后，是战后经济学的代表。可以说，保罗贡献出了他的又一个才能，作为经济学家撰写经济学的写作能力。"[4]

萨缪尔森作为现代美国具有代表性的经济学家，他对经济学本身的业绩并不为人熟知，却因为教科书的销量而留名青史，不得不说这是一个稍显奇怪的现象。但是，这个事实却淋漓尽致地反映了这位名为萨缪尔森的经济学家的历史命运。

印第安纳州加里市

1915年,保罗·萨缪尔森出生在印第安纳州密歇根湖畔一个名为加里的小城市。他的父亲弗兰克是一位药剂师,经营着一间药房,1923年移居至芝加哥,儿子保罗是在这个城市接受的教育。[5]

萨缪尔森出生那年,美国商船被德国的U型潜艇击沉,由此美国被卷入了第一次世界大战。军需大潮来临,萨缪尔森家变得富裕,但是在小保罗十几岁的时候,大萧条爆发了。

> 我一直读家中书架上的书,那里有父亲上学时买的书。其中有克拉伦斯·达罗关于和平主义和宗教的论述,所以在罗斯福新政出台之前,我就已经对罗斯福新政式的存在有所了解。[6]

克拉伦斯·达罗是劳工问题和社会问题相关诉讼案方面非常有名的律师,一位教进化论的老师受到控告时,达罗为这位老师辩护并胜诉,由此扬名。可见,萨缪尔森的父亲当时是一位相当激进的自由派呢。

> 我亲眼看到了第一次世界大战给美国钢铁之城加里带来的经济繁荣,让我印象深刻。经济繁荣时,劳动者每12个小时换一次班,一周工作7天。然而,我们家的人深知,经济繁荣之后必然会出现经济衰退,就像麻雀追在马屁股后面一样。我10岁时,全家住在佛罗里达州迈阿密海滨,最先体验了什么是房地产泡沫。之后,我们也体验了

房地产泡沫破灭之后会怎么样。[7]

1931年，年仅16岁的萨缪尔森考入芝加哥大学读书，他的父亲也成了芝加哥大学药学系的一名药剂师。这位父亲原本想把三个儿子都送进药学部，让他们当上药剂师，希望他们能在大萧条时期有一份工作。

当时芝加哥大学的经济学系中有富兰克·奈特、亨利·赛门斯、保罗·道格拉斯等经济学家，所谓的"芝加哥学派"的基础已经渐渐有了雏形。萨缪尔森在向他们学习经济学的过程中，逐渐走上了经济学家的道路。他师从自由主义经济学家亚伦·戴雷科特。

> 我进入经济学入门班学习的原因与当时其他学生一样，我想知道怎样才能让股市不崩盘。但因为当时的大萧条让上千家银行破产，美国中西部居民在转瞬之间失去了他们的存款，所以后来我更想知道，我们这一代人如何做才能回避1929年到1935年那样的大萧条，于是我进入了中级班学习。[8]

萨缪尔森19岁（1934年）的时候，作为最熟悉经济学的本科生而知名。翌年，他从芝加哥大学毕业，并获得了研究生院奖学金。

哈佛大学的年轻才俊

对于萨缪尔森为什么选择进入哈佛大学读研究生存在多种说法。他没有选择芝加哥大学的原因很简单，他获得的奖学金要求他必须去其他学校读研。"如果能留在芝大，我当然想留下，难道会有人愿意主动离开一片极乐净土吗？"[9]想必他说的是心里话。

那么，为什么不是当时被称为美国经济学中心的哥伦比亚大学，而是哈佛大学呢？关于这一点，萨缪尔森说过，"因为我希望自己度过学生生活的校园里，有着白色的教堂和爬满绿色藤蔓的教学楼"。[10]不过，看一下当时哈佛大学的师资就能清楚，他绝不仅仅是为了白色的教堂和绿色的藤蔓。

当时哈佛大学中多了很多从欧洲逃到美国避难的经济学家，其中最有名的是约瑟夫·熊彼特，此外还有戈特弗里德·冯·哈伯勒和华西里·列昂惕夫。当然，除了从欧洲移民过来的学者之外还有很多经济学家，对萨缪尔森影响最大的是1937年哈佛聘请到的阿尔文·汉森和后来的埃德温·威尔逊。

萨缪尔森受业于熊彼特，但就像汉森将萨缪尔森称为"美国凯恩斯"一样，《就业、利息和货币通论》一书出版后不久，萨缪尔森便抛弃了之前的新古典主义，转而成了凯恩斯经济学的拥趸并由此知名。威尔逊并不是特别出名，他曾说萨缪尔森"是我唯一的弟子"[11]，可见这是一位性情孤傲的学者。

熊彼特已经凭借1912年他29岁时付梓的《经济发展理论》中关于创新的先驱式分析在学界确立了地位，之后也是成绩斐然，是奥地利学派的代表人物，世界知名经济学家，还曾任职奥地利财政部部长，虽然只有短短的7个月。

熊彼特也从不曾让慕名前来的学生失望过。他在课上总是用幽默的语言和小玩笑把学生从睡魔的手中拯救出来。他的幽默和玩笑效果很好，而且绝对不讲讲过的梗。这让萨缪尔森赞不绝口，称"熊彼特是一位伟大的表演家"。[12]

C. 赛德尔等人曾研究过，为了营造充满幽默和玩笑的课堂氛围，熊彼特做出了多少努力。

天才不需要学习也能做出最棒的研究。所以，熊彼特也注意维持着自己不怎么学习的人设。天才是自己所在领域的大家，自然是不会按照讲义上课的。熊彼特也是如此。但是，他花费了大量的时间和心力为上课准备了详细的讲稿，不过他在教室里是绝对不看这些的。即使第二年他还教一样的课，他也不用之前的笔记，总是下功夫准备新的东西。[13]

有人说，熊彼特因为是完美主义者，所以晚年得了抑郁症。可即使努力到这种程度，凯恩斯的《通论》刚一发表，以萨缪尔森为首的一众弟子在瞬间就转向了凯恩斯经济学，无暇回顾与凯恩斯立场对立的熊彼特经济学。

凯恩斯革命与萨缪尔森

关于在哈佛大学读研究生时的萨缪尔森，后来担任一桥大学校长的都留重人曾记录下他们都热衷打壁球时的趣事。都留也在哈佛大学受业于熊彼特门下，是学界一位活跃的马克思主义经济学家。即使在这样出色的都留看来，萨缪尔森的才能也是出类拔萃的。

在30分钟微微出汗的壁球运动之后，冲一个澡，围上浴巾，浏览事先准备好的文献，这就是萨缪尔森的日常。

只用不到5分钟的时间就过完一篇论文,这绝对是非凡之人才有的才能。[14]

萨缪尔森读凯恩斯的《通论》时,可能用的也是这种超人的速度吧。但是,对萨缪尔森来说,凯恩斯长期以来都对他有着重大的意义。他说凯恩斯的《通论》在美国势头凶猛,如同"南海岛民初次遭遇的一种传染病,让这个遗世独立的民族几乎无人幸免",萨缪尔森也被"传染"了。第二次世界大战结束后不久,萨缪尔森曾这样回顾自己的"感染":"那个贴切地被称作'凯恩斯革命'的东西给正统传统中培养出来的我们所带来的影响,现在的学生是完全无法理解的。正如现今,初学者认为过于陈腐或显而易见的东西,对我们来说犹如谜团一般,太过新奇和特立独行。"[15]

在此之前,美国也和英国一样,将新古典主义经济学视为常识。凯恩斯的老师阿尔弗雷德·马歇尔的《经济学原理》在美国被当作教科书使用。而这时出现的凯恩斯的《通论》,在萨缪尔森看来,"写法拙劣、结构混乱","妄自尊大、神经兮兮,好争辩,对别人的学说毫无宽容"。凯恩斯很"反感"使用数学符号,这也让擅长数学的萨缪尔森十分不满。

他还表示,在对经济的"期待"方面,虽然凯恩斯"唤起对其重要性的注意"是一个"闪光点",但是"并没有理论"。也就是说,凯恩斯对"期待"的分析不够充分。尽管如此,"简单来说,这是一个天才之作"。

> 我本人相信,广义上来看,《通论》的重要性在于,对分析有效需求的水平及其变动提供了相当具有现实意义

并且完整的体系。……对经济周期而言具有决定性的因素是，确定的投资量随着时间的推移，与无数的外生性和内生性因素相关联的高度的可变性。这需要在任何内在的有效经济过程中，都自动地与充分就业的储蓄水平达成均等。

……凯恩斯否定了这里是看不见的手在发挥作用，使个人以自我为中心的行动达到社会最佳状态。而这正是他的异端理论的中心思想。[16]

因此，达到社会最佳状态所必需的不是看不见的手，而是看得见的手，也就是政府干预。对凯恩斯的这种解读是以萨缪尔森为中心的美国经济学界的标杆，至少到20世纪60年代为止一直占据着主流地位。

转到MIT时牵扯出的犹太裔问题

即便如此出类拔萃的萨缪尔森，他在攀登迈向经济学家的阶梯时也不总是一帆风顺的。他从哈佛大学研究生院转到MIT的经过，至今仍是一桩时常被提起的美谈。

从他的姓氏可以猜到，萨缪尔森家是犹太裔，所以不管他多么优秀，在当时都会受到一些限制。事实上，当他从研究生院毕业，即将迈上讲台的时候，引起了一点小轰动。因为明眼人都看得出来，这么优秀的萨缪尔森成了麻省理工的讲师，而不是哈佛的。

据说，萨缪尔森的老师熊彼特曾在某次鸡尾酒会上谈起这件事，他这样说道："哈佛因为萨缪尔森是犹太人而无法授予他终身教职，这非常符合哈佛的作风，我可以理解。然而，事实并非如此。他比这所大学经济系的任何一位教授都要优秀，而正是这一点成了他被经济学系接纳的阻碍。"[17]

如果熊彼特说的是真的，那么萨缪尔森就是单纯因为哈佛大学内部人员的嫉妒而没能得到教职。不过，这个说法即使不是熊彼特熬夜想出来的笑话，也让人觉得巧合得有点过分。

萨缪尔森曾写过一篇意味深长的随笔，题目是《来自早期政治不平等的学术时期的混合画》。文章中不仅描绘了当时的哈佛大学，还直接或间接地提到了当时知名经济学家们的偏见。他尤其反感当时的经济系主任哈罗德·伯班克。萨缪尔森指责说："伯班克对平庸的人很宽容，对犹太人却特别苛刻。"[18]伯班克曾对萨缪尔森的课程大纲指手画脚，意见非常多。

都留重人被聘为讲师时，伯班克也曾表达过不满，他说："下次该让德恩来当老师了吧。"这个德恩是当时研究生中仅有的两名黑人学生之一。以垄断竞争理论而知名的张伯伦得知此事后，也曾感叹道："伯班克错了。既然聘用了日本人，就不会不聘用黑人的。"

萨缪尔森曾间接地提到，其实连熊彼特也持有种族歧视。据说，曾经有一个研究生询问熊彼特对优秀研究生尼古拉斯·卡尔多的评价，当时熊彼特回答："啊，那个亚洲人吗？他不过是有点早熟。"卡尔多是出生在匈牙利的犹太裔。

据政治学家西摩·利普塞特在著作中的记载，近年美国学术界著名大学的教授中有三成是犹太裔，这让人有种隔世之感。但是，在萨缪尔森的研究生时代，"清楚地讲，在常春藤联盟〔位于美国东北部的8所名门私立大学（哈佛、耶鲁、普林斯顿等）的总称〕中，拥有身份保障的犹太裔受聘教师，一个也没有"。[19]

《经济分析基础》与新古典综合派

萨缪尔森的博士论文因为哈罗德·伯班克的打压,只印了750份。最初只答应给他印500份,在萨缪尔森抗议之后也只不过增加到了750这个数字。他的论文荣获了大卫·威尔士奖,这是颁发给哈佛大学经济学系最优秀的研究生的。所以初版瞬间售罄,但是无法加印,曾在一段时间里流传过照片翻拍的版本。

1947年,该论文以《经济分析基础》的标题出版成书,萨缪尔森荣获了授予40岁以下优秀经济学家的克拉克奖章。后来,这部著作作为微观经济学的基础文献,一直享有高度的评价。

在这里我们想讨论的是,萨缪尔森年轻时的业绩《经济分析基础》与凯恩斯主义经济学之间的联系。

《经济分析基础》完成于1941年,理应受到了始于1936年的凯恩斯革命的影响。然而不可思议的是,书中几乎找不到受到影响的痕迹。不过,这原本就是一部探索新古典派经济学基础的著作。如果认定萨缪尔森就是美国凯恩斯主义学者,那恐怕就错了。

这部《经济分析基础》的专业性很强,在此仅就第一部第一章的绪论稍作介绍。

> 各种不同理论的主要特征之间的相似性的存在,意味着一般理论——它是各种特殊理论的基础,并且将各种特殊理论的主要特征统一起来——的存在。……在这些领域中存在着形式上相同的、有(实际操作)意义的定理,而每一个定理都可以通过本质上相同的方法推导出来。[20]

通过指明这些定理,将之前经济学中认为不可避免的主观因素彻底数字化,而后尽可能地排除出去,目的在于给经济学赋予科学的资格。

本章开头提到的萨缪尔森所著教科书《经济学》,结合了凯恩斯的宏观经济学分析与微观经济学的基础。这样的结合之所以可能,依据之一就是下面引用自《就业、利息和货币通论》的这一部分内容。

> 我们对已经被接受的古典学派经济理论的批评,倒并不更多地在于发现它分析上的逻辑错误,而是指出它所暗含的假设条件很少或者从来没有被满足过。因而,它不能解决现实世界的经济问题。不过,如果我们的中央控制机构能够成功地使总产量相当于实际可以达到的充分就业水平,那么这可以作为古典学派理论自身从此开始前进的一个起点。[21]

也就是说,只要不充分就业继续存在,就需要凯恩斯经济学的理论;反之,如果在可能范围内达到了充分就业水平,就可以回归到古典派(新古典派)经济学。

这种把两种理论分别运用在不同场合的做法被萨缪尔森称为"新古典综合派"。《经济学》的第3版中开始出现这一术语,第8版开始有时会用"主流派经济学"一词来代替,而到了第11版就不再使用"新古典综合派"一词了。此时,萨缪尔森作为一名美国经济学家,已经是"过去的人"了。在这一过程中,究竟发生了些什么呢?

肯尼迪政府的"幕后黑手"

要想弄清这个问题,我们需要先了解一下萨缪尔森作为经济学家所提出的经济政策。肯尼迪政府被称为"出类拔萃的一届[1]",因以哈佛大学为中心的优秀学者参与到政府内部而知名。

在肯尼迪政府成立之初,肯尼迪本人曾亲自邀请萨缪尔森担任总统经济顾问委员会主席,但被萨缪尔森拒绝了。萨缪尔森在约翰逊政府时期也接到了同样的邀请,他依然是拒绝。

> 从长期来讲,经济学学者只愿意为有价值的东西工作。换句话说,是为了自我满足。……这并不是说要将现实世界的政治经济问题交给经济学家以外的人,也不是短期地在某一个小圈子里获得认可,而是说即使失去大众的关心,即使违背时代的精神,也要始终将尝试作为天职,尽忠职守。22

基于这种禁欲式的逻辑,萨缪尔森是不可能积极地参与政治的。那么他是一位纯粹的"象牙塔"中的学者吗?事实上,完全不是这样。在下面这篇萨缪尔森所写的文章中,他从第三人称的视角客观地描述了自己。其中,PAS是保罗·A.萨缪尔森的缩写,也就是指他自己。

---

[1] The best and the brightest,又译作"出类拔萃之辈"。

PAS有些不平地抱怨说，把美国交给像肯尼思·加尔布雷思和华尔特·惠特曼·罗斯那样只能把握事物大体的人实在太浪费了，所以他选择给予艾德莱·史蒂文森和埃夫里尔·哈里曼经济学方面的指导。PAS在J. F. 肯尼迪担任上议院议员、总统候选人乃至总统时期，一直作为顾问劳心劳力。他就像摩西一样，穿过了波托马克河却没能到达应许之地。但作为幕后黑手，他享受着在背后操纵肯尼迪总统经济顾问委员会中的沃尔特·海勒、詹姆士·托宾、克米特·戈登等约书亚[1]的乐趣。[23]

　　这绝不是一个谦虚的人能写出来的文章。不仅对加尔布雷思和罗斯特来说是刺耳的，对托宾等人来说也很不中听。摩西以及约书亚等出自《旧约圣经》的类比算不上高明。赞赏萨缪尔森的人也许能从中看出他的谦虚和大局观，甚至是幽默感，但是我们还是保留一些怀疑为好。[24]

　　总之，从肯尼迪政府时期到约翰逊政府时期，萨缪尔森一直作为"幕后黑手"活跃着。他在20世纪60年代前半期留下的业绩算得上辉煌，1960年的失业率为8.0%，60年代中期时降到了1.2%，消费者物价指数也被控制在了4%以下。

　　但是后来，不知道是不是因为"幕后黑手"的威严降低，美国出现了严重的通货膨胀。

---

[1] 约书亚在继摩西之后成为以色列人的领袖，带领以色列人离开旷野进入应许之地。

通货膨胀埋葬了凯恩斯吗？

美国自由派人士认为，美国这一次通货膨胀是因为越南战争的持续所致。发动越南战争的是自由派偶像领袖J. F. 肯尼迪，但没能终结战争的是林登·约翰逊总统，所以这个解释不会伤及他们的偶像。

但是，一直以来支撑着民主党政府经济政策的美国版凯恩斯主义及其代表者却不这么认为。

根据被"幕后黑手"萨缪尔森在"背后操纵"的沃尔特·海勒的说法，1961年起，美国在"5年间产生了700万份以上的新就业，利润翻倍，实际国民生产总值增加了三分之一，填补了1961年让经济备感痛苦的现实生产与潜在生产之间的500亿美元的差距"。[25]

在海勒看来，这意味着凯恩斯革命的完成。然而，到1966年却变了味道。约翰逊总统在议会上没有马上响应经济顾问委员会关于应当增加税收的质询。海勒后来曾这样回忆当时的事："在约翰逊迟缓的决策和来自议会的反对中煎熬了两年半之后，终于在1968年7月通过了增长税收的议案。另一方面，国防部总是将越战军费的预算想得太低。这使得抑制通货膨胀的政策不仅来得太迟，而且也非常不充分。"[26]

1965年的通胀率在2%左右，翌年上升到3%，1968年时超过了4%，1969年时超过了5%，60年代前半期的稳定成了一个笑话。

即使从萨缪尔森的教科书中来看，通货膨胀率的上升也是自70年代（20世纪）开始加速的，1970年与前年同期相比增长了5.3%，1973年爆发石油危机时为5.8%，1974年达到了8.7%。这一年，经济增长率为-0.6%；1975年的通胀率高达9.1%，而经济增长率为-0.4%，而且失业率达到了8.5%。所谓"滞胀",就是经济衰退与通货膨胀同时出现的现象,而美国版凯恩斯主义经济学没能很好地解释这个现象。

以萨缪尔森为中心的经济学家运用"菲利普斯曲线",指出降低失业率会使通胀率变高,降低通胀率又会使失业率上涨。也就是说,这是一个政策选择的问题。但是如今通胀率变高了,失业率也变高了,他们的解释在滞胀时期失去了说服力。

后来,萨缪尔森与W. 诺德豪斯合著的第13版《经济学》中,这样论述了那一时期的经过。

> 不幸的是,行政机关低估了越南战争带来的经济活动增长的规模。国防支出在1965年至1968年间增长了55%。……1979年,经济从1973年的供给危机中恢复过

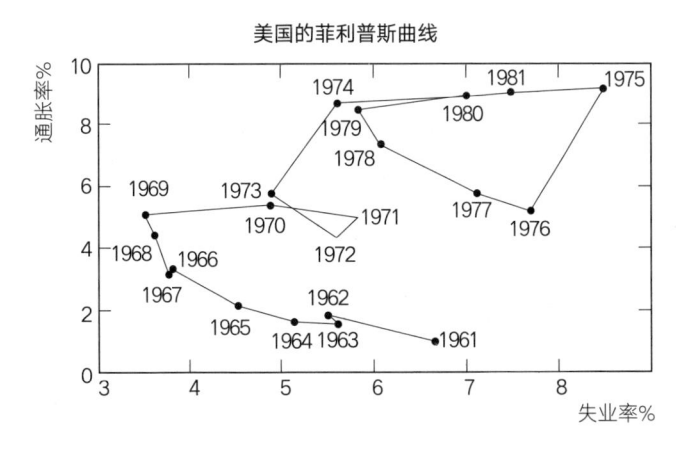

美国的菲利普斯曲线

20世纪60年代,通胀率与失业率的关系呈向下发展趋势,看上去"权衡"关系成立,但70年代之后,这种向下发展的走势不再成立。(参考 Samuelson & Nordhaus, Economics. 12th edition.中的图片制作)

来。……然而，正值通货膨胀趋势加剧……经济加速复苏……让两位数的通胀率进一步加速。[27]

让人有疑问的是，为什么在石油危机出现之前，就已经出现了经济低迷和通胀率上升的情况呢？在滞胀开始时，可以采取的经济政策至少有两种，而萨缪尔森经济学又为何没能给出回答呢？

要么明知通货膨胀加剧而提高产量，要么为了抑制通货膨胀而降低产量。然而萨缪尔森给出的回答是，"经济学无法对这类问题提供科学且准确的解答"，因此，需要"一个在民主路线框架内形成的价值判断"。[28]

到了里根政府时期，FRB的保罗·沃尔克采用了后一种方法，当然，随之而来的是降低产量带来的牺牲。但是，作为科学的经济学永远不会作出决断，那只能交给政治。萨缪尔森经济学在这里展现出的无能，并不是因为通货膨胀才出现的，而是由于其科学至上的价值观所致的。

在将经济学视为自然科学这一点上，萨缪尔森与他最深刻的批判者米尔顿·弗里德曼别无二致。[29]

对自由贸易的"修正"

就像罗伯特·索洛用人称"全能天才"的歌德调侃自己是"自封的歌德"一样，萨缪尔森自称"经济学上最后的全才"。萨缪尔森的业绩确实涉猎甚广，这里无法尽言。

若要再举出一个他的业绩，可能补充介绍一下他证明了自由贸易可以成立的几篇论文比较合适。这些论文提出的观点被称为"赫克歇尔—俄林—萨缪尔森定理"，至今仍经常作为自由贸易会为参与所有国带来利益的依据。

萨缪尔森通过1948年的《国际贸易与要素价格均等化》、1949年的《再论国际贸易中的要素价格均等化》以及1953年的《一般均衡中的要素与财产价格》这三篇论文，完成了由李嘉图开创，并由赫克歇尔和俄林进一步完善的自由贸易理论。[30]

换言之，萨缪尔森在这个领域中是一个彻彻底底的新古典派，与对自由贸易持怀疑态度的凯恩斯不同，他给GATT（关税及贸易总协定）和WTO（世界贸易组织）开展自由贸易提供了理论支持。

然而，在将要步入晚年的2004年，萨缪尔森发表了一篇题目很长的论文——《李嘉图和穆勒在何处反驳与证实过主流经济学家们支持全球化的论点?》[31]。他在这篇论文中暗示自由贸易并非总能带来利益，因而引发了话题讨论。

萨缪尔森在这篇论文中，对两国间的贸易关系进行了以下三种情况的描述：第一种情况，这两个国家选择自由贸易而非自给自足经济，可以提高两国各自的人均实际收入，这时不会出现什么问题；第二种情况，当发展中国家在其出口商品方面出现技术革新，为发达国家的人均实际收入带来改善，但同时，发展中国家由于贸易环境恶化而使得人均实际收入下降时，对发达国家来说有利无害；第三种情况，发展中国家在其不具有比较优势领域出现生产力的提高，削减了从发达国家进口该领域产品的数量，使发达国家的人均实际收入持续受损时，对发达国家来说是最有问题的。

萨缪尔森简洁明快地分析了这三种情况，并得出了以下结论。

> 自由贸易带来的全球化，有时会让发达国家和发展中

国家都能将海外出现的技术革新转化为本国的利益，有时只会让某一国家在技术革新所带来的生产率提高中获利，而其他国家在贸易中获得的生产率增长下降，从而处于不利的地位。[32]

也就是说，以出现技术革新为前提来看，发达国家和发展中国家未必都能够从自由贸易中获利。

观察一下现实中的国际贸易就会发现，上述情况才是正常的现象，而自由贸易论者所倡导的所谓的"自由贸易总能给所有国家带来利益"是荒谬的。其实萨缪尔森所做的只不过是确认了一下常识而已。

伴随着技术革新的自由贸易的意义

有趣的是，萨缪尔森在这篇文章中不再说"无法给出科学且准确的解答"，而是深入地分析了政策的意义。

> 假设，发明A给你的国家带来了损失，发明B给你的国家带来了利益，这两个发明对世界而言都带来了实质性的纯国内产品的福利——与政治说客们提出的关税和配额相比，自由贸易对各个地区而言仍然是现实意义上的最佳选择。[33]

如果将话题深入到这个层面，那么显然经常出现自由贸易在现实意义上并非最佳选择的情况。

首先，萨缪尔森承认，长期来看，发展中国家占世界GDP的份额会逐渐增多，美国等发达国家的占比会下降。即使随机出现某种创新发明，从整体趋势来看，发达国家依然处于守势。

其次，如果从概率论的视角来预测将来，那么可以说，美国继续推行自由贸易的话，它在全球GDP中占比缩小的概率要高于占比扩大的概率。所以，要想保持或者扩大市场份额，发达国家就不能在自由贸易中忽视技术革新，否则就会处于不利的地位。

再者，在对美国有利的前提下，即使不能给全世界带来利益，美国也可以通过政治力量缔结经济协议，为自己的国家带来利益，而事实上美国也是一直这样做的。

仅考虑美国一个国家的利益的话，美国采取的政策恐怕根本不是纯粹的自由贸易，而是一个选择。然而，基于萨缪尔森一直以来倡导的科学的新古典派经济学理论，只要仍然以增加世界整体财富为前提，那么这个选择就无法正当实现。

实际上，现在美国采取的自由贸易协定政策，正是在代表美国产业界利益的政治说客们的推动下实现的。在TPP（跨太平洋伙伴关系协定）中，也散布着推进自由贸易的风声，但是最终说服USTR（美国贸易代表办公室）和议会的是美国工商会、美国农业者协会、美国服务业联盟等压力集团。

从下面这段萨缪尔森说的话中也可以看出，美国在这种背景下推行的全球化，对萨缪尔森理想中的自由贸易而言就是一个坟墓。

> 全球化带来了很多好处，它使人们的寿命延长，在各种意义上都提高了生活的质量。但是，也存在扩大一个国家内部的两极分化程度的一面。富裕的国家和地区，成功

者极大地增加了财富,中间阶层的一部分人沦为失败者。从富兰克林·罗斯福时期到林登·约翰逊时期乃至后来,成功者都将自己的部分利润分给了他人。如果一直这样,也许利他主义可以存续,但它已经开始衰退了。[34]

萨缪尔森作为美国版凯恩斯主义的鼓吹者登上了经济学的王座,但到了70年代便马上被新古典派的米尔顿·弗里德曼取而代之。就连公认萨缪尔森贡献最大的新古典派自由贸易论方面,在萨缪尔森将近晚年的时候,这一理论的本质部分也出现了裂痕和矛盾。

― 第4章 注释 ―

1 Michael Szenberg, Aron A. Gottesman, Lall Ramrattan and Joseph Stiglitz, *Paul A. Samuelson: On Being an Economist*, Jorge Pinto Books, 2005, p.84. 下文关于册数的内容亦出自本书。
2 P・A・萨缪尔森著，佐藤隆三译『経済分析の基礎 増補版』，劲草书房，1986年，"原作者致日文版序"第25页。
3 同上。
4 Szenberg, *et al., op. cit.*, p.92.
5 *Ibid.*, pp.12—13.
6 *Ibid.*, p.14.
7 *Ibid.*, pp.35—36.
8 *Ibid.*, p.15.
9 *Ibid.*, p.18.
10 *Ibid.*, p.18.
11 *Ibid.*, p.19.
12 P・A・萨缪尔森著，盐野谷祐一等译『教師および経済理論家としてのシュムペーター』，收录于『サミュエルソン経済学体系9』，劲草书房，1979年，第240页。
13 根井雅弘著『シュンペーター』，讲谈社学术文库，2006年，第141—142页。
14 都留重人著『近代経済学の群像』，日经新书，1964年，第235页。
15 P・A・萨缪尔森著『ケインズ卿と『一般理論』』，收录于前述『サミュエルソン経済学体系9』，第211—212页。
16 同上书，第219—220页。
17 详见P・A・萨缪尔森著『学界もが人種的偏見の舞台だった古き時代』〔译者都留重人所写解题〕。《思想》杂志2002年10月号，第88—104页。原题为"*Pastiches from an earlier politically incorrect academic age*"。

18 P·A·萨缪尔森著『学界もが人種的偏見の舞台だった古き時代』,第96页。

19 同上书,第91页。

20 P·A·萨缪尔森著『経済分析の基礎 増補版』,第3页。

21 J·M·凯恩斯著,间宫阳介译『雇用、利子および貨幣の一般理論(下)』,岩波文库,2008年,第187页。

22 Szenberg, *et al., op. cit.*, pp.27—28.

23 威廉·布赖特、罗格·W·斯宾塞编,佐藤隆三等译『経済学を変えた七人』,劲草书房,1988年,第110页。

24 比如说,萨缪尔森的幽默是像下面这样的:"有一位贤者曾说过,'比经典经济学书籍更经典的,只能是那本书的日语版',而这位贤者正是我本人无疑。"(《经济分析基础》,"原作者致日文版序"第21页。)

在MIT的午餐会上,"您好,萨缪尔森教授。我是迪克·泽克豪莎。""哦呀,我也没说你是吸尘器推销员啊。""关于这类政治活动,什么程度最合适,米尔顿·弗里德曼和比阿特丽斯·韦布〔即韦伯夫人,英国社会主义者〕肯定持有完全不同的意见。"(皆出自Szenberg, *et al., op. cit.*)

老实说,笔者完全不能理解萨尔森的幽默,更直白一点地说,笔者完全笑不出来。

25 沃尔特·W·海勒著,间野英雄、小林桂吉译『ニュー・エコノミックスの理論』,ぺりかん社,1969年,第12页。

26 Arrigo Levi著,上原一男译『経済学はどこへ行く 世界のエコノミストは語る』,日本経济新闻社,1975年,第28—29页。

27 P·A·萨缪尔森、威廉·诺德豪斯著,都留重人译『サムエルソン経済学(上)』,岩波书店,1992年,第92—94页。

28 根井雅弘著『サムエルソン『経済学』の時代』,中央公论,2012年,第102页。

29 Szenberg, *et al., op. cit.*, p. 72.

30 *Ibid.*, pp. 49—50.

31 Paul A. Samuelson, "Where Ricardo and Mill Rebut and Confirm Arguments of

Mainstream Economists Supporting Globalization", *Journal of Economic Perspectives*, Vol. 18, No. 3, Summer 2004, pp.135—146.
32 *Ibid.*, p.142.
33 *Ibid.*, pp.142—143.
34 P·A·萨缪尔森著『長老の智慧 その2』，刊载于2007年6月9日号『週刊東洋経済』，第134页。

第4章 中文参考资料及日文资料标题译文

2 萨缪尔森:《经济分析基础(增补版)》,何耀译,东北财经大学出版社2006年版。
12 《作为教师和经济理论家的熊彼特》。《萨缪尔森经济学体系9》。
13 《熊彼特》。
14 《近代经济学群像》。
15 《凯恩斯先生与〈通论〉》。《萨缪尔森经济学体系9》。
17 《学术界也是种族歧视舞台的旧时代》。
21 凯恩斯:《就业、利息和货币通论》,高鸿业译,商务印书馆1999年版。
23 《获奖者的生活:七位诺贝尔经济学家》。原题为 *Lives of the laureates : seven Nobel economists*。
25 《新政治经济学》。原题为 *New dimensions of political economy*。
26 《经济学去向何方:全球经济学家如是说》。原题为 *Viaggio fra gli economisti*。
27 《经济学》(第13版)。原题为 *Economics*。
28 《萨缪尔森"经济学"的时代》。
34 《长者的智慧 之二》。《周刊东洋经济》。

第5章 新型社会主义的煽动者

约翰·肯尼思·加尔布雷思

1908—2006

加尔布雷思出生于加拿大安大略省；曾就读于安大略省农学院[1]。他一度打算继承自家的农场，但在加州大学伯克利分校取得博士学位之后，他成为一位凯恩斯主义经济学家。

他拿到了美国绿卡，在第二次世界大战时担任罗斯福政府物价管理局副局长，分管价格统筹，后来因为一些问题辞去了职务。他曾担任《财富》杂志编辑多年，撰写记者文章笔力卓绝。

加尔布雷思自1949年起在哈佛大学任教授。著有畅销书《丰裕社会》（1958年），文风辛辣。在他的学生J·F·肯尼迪参加美国大选时，他作为顾问十分活跃。肯尼迪当选后，他被任命为驻印度大使。

于1967年出版的《新工业国》中，他将技术精英集团批判为"技术专家体制"，然而在1973年出版的《经济学与公共目标》中，他又提倡建设由技术专家体制占主导地位的新社会主义。

---

[1] 现圭尔夫大学。

加尔布雷思在学生时期学习了凯恩斯主义经济学，
曾是经济杂志的作者。
他用华丽的文笔批判美国社会，
指责美国政府的经济政策。
他曾参与肯尼迪政府，
后来倡导建立由技术精英政府主导经济的新社会主义。

❝

为什么富裕国家中仍然存在贫困？

加尔布雷思所著《丰裕社会》的第一版发行于1958年，正值美国在全世界的经济生产力渐渐走向顶峰的时期。当时美国的GNP（国民生产总值）占全世界的一半以上，除了在宇宙开发方面，苏联率先成功发射了人类历史上第一颗人造卫星"伴侣号"，美国几乎在所有领域都处于无人比肩的繁荣盛世。

但是，加尔布雷思认为正是这样的"丰裕（Affluent）社会"，才产生了巨大的畸形。

物资即使并不攸关人们的生存，至少与人们的基本需求有着密切的联系。物资是衣食住行的保证。人们最关心的就是可以获得物资的生产活动，这无可厚非。

目前，物资是丰富的。在美国，虽然也存在营养不良，但死于食物太多的人要比死于食物太少的人更多。人口一度被认为是对于食物的一种压力，当时则是食物的供给无情地压迫着人口。[1]

尽管美国已经是一个物资过盛的"丰裕"社会，但贫困依然存在。

在印度，严酷、羞耻、难以逃避的贫困并不会引起注意，因为很少有人能摆脱贫困的命运。但在美国，贫困的残存是应当引起关注的。我们之所以忽视贫困，是由于我们美国同一切社会在一切时代一样，具有对我们不愿意看到的东西视而不见的能力。[2]

那么加尔布雷思是否认为，将富人手里的财产交给贫困的人就可以了呢？抑或是大幅度改变政治结构，给贫困阶层以更多的社会保障就好了呢？

加尔布雷思说，并非如此。

有意思的是，美国的保守派（共和党系）也好，自由派（民主党系）也罢，他们都认为应当继续提高生产。但这完全不能解决任何问题，正是由于认为提高物资产量就能解决问题，才导致了诸多问题。

催生欲望的经济"机制"

那些非必需的、愚蠢的奢侈品和一些几乎毫无意义的小玩意儿，因为迎合个人欲望，所以在商店里想买多少就有多少，而像基础教育、道路建设、环境保护等公共需求，即使个人认为是必要的，也无法在商店里买到。不仅买不到，还需要具备相应的知识，才会产生需要这些的欲望。

对此，加尔布雷思提出了疑问："丰裕社会"无法凭借它过剩的"丰裕"来消除贫困等经济问题，难道不是因为这样的社会存在某种缺陷吗？难道不是因为经济中存在某种"机制"，使人们的欲望对象总是那些与解决问题无关的物资和服务，而对于解决问题所必需的物资和服务漠不关心吗？

加尔布雷思找出了这种"机制"。那是一种支配着"商店"的力量，也是美国大企业以各种形式向消费者传播的"依存效应"。

> 消费者欲望可能有奇怪的、轻浮的，甚至不道德的来源，而设法满足这些欲望的行为对社会整体而言是好的。但如果正是满足欲望的过程创造出了这些欲望，那么这个论点就不成立了。因为这样一来，那些认为满足欲望的生产活动无比重要的人，就像是在欣赏松鼠拼命地踩动脚下不停转着的车轮，并拍手喝彩一样。[3]

加尔布雷思感慨的是，即便是在政治层面谈论这种经济"机制"时，优先那些可以满足消费者的大企业的生产活动仍然被认为是"好的"。不论是保守派还是改革派，都不曾想过停止为"自主"行动的松鼠喝彩。但是，从大企业所开展的宣传和在市场上压倒性的影响力就可以看出，踩动车轮的"松鼠"，也就是消费者，并不是真的自主地在踩动车轮。

现代广告和推销手段将生产和欲望更为直接地联系在了一起。这些与自主决定需要的观点无法调和，因为广告宣传和推销手段的目的就是创造需求，也就是把之前并不存在的欲望制造出来。[4]

加尔布雷思在《丰裕社会》中描述的是一个由欲望和工业之间不可协调的偏颇而带来的永无止境的互相增殖过程，它存在于终于成形的大众消费社会之中。[5]

学生时期经受大萧条的震撼

1908年，加尔布雷思出生于加拿大安大略省一个名为Iona Station的小镇。他的父亲经营一家农场，在学校里当过老师，还曾参与过共济保险的经营管理工作，在当地是一个领袖式的人物。加尔布雷思的父亲很重视对孩子的教育，后来加尔布雷思考上了安大略省农学院。

才气奋发的少年并不满足于这个小地方的大学，他在学习农业经济的同时，开始认真研究经济学，并取得奖学金，考入了加州大学伯克利分校。他在读研期间写了很多篇论文，毕业后被哈佛大学聘为讲师，这在当时是相当破格的事情。而就在这一时期，有一件事可以说改变了他的命运。那就是1929年起始于纽约证券交易所股价暴跌的大萧条。

> 要说对我的人生影响最大的事情，那毫无疑问是大萧条。大萧条给美国的经济和社会造成了严重影响。如果没

有亲身经历过，我后来的经济学观点以及生活方式都会很不一样吧。[6]

刚来到哈佛大学时，加尔布雷思曾认为，大萧条的原因在于"垄断经济带来的价格刚性"，而解决这个问题的方法是自由主义经济模式。但是，在读了凯恩斯出版于1936年的《就业、利息和货币通论》之后，他的立场发生了改变。该书出版的第二年，也就是1937年，加尔布雷思来到了凯恩斯任教的英国剑桥大学留学，可惜当时凯恩斯心脏病病情加重，正在静养。

加尔布雷思在伦敦——被称为"凯恩斯革命"的经济学大转折的震源地——学习了一段时间之后回到美国，作为一个凯恩斯主义者积极地展开着论述。那时，哈佛大学中与他同样转变立场成为凯恩斯主义者的经济学家还有阿尔文·汉森、西摩尔·哈里斯以及当时还年轻的保罗·萨缪尔森等人。

大萧条与凯恩斯革命使加尔布雷思快速地走近了政治，1936年前后，他取得了美国国籍，并加入了民主党。1939年，他成为普林斯顿大学助理教授，但这一工作调动并不是他的本意，所以1940年，当他得到一个在美国国家防卫顾问委员会工作的机会时，他便毫不犹豫地扔下教职，开始负责战时经济体制方面的工作。

翌年，他在物价行政与民生用品供给局成为事实上的物价统筹负责人，顶着来自媒体和议会的重重压力，完成了自己的任务。

如果问我一生中最大的成就是什么，我相信那肯定是作为一名战争时期的行政长官，我撑过了战争时期，而且控制住了通货膨胀。每当回想起那时的事，我都会觉得十分满足。[7]

但是,因为与同属管理局的一个讨厌他的发言人发生了一点摩擦,加尔布雷思与那个发言人一起被迫辞职了。之后,他在《财富》杂志当了三年左右的记者,他在这段时间磨炼了自己的文笔。加尔布雷思能够熟练地运用"让人觉得不像一个经济学家"的精妙修辞,写出华丽的文章,这全是在这段时间修炼出来的。很少有人知道,其实他还写过很多本小说。

另外,因为身高超过了两米,加尔布雷思还被称为"世界上最高大的经济学家"。[8]

丰裕社会

1984年,加尔布雷思回到哈佛教书,翌年,在一片反对声中被任命为教授。时隔多年回到熟悉的学术环境中,加尔布雷思完成了自己的第一本著作——《美国资本主义》(1952年)。

当时,大型私有企业主导国家经济的趋势日益显著,而加尔布雷思注意到了与之对立的工会和消费者团体的出现,他认为美国经济中存在着"对抗力量"。

> 事实上,已经出现一种替代了竞争的抑制个人力量的新形式。……但是它并不站在市场的一方,而是对立方;它并不存在于竞争者之间,而是存在于顾客与卖方之间。我们不妨将这种取代了竞争的新形式称为对抗力量。[9]

加尔布雷思有关"制度"的观点,让人觉得与美国经济学制度学派的鼻祖索尔斯坦·凡勃伦相近,事实上,加尔布雷思也确实被称为制度派。他与凡勃伦的相似之处还不限于重视制度的态度,在对美国资本主义充满辛辣讽刺的批判上也是如出一辙。

加尔布雷思的《丰裕社会》遭到了很多批判,但加尔布雷思的名头却叫响了。曾经就读于哈佛大学的J·F·肯尼迪成为民主党总统候选人后,加尔布雷思作为经济顾问,协助他参与总统竞选。肯尼迪政府成立之后,加尔布雷思被任命为驻印度大使。

肯尼迪为了达到自己的目的,大肆差遣加尔布雷思,而当不能达到预期时,他就把问题归咎于加尔布雷思,完全不反思自己。

总统大选时,加尔布雷思接到一个任务,肯尼迪想赢得声望颇高的前总统遗孀埃莉诺·罗斯福的支持。肯尼迪顺利地被邀请到埃莉诺的电视节目中,但是节目录制结束后,在记者见面会上,记者问埃莉诺"这是不是表示你支持他",埃莉诺清楚地回答"没有这回事"。当时,肯尼迪曾冷淡地说:"肯(肯尼思·加尔布雷思的爱称)是我在哈佛大学时的老师,我一直觉得总有一天他会对我的政治活动有所助益。但是今晚我算是明白了,那一天永远不会来了。"[10]

加尔布雷思经常在文章中表示肯尼迪政府时代的前路充满了希望,但对于肯尼迪本人,他却总是言辞暧昧。当他被肯尼迪政府任命为驻印度大使时,他有些丧气,因为这个任命对一个经济学专业的顾问来说有一点讽刺。

> 肯尼迪很高兴能把我纳入麾下,但前提是,把我放在印度这样一个不远不近的位置上。如今,我的经济学说在诸多方面都有着旗帜鲜明的立场,他要和我保持这样的距

离，才不必担心被认为与我的立场相同。[11]

单从标题来看，加尔布雷思的《丰裕社会》与新政府很契合，但内容却是对美国的辛辣批判。所以可以想见，政府的方针必定会与他的"经济学说"存在龃龉。

不过，加尔布雷思在印度时，虽然反感CIA的种种举动[12]，但他对驻印度大使一职也确实很享受。回到美国之后，他根据自己在印度的经历，出版了大使日志和移民问题方面的书。

从新工业国到新社会主义

加尔布雷思对美国社会现实的批判愈发激烈，这在《丰裕社会》中已经有着浓墨重彩的表现。在1967年出版的《新工业国》中，他进一步指出，左右大企业决策的"集团"对经济整体同样起着决定性的作用。

> 其中包括所有为集团作出决定而提供专业知识、才能和经验的人。企业的理性指导，也就是构成企业大脑的群体，是一个范围很广的集团，并不是一个局限于管理层的小集团。关于所有参与集团决策的人或者由这些人构成的组织，目前没有一个既定的名称，我建议将这个组织称为"技术专家体制"。[13]

在1973年出版的《经济学与公共目标》中，他指出，这种技术专家体制与政府组织相互浸透，具备了更强的支配力量。在保险和医疗等公共性很强的领域中，大型私有企业的技术专家体制已经逐渐占据了主导的地位。

然而奇怪的是，加尔布雷思在这里突然像国际跳棋的棋子一样翻了个面，话锋一转，他说既然如此，只要技术专家体制能正确地引领美国，就由他们来主导公共性较强的领域好了。

> 这些领域唯一的出路是建立起扎实的公有制组织，也就是新社会主义。不是为了谋求经济领域的"权力王座"，而是为了维护弱者的社会主义。[14]

"丰裕社会"依靠充盈的物资拉动消费，但丝毫没有解决财富分配不均的问题。通过批判"丰裕社会"，最终找到了名为"新社会主义"的出路。这就是一直致力于政治的加尔布雷思所给出的经济学回答。

但是如何才能实现这一制度上的飞跃呢？技术专家体制本是被批判的对象，现在却俨然一副肩负社会正义的样子。就如同斯蒂格勒曾经评价加尔布雷思时说的那样，给他的思想赋予权力，就如同认可黄鼠狼给鸡拜年。[15]

加尔布雷思自己并不认为这个飞跃有何矛盾之处。正如他认为自己在罗斯福政府时期负责价格统筹部门的工作是最值得骄傲的事一样，他认为，如果将以民主主义方式得到的权力与正确的经济思想结合起来，就能够得到一种理想的组织形式。

但是，美国后来的经济政策与加尔布雷思的期望背道而驰。众所周知，美国后来一直将保险和医疗服务等领域的责任转嫁于国民身上，直到20世纪90年代的克林顿政府和21世纪初的奥巴马政府时期，美国才终于导入了全民保险制度，然而都没能得到理想的结果。

从世界知名到昨日旧人

同样是在1973年，英国BBC电视台制作了一档名为《不确定的时代》的节目。加尔布雷思在这档节目中谈论了经济学与经济的历史，节目播出后马上收获了很高的关注度，1977年出版的《不确定的时代》一书成了全世界范围内的畅销书。

即便是现在，很多人听到加尔布雷思的名字仍然能马上想起这本书。笔者也曾在过时的黑白电视机上看过这个节目。如果笔者没有记错，那么在第一期节目中，他是从亚当·斯密讲起的。

虽然这本书的题目明显是模仿凯恩斯的著作的，但是书中几乎不曾提到凯恩斯所说的"不确定性"。硬要说的话，涉及这一内容的可能只有以下这一部分。

> 在欧洲，第一次世界大战动摇了之前的确定性。战壕这一极致恐怖的存在，永远地留在了欧洲的社会印象中。对美国来说，大萧条就相当于第一次世界大战时的战壕。它会在之后40年乃至更长的时间里留在美国的社会印象中。今后每当出现什么不顺利的情况，人们都会怀疑"是不是又要出现经济大萧条了"。[16]

第一次世界大战提升了全世界的不确定性，但加尔布雷思对"不确定"这个词并没有那么执着。有意思的是，《不确定的时代》

一书的监译都留重人在"译后记"中特意解释了为什么保留了原标题中的"不确定"一词。

都留解释说,在经济学理论中,表示数值概念不确定和事物不确定的术语是不同的,"不确定的时代"的不确定性属于后者,所以保留了原标题的用词。

加尔布雷思对"不确定性"兴致寥寥的原因,可能是他对数学的概率论兴趣一般,也可能与他总是喜欢将经济学与政治斗争联系在一起的态度有关。比起不确定的现实,他更关注确定存在的敌人。

加尔布雷思的盛名在这一时期达到了顶峰,而后渐渐衰落。20世纪80年代之后,针对凯恩斯主义的批判声越来越高,进入了追捧高度评价市场作用的新自由主义时代,而重视公共性、倡导"新社会主义"的加尔布雷思经济学开始显得过时了。

不仅如此,当时美国整体都在急速向"新自由主义"倾斜,经济学的主流也从以萨缪尔森为代表的美国凯恩斯主义经济学,转向了米尔顿·弗里德曼的货币主义。关于这个情况,加尔布雷思曾在1987年出版的《经济学史》中这样说道:"虽然我还没有完全搞懂,但现在出现了一种抑制凯恩斯主义经济学的状况。原本面对通货紧缩与经济不景气时存在的政治可能性,在面对通货膨胀时变为了不可能,或者看上去不可能的情况。这是凯恩斯主义经济学在政治上的不对称性。"[17]

这种关于凯恩斯经济学为何衰退的解释过于普通,对总是观点独特的加尔布雷思来说,显得有些无趣。也许是他太过失望,以致在言辞之间忘记了自己向来的辛辣。

大萧条与泡沫经济再次出现的可能

下面这段加尔布雷思关于弗里德曼学说流行原因的论述，通篇都是追认事实，欠缺亮点。

> 即使20世纪70年代过去了，通货膨胀依然顽固地存在着。……因此，20世纪70年代末，无论是吉米·卡特总统所领导的表面上是自由派的美国政府，还是玛格丽特·撒切尔首相所领导的公然表明保守派立场的英国政府，都采取了基于货币主义的强力举措。凯恩斯革命宣告结束。在经济学史上，约翰·梅纳德·凯恩斯的时代最终让位于米尔顿·弗里德曼。[18]

不过，加尔布雷思在学生时期经历了大萧条，因此有着格外敏锐的时代嗅觉。1955年出版的《大萧条》成了当时的畅销书，之后也一直拥有众多读者。前文提到的《经济学史》以及1990年出版的《泡沫经济物语》中，加尔布雷思通过丰富的实例，对泡沫经济的结构展开了引人深思的论述。

他很早就对20世纪80年代日本的泡沫经济提出过警示，90年代出现全球互联网经济热潮时他也曾不断指出"这是泡沫经济，泡沫终归会破的"。加尔布雷思认为，当运用手头的资金通过杠杆获得巨额投资资金的做法横行，被称为管理界"天才"的人才辈出时，那时的经济就已经是泡沫经济了。[19]

加尔布雷思于2006年离世，当时的全球经济充斥着各种通过杠杆获得巨额资金的基金，这些巨额资金持续对高风险领域进行着投资。美国自不必说，日本和亚洲其他地方也有一批又一批的经营管理"天才"不断地涌现又消失。作为全球经济中心的美国，经济全由房地产的泡沫经济和金融商品的膨胀支撑着。此时，全世界沉浸在一片远超20世纪20年代的巨大的泡沫经济之中。

1996年，88岁的加尔布雷思创作了一篇题为《美好社会》的小品文，从标题就可以看出，他借用了自由派记者兼政治学者沃尔特·李普曼同名著作的标题。

李普曼在写于1938年的《美好社会》[1]一书中提到了早两年出版的凯恩斯的《通论》，他认为，即使不诉诸战争或者俄罗斯那样的社会主义，挣扎在经济萧条中的世界也能够摆脱经济危机。

而加尔布雷思在他的小品文中是这样说的："不知是从什么时候开始，富人们开始以舆论为目标，媒体每一天的报道都在印证着这个事实，这是很重要的一点。美国的共和党显然是站在富人一方的，民主党或者其多数成员也受到这个目标的影响力和财富的力量的牵引。其结果就是形成了两党制，而它在为了满足拥有丰富物资的人的要求和欲望而采取相应的政策和行动。"[20]

这里可以明显地看出《丰裕社会》中论述的"依存效应"在政治世界中的应用。那些支配着人们意识的东西本身，正是"美好社会"的阻碍。

也许加尔布雷思认为，这就是被他批判为"丰裕社会"的美国社会中一成不变的现实吧。又或者他可能认为，即使自己年轻时学的凯恩斯主义经济学起不到作用，只要建成他一直坚信的民主主义政府就能打破这个僵局。

---

[1] 另译作《良好社会》。

第5章 注释

1. 约翰·肯尼思·加尔布雷思著，铃木哲太郎译『ゆたかな社会』，岩波书店，1960年，第118页。
2. 同上书，第298页。
3. 同上书，第147—148页。
4. 同上书，第149页。
5. 理查德·帕克著，井上广美译『ガルブレイス 闘う経済学者（中）』，日经BP社，2005年。该书中详细地记载了《丰裕社会》所引来的反响（第155—169页）。比如："越是保守的经济学家，反对得越为强烈。弗里德里希·冯·哈耶克在《依赖效应》中提出的生产者对消费者需求的决定性越来越强这一观点，从经济学上来看存在不合理之处，而加尔布雷思通过生动的描写和随性的论证掩盖了这一事实。"（第161页）
6. 加尔布雷思著『ガルブレイス わが人生を語る』，日本经济新闻社，2004年，第7页。
7. 同上书，第58页。
8. 理查德·帕克著，井上广美译『ガルブレイス 闘う経済学者（上）』，日经B P社，2005年。"高达203厘米的身高，他很难不引人注目。"（第11页）
9. 加尔布雷思著，藤濑五郎译『アメリカの資本主義』，时事通信社，1955年，第146页。
10. 加尔布雷思著『ガルブレイス わが人生を語る』，第119—120页。附记有"想到什么就说什么也是他的特点之一"。
11. 加尔布雷思著，松田铣译『ガルブレイス著作集9回想録』，TBSブリタニカ，1983年，第400页。
12. 同上书，第407页。
13. 加尔布雷思著，都留重人监译『新しい産業国家』，河出书房新社，1968年，第90—91页。

14 加尔布雷思著，久我丰雄译『経済学と公共目的（下）』，讲谈社文库，1985年，第159页。
15 乔治·斯蒂格勒著，上原一男译『現代経済学の回想 アメリカ・アカデミズムの盛衰』，日本经济新闻社，1990年，第71页。
16 加尔布雷思著，都留重人监译『不確実性の時代』，TBSブリタニカ，1978年，第279页。
17 加尔布雷思著，铃木哲太郎译『経済学の歴史 いま時代と思想を見直す』，ダイヤモンド社，1988年，第379页。
18 同上书，第391—392页。
19 加尔布雷思著，铃木哲太郎译『バブルの物語 暴落の前に天才がいる』，ダイヤモンド社，1991年。"'金融天才存在于崩盘之前'这个通俗的道理在这里反复上演。"（第37页）"与过去一样，推动轮子的是'杠杆作用'的再发现。"（第38页）
20 加尔布雷思著，堺屋太一监译『『よい世の中』』，日本能率协会管理中心，1998年，第211页。

— 第5章 中文参考资料及日文资料标题译文 —

1 约翰·肯尼思·加尔布雷思:《丰裕社会》,徐世平译,上海人民出版社1965年版。
5 理查德·帕克:《加尔布雷思传:他的人生,他的政治学,他的经济学》,郭路译,中信出版社2010年版。
6 《加尔布雷思:我的一生》。(原为发表于《日本经济新闻朝刊》上的连载文章,于2004年出版了单行本。)
9 加尔布雷思:《美国资本主义:抗衡力量的概念》,王肖竹译,华夏出版社2008年版。
11 《加尔布雷思著作集第9卷:回忆录》。
13 加尔布雷思:《新工业国》,稽飞译,上海人民出版社2012年版。
14 加尔布雷思:《经济学与公共目标》,于海生译,华夏出版社2010年版。
15 斯蒂格勒:《史蒂格勒自传:一位不受管制的经济学家》,蓝科正译,远流出版事业股份有限公司(台湾)1994年版。
16 加尔布雷思:《不确定的时代》,刘颖、胡莹译,江苏人民出版社2009年版。
17 《经济学展望》。原题为 Economics in perspective : a critical history。
19 《金融狂热简史》。原题为 A short history of financial euphoria : financial genius is before the fall。
20 加尔布雷思:《美好社会:人类议程》,王中宝、陈志宏译,江苏人民出版社2009年版。

第6章 解说不稳定性的异类

海曼·菲利普·明斯基

1919—1996

明斯基不断强调，凯恩斯主义经济学的思想核心在于，对资本主义中存在金融这一不稳定因素所发出的警示。这个旷日持久的"荒野的呼唤"，终于在2008年美国次贷危机之后，迅速地再次被人们关注。

明斯基出生在芝加哥一个俄罗斯犹太裔家庭。他先于芝加哥大学攻读数学，后于哈佛大学研究生院攻读金融理论。曾在华盛顿大学和布朗大学任教，年轻时就曾对美国经济中的金融崩溃发出过警示。

他的代表作有《凯恩斯〈通论〉新释》《稳住不稳定的经济》等，都是在凯恩斯提出的经济不确定性这一前提下探讨资本主义制度，特别是金融方面不稳定因素的本质。

金融会给经济带来不稳定这一概念被称为"明斯基时刻"，这个术语如同一个暗号一般，经常出现在经济学家和金融行业从业者之间。

在凯恩斯主义经济学与新古典派不断融合的背景下,
明斯基反复强调作为凯恩斯主义经济学核心思想的
金融不稳定性和不确定性。
比起提出政策性建议,他更愿意指出资本主义的脆弱,
而这一观点直到最近都被视为旁支末流。

重读明斯基之夜

2009年,前一年刚刚荣获诺贝尔经济学奖的高人气美国经济学家保罗·克鲁格曼,在纪念经济学家莱昂内尔·罗宾斯的同名演讲上说,"现代经济学家好则无能,坏则有害",从而引发了大量的讨论。后来,这个为期三天的演讲的最后一场被称作"他们重读明斯基之夜"。[1]

这里提到的明斯基是一位在1996年就已经离世的美国经济学家,他与主流经济学以及所谓的新凯恩斯主义者相去甚远,是凯恩斯主义经济学家中的一个异类。克鲁格曼"重读"的正是这位明斯基的著作。

克鲁格曼的这个说法取自威廉·弗里德金导演的电影《他们踏

入明斯基夜总会之夜》[1]，一部以夜总会为舞台背景的喜剧。不过，克鲁格曼口中这位明斯基的著作既无关色情，也并不引人发笑。

> 说老实话，明斯基之所以是异类，不单单因为他一直遭到主流经济学家的无视。他写的书，怎么说呢，对读者不大友好。读他的书的感觉就像是，在那些夸张的表述和不必要的公式中寻找星星点点充满睿智洞察的碎片。[2]

看到这里，相信不只是克鲁格曼，其他读者朋友也能有所体会吧。明斯基总是以同等于自己水平的，并且抱有相同问题意识的读者为对象，不加解释说明就展开论述，而且他还有执着地反复强调同一个观点的习惯。克鲁格曼曾写过下面这样一个"笑话"。

> 明斯基当过很多次不断呼喊"狼来了"的少年。借用保罗·萨缪尔森讲的一个旧笑话来说，在最近3次大规模金融危机之际，明斯基发出过9次以上的警告。[3]

那么我们是不是没有必要"重新走进"明斯基的著作了呢？很遗憾，答案并非如此。克鲁格曼也是因为觉得并非没有必要，才特意提起了明斯基那些对读者并不友好的著作吧。

明斯基对凯恩斯的解读与美国其他凯恩斯主义者一直忽视的不确定性密切相关，对解释次贷危机之后的金融危机给出了许多富于洞察的观点。关于为何这次经济状况迟迟不能从萧条中复苏，我们

---

[1] 通常译作《明斯基夜总会查封记》或《一脱倾城》。此处采用的译法为配合上文进行了调整。

也能通过重读明斯基的理论得到很多启示。

异端与边缘的生活

1919年，海曼·菲利普·明斯基出生在一个从俄罗斯逃亡到美国的犹太裔家庭。他的父亲萨姆是俄罗斯的孟什维克派，来到芝加哥后曾参与社会主义者团体的活动。他的母亲也是一名活跃的工会运动家。[4]

明斯基从曼哈顿的乔治·华盛顿高中毕业后，进入芝加哥大学数学系学习。后来在经济学家亨利·赛门斯的影响下，考入了哈佛大学研究生院，师从约瑟夫·熊彼特和华西里·列昂惕夫研究经济学，专业是金融理论。

1943年至1946年期间服兵役，1949年开始在布朗大学任教，1957年被加州大学伯克利分校聘为副教授，1965年被位于圣路易斯的华盛顿大学聘为教授，直到1990年退休一直在华盛顿大学任教。1990年后，在巴德学院利维经济研究所任研究员。[5]

这份履历也许只能让人联想到一个普普通通的美国经济学家的形象。但是，明斯基的论文与主流实在相去甚远，几乎没有人评价过他在学术界的成就。

伦敦政治经济学院的维多利亚·奇克教授曾回忆说，20世纪50年代后半期，明斯基在加州大学上的课，简直就是"一个卡珊德拉（发出恐怖预言的女预言家）"。

在课上，不论是关于货币与银行的内容，还是关于凯恩斯的内容，他总是在重复着同一个信息。那就是，金融崩溃对美国经济的威胁正在逼近，1929年的惨剧极有可能重演，美国会再次陷入20世纪30年代那样的经济萧条之中。[6]

1962年春，纽约证券交易所股价暴跌时，有谣言说美国再一次站在了大萧条的入口，还有人非常害怕当时已经出现了曾经那样的"债务通缩（负债导致新的负债而形成连续性通货紧缩的过程）"，更有不少经济学家评论称，这让人联想起了1929年的情景。

最终，这次股价下跌并没有引起通货紧缩，也没有使经济出现萧条。明斯基在写于1963年的论文《"它"还会发生吗?》中讨论了其中的原因。

> 1962年出现的情况没有导致1929年那样的通货紧缩。这两种现象的区别是由什么引起的呢？是因为经济的制度特性或者行为特性发生了某种本质的变化，使得会导致金融崩溃的债务通缩不再出现了吗？还是因为经济的本质属性完全没有改变，只是金融和经济结构本身存在某种程度上的差异呢？[7]

根据明斯基的分析，经济本身没有发生任何变化，其可能的原因有两点。首先，普通家庭的负债与1929年时的程度相当，而民营企业的负债远远低于1929年，即使股市突然暴跌，也不会出现波及经济整体的情况。其次，美国联邦政府规模扩大，这起到了很大的作用。

> 联邦政府的规模扩大，抵消了最初的混乱所导致的现

实收入变化。即使收入水平下降，也可以通过显著扩大公众持有的终极流动资产储备，抑制住1962年股价暴跌这种程度的由通货紧缩引发的混乱。[8]

在大萧条开始的1929年，美国联邦政府的资产和服务在GNP（国民生产总值）中的占比不超过1.2%，而1962年时该数值增长到了11.3%。

对新古典综合派的批判

明斯基终其一生都在反复强调，现有对凯恩斯理论的解读是错误的。1975年出版的《凯恩斯〈通论〉新释》原本是一本凯恩斯入门书，但基本上没能发挥入门书的作用。这本书中同样贯穿着明斯基的独特视角。

明斯基在这本书中反复地强调，之前所有对凯恩斯的著作《就业、利息和货币通论》的解读都是错误的。

首先，他对认为凯恩斯提出的源于消费倾向的"消费函数"是凯恩斯经济学核心的观点提出了批判。他将自己的这一著作戏谑地称为"入门教科书"，说读了这本书就能将凯恩斯理论明白个七七八八。他认为，无论米尔顿·弗里德曼怎样批判凯恩斯的消费函数都是没有意义的。这里提到的弗里德曼将在下一章登场。

> 这些模型都立足于《通论》的某一个侧面，极端简化，都不过是对凯恩斯想法的误解。金融侧面被极度简化后的计量预测模型，无论是失败还是成功，都不能成

为评判凯恩斯理论正确与否的依据。[9]

那么要如何解释由约翰·希克斯提出，并由阿尔文·汉森普及到美国的IS–LM模型[1]呢？该模型依据由利率和收入组成的金融市场与商品市场的交点来推算总产出，再由此推算就业率。但明斯基认为，这个模型"将货币市场当成了需求函数的一个'内生变量'"，而且"对于劳动市场的分析也非常有限"。[10]这等于无视了凯恩斯那般热切讨论的、对利率有着重大影响的资产选择问题和企业投资因素。

明斯基批判的矛头还指向了"新古典综合派"。"新古典综合派"这一说法最初是由保罗·萨缪尔森提出的，而明斯基说的"新古典综合派"指的是所有试图将新古典派经济学与凯恩斯主义经济学结合起来的尝试，其中包括受到米尔顿·弗里德曼的货币主义影响的一系列经济学流派。

明斯基对新古典综合派提出的批判性观点非常多，在此仅就其中的核心内容稍作介绍。明斯基认为，凯恩斯在《通论》中指出总需求确定之后才能确定就业量，而新古典综合派却罔顾凯恩斯的说法，以实际薪资来确定劳动市场，这在理论的结合上产生了矛盾。

具体来说，在以就业量为横轴，以实际薪资为纵轴的劳动市场上，由劳动需求与供给的交点决定实际薪资和就业量，而这显然会与由总需求和总供给决定的就业量之间产生差距，所以"新古典综合派"设定了一个时间差。

---

[1] 通常被称为希克斯·汉森模型。

将实际的就业量变化作为一个系统的现象进行说明时,不能像古典派模型那样简单地假设劳动市场的均衡决定了整个体系,而是需要思考劳动市场与投资、储蓄以及货币市场之间通过某种形式相互联系,进而决定了总需求。

有一个方法可以将古典派与凯恩斯有关劳动市场的图表和公式结合起来,那就是假设均衡连续,并认为达到均衡状态需要花费时间。[11]

以上就是以萨缪尔森为代表的"新古典综合派"的观点,他们主张区分情况,"短期就看凯恩斯经济学,长期就看新古典派"。但明斯基指出,这个解读看似吸收了凯恩斯的理论,其实与凯恩斯的理论有着本质上的不同。

不确定性与金融不稳定性假说

古典派也好,新古典综合派也好,都认为市场最终会以最佳状态达到均衡。如果将凯恩斯指出的总需求不足的状态解释为很短的暂时性的现象,那么之前的观点可以一直成立。但是,明斯基反复强调,凯恩斯说的并不是这么一回事。

凯恩斯在《通论》中的根本思想,是资产选择和投资的主要决定因素在于不确定性这一概念上。……从凯恩斯的这一观点可以推论出,充分就业状态持续一定时间后,企业家和资产持有者面对"不确定性"的信念会发生改变。其结果是,一旦充分就业的状态持续,就会引起需求的爆发式增加。凯恩斯认为，不确定性的作用与金融市场对它的反作用会打破金融市场的稳定。[12]

对未来的信念产生动摇时，人们会倾向于选择货币这一流动性更高的资产形式。不再相信投资会获得相应的回报时，投资就会急剧下滑，总需求会随之迅速缩小。反之，如果对未来的信念得到恢复，那么资产选择也好，投资决策也好，都会变得积极，可能会出现爆发式增长。明斯基还指出，这些变化都会因为金融市场的存在而加速。

明斯基于1977年发表了论文《金融不稳定性假说——替代〈标准理论〉的凯恩斯新释》，这篇论文虽然篇幅不长，但是立场鲜明，受到了人们的关注。如副标题中所示，这里探讨的中心问题仍然是对凯恩斯的解读。

明斯基认为，凯恩斯的观点一直都是资本主义的不稳定性源于金融。所有经济主体通过贷款来推进事业，而推进事业发展的热情会因为贷款的难易程度发生很大变化，这与当时对未来的信念紧密相关。另外，吸引借贷的金融机构也会被当时对未来的信念左右，所作出的判断可能会从一个极端走向另一个极端。

> 凯恩斯理论中的"时间"指的是历史性时间（Calender Time），未来总是不确定的，因此投资决策和与之相关的金融决策是冒着无法掌控的不确定性而作出的。而不确定性的存在意味着对未来的预测有可能在短时间内发生很大的变化。[13]

资本主义的这种性质不会因为稍微变更制度或者修订法律而发生改变，只要金融存在，就会如影随形。无论是采取可以将其控制在最小范围内的预防措施，还是在这种现象产生时马上采取相应的对策，都只能将由这种性质导致的现象控制在一定的范围之内。因此从金融不稳定性假说来看——

第一，经济调整只在一时有效。根本性的"调整，在现有金融框架中是不可能的"。

第二，像1946年至1964年间那样"稳固的金融环境下能够有效发挥作用的政策，在其他情况下……未必有效"。

第三，要想经济运营得比之前更好，只有构建出"抑制企业和银行家的投机金融倾向的'良好的金融社会（Good Financial Society）'"。[14]

稳住不稳定的经济

显然，明斯基在展开论述时，脑子里想的是发端于罗斯福政府时期，从20世纪70年代开始崩溃的美国金融规制。正是严格的金融规制，让第二次世界大战后的美国经济总算是压制住了金融的不稳定性。

20世纪80年代，美国快速推进宽松的货币政策，实行利率自由化，消除了投资银行和商业银行之间的界限。由此带来的结果是，大型银行纷纷破产，引发了金融危机。明斯基正是在这个时候出版了《稳住不稳定的经济》一书。[15]

这本著作集明斯基研究之大成，记述了历史事件的经过，对凯恩斯主义经济学展开了细致的解读，并提出了政策性建议，其核心思想依然是凯恩斯主义经济学中金融的意义。

明斯基列举了以下三个会加剧不稳定性的金融机制。[16]

第一个是对冲。对冲的目的在于,通过运用资本,使将来的回报超过运用资本时产生的现在以及将来的合同金额。运用资金得到的回报比合同签订的金额多得越多,赚得就越多。

第二个是投机性金融。与对冲正好相反,投机性金融的目标在于,使获得可运用资产时借入的资金额远远低于可运用资产本身的价值。也就是说,等着花钱买来的资产升值。

第三个是庞氏骗局。与投机性金融一样,看上去目标在于未来的回报,但在实际过程中,合同签订的金额一直高于回报。如果未来的回报不能大幅高于合同签订的支付金额,合同就无法成立,事实上也时常出现破产,有时中途就无法继续履行合同了。

众所周知,这里所说的"庞氏"指的是活跃于20世纪初至20世纪20年代的诈骗师查尔斯·庞兹。他通过一些骗人的投资圈套敛取资本,最初依照合同履行分红,取得信任,然后声称需要追加投资继续收取资金,最后卷款潜逃。

> 即使本意并非诈骗,庞氏骗局也经常与偏离正常轨道的诈骗式金融实践联系在一起。那些借入资金、取得利润,然后进行分红的经济主体,其实都是以各种各样的形式从事着庞氏骗局。[17]

这个分析可能会让金融行业从业者感到愤怒,但我们不能忘记,当金融危机出现时,看上去正常的合同也会变成庞氏骗局。20世纪80年代日本泡沫经济时期,那些销售变额保险的金融行业从业者完全不认为自己是在行骗。但是，经济泡沫破裂后，签订了合同的人不仅会失去本金，有时甚至会失去自己的全部资产。

明斯基理论的政策性意义

当我们试图从现代资本主义的分析中得出政策时，可以得到什么呢？

首先，市场机制在普通的商品买卖上是有效的，但那些将公平、效率、稳定等社会性目的委任于市场的建议，必须受到唾弃。

其次，我们不可以被金融系统充满活力的扩张性迷惑，不能认为它总是能带来好处。相反，将它限制在不能带来负面影响的范围内才是明智的做法。

再次，如果是"大政府"[1]，即使被金融搅乱的资本主义濒临崩溃，政府也有可能将其遏制住。而"小政府"社会容易出现不稳定，爆发经济危机时很可能无法阻止经济的崩溃。

政策意义这类命题过于宏大，而这与如何运营资本主义本身息息相关，所以尚未陷入危机的政府恐怕不会虚心听取这些。但明斯基认为，经济学的使命在于探究资本主义的本质，所以他坚持地论述着自己的观点。当然，其中也包含一些明斯基依据自己的理论提出的些微建议。

其中之一，1992年，明斯基牵头提出了建设"社区发展银行"[18]的建议。社区发展银行（Community Development Bank，CDB）就如字面意思一样，是指以促进地区发展为目的的银行，在美国属于

---

[1] 奉行干预主义政策的政府，一般被理解为经济管理与社会控制。下文出现的"小政府"则与之相反。

商业银行的一种，在财政部下属的社区发展银行机构基金的管辖之下。

明斯基等人给这个CDB赋予了理论基础的同时，还对强化该机构提出了制度上的建议。他在论文中指出，"对社区发展银行来说最大的威胁是缺乏明确的概念"。[19]若是最终建成了一个小型的商业银行，是没有意义的，那无法真正对当地发展有所贡献。

> CDB的核心目标是，向旧有银行未能充分展开业务的地区提供借贷和支付服务，让那些由于规模过小而未能引起投资银行和商业银行关注的地区的企业也可以实现融资。[20]

通过明确概念，可以让各地的社区发展银行分别具有各自的服务特色。银行具有支付、存储、融资、借贷、投资、资产运用等功能，各地的社区发展银行"没有必要实现所有功能"，具有其中一两个就可以。

但仅仅是这样的话，仍然与其他商业银行区别不大。明斯基等人提出，社区发展银行所在的辖区也应该进行各自独特且大胆的尝试。

> 关于CDB的资金调度、规制和监管，通过设立CDB联邦银行可以实现更有效的运营。作为CDB联邦银行的FBCDB，既是中央银行也是交易银行，是金融市场的一环，可以为地方的CDB提供建议以及决算服务。[21]

因为对现行金融制度的批判十分彻底，所以即便是一些微小的建议，也可能涉及根本性的改变。不过，展开畅想是自由的，可明斯基等人究竟有什么具体实施的办法呢？

次贷危机带来的"复活"

如本章开头提到的，次贷问题的显现与次贷危机给世界带来的金融危机，让人们开始前所未有地认真拜读明斯基的"金融不稳定性假说"。

比如在次贷问题爆发之前，2008年2月4日发行的《纽约人》杂志中刊登了一篇杰克·卡西迪[1]投稿的文章，题为《明斯基时刻》。他在文章中说："明斯基曾经在马克·吐温的银行里工作过，所以比起那些埋头书案的经济学家，他更清楚金融制度是如何运作的。"[22]

> 在明斯基的模型中，信用循环基本上按照五个阶段依次循环运行：开端、热潮、狂热、获利、开始混乱。开端出现于投资者对某个事物感到兴奋时，如互联网、战争，又或者是政策上的重大转变。[23]

次贷危机爆发后，2009年4月，旧金山联邦储备银行（FRB）时任行长珍妮特·耶伦发表了题为《明斯基熔断——中央银行家的教训[2]》的演讲。

---

[1] 本名约翰·爱德华·约瑟夫·卡西迪，John Edward Joseph Cassidy.
[2] 原题为 Minsky meltdown.

这一次，出现了连明斯基也没想到的大热潮。投资了极高风险资产的人中，有相当一部分人连想都不曾想过，他们自己正在做的事情有多么疯狂。他们很多人一直认为自己处于安全范围内，当他们意识到其实自己成了疯狂投资或者庞氏骗局的帮凶时，都震惊无比。[24]

2010年1月7日发行的英国经济杂志《经济学家》中刊登了一篇题为《联邦储备委员会，发现海曼·明斯基》的文章，可见，连当时的美联储主席伯南克都在谈论明斯基。

明斯基不仅是一位站在主流经济学边缘的经济学家，他关注的焦点问题更是对FRB提出的一个反命题。FRB存在的意义就是维持稳定，它的目标就是稳定的物价、稳定的就业、稳定的金融。但是，明斯基的理论指出，稳定的经济会让人们趋向高风险的、可以利用杠杆的投资，其结果是带来比不稳定且更严重的经济萧条。[25]

但是，媒体报道出来的明斯基也好，美国经济学家口中的明斯基理论也罢，似乎都欠缺明斯基本人反复强调的对"不确定性"的思考。也有可能是故意无视掉了吧。

1996年，明斯基晚年写的《不确定性与资本主义经济制度结构》中也提到，包含金融在内的经济体制始终伴随着不确定性，在今后这也是不会改变的事实。

不确定性是现实世界经济中根深蒂固的性质。如果能认识到这一点，就不会有人提出过于简单的自由放任主义。正如1929年至1933年发生过的那样，现代资本主义中维持着金融体系的经济是随时可能崩溃的。[26]

然而，不可思议的是，明斯基坚信的与金融密不可分的不确定性，至今仍然被"重读"明斯基理论的经济学家们无视着。[27]其实，这与当年美国的经济学家"重读"凯恩斯经济学时的情况是一样的。

与凯恩斯享有同样的命运，这对明斯基来说，究竟是一抹荣光还是苦涩的失败呢？答案不得而知。

第6章 注释

1 Paul Krugman, "The Return of Depression Economics", Lionel Robbins Memorial Lectures 2009, Monday 8, Tuesday 9, Wednesday 10 June 2009.
2 Paul Krugman, *End This Depression Now!*, W. W. Norton & Co. Inc., 2012, pp.42—43.
3 *Ibid.*, p. 43. 顺附一言，这个笑话也一点都不好笑。
4 Hyman Minsky, 依据维基百科。
5 *A biographical dictionary of dissenting economists*. books.google.com. 2000, pp.411—416.
6 Victoria Chick, "Cassandra as optimist", Riccardo Bellofiore, Piero Ferri, (eds.), *Financial Keynesianism and Market Instability: The Economic Legacy of Hyman Minsky,Vol.1*, Edward Elgar, 2001, p.35.
7 H·P·明斯基著，岩佐代市译『大恐慌の再来はあるか』，收录于『投资と金融：资本主义经济の不安定性』，日本经济评论社，1988年，第21页。
8 同上书，第33页。
9 明斯基著，堀内昭义译『ケインズ理论とは何か：市场经济の金融的不安定性』，岩波书店，1999年，第48页。
10 同上书，第51第及第53页。
11 同上书，第67—68页。
12 同上书，第48—49页。
13 明斯基著『金融的不安定性の仮说』，收录于『投资と金融：资本主义经济の不安定性』，第99页。
14 同上书，第111页。
15 明斯基著，吉野纪他译『金融不安定性の经济学：历史·理论·政策』，多贺出版，1989年。
16 同上书，第255—257页。
17 同上书，第257页。

18 Hyman Minsky, Dimitri Papadimitriou, Ronnie Phillips, L. Randall Wray, "Community Development Banks", *The Jerome Levy Economics Institute, Working Paper* No. 83, Dec. 1992.
19 *Ibid.*
20 *Ibid.*
21 *Ibid.*
22 John Cassidy, "The Minsky Moment", *The New Yorker*, Feb. 4th, 2008.
23 *Ibid.*
24 Janet L. Yellen, "A Minsky Meltdown: Lessons for Central Bankers", Presentation to the 18th Annual Hyman P. Minsky Conference on the State of the U.S., April 16, 2009.
25 "The Fed discovers Hyman Minsky", *The Economist*, January 7th 2010.
26 Hyman Minsky, "Uncertainty and the Institutional Structure of Capitalist Economies", *The Jerome Levy Economics Institute, Working Paper* No. 155, Apr. 1996.
27 关于这一点，克鲁格曼等人也表示，虽然"重读了明斯基"，但却几乎不曾关注过不确定性和不稳定性。但是有一个例外，详情参见中野刚志著『恐慌の黙示録：資本主義は生き残ることができるのか』，东洋经济新报社，2009年。

— 第6章 中文参考资料及日文资料标题译文 —

7 《"它"还会发生吗?》,《投资与金融 资本主义经济的不稳定性》。原题为 Can"it"happen again? : essays on instability and finance。

9 明斯基:《凯恩斯〈通论〉新释》,张慧卉译,清华大学出版社2009年版。

13 《金融不稳定性假说》。《投资与金融:资本主义经济的不稳定性》。

15 明斯基:《稳住不稳定的经济:一种金融不稳定视角》,石宝峰、张慧卉译,清华大学出版社2010年版。

27《萧条默示录:资本主义能幸存下来吗?》。

PART

03

现代货币主义与新古典派的兴盛

> 美国凯恩斯主义经济学没能针对同时存在的通货膨胀和经济衰退给出一个合理的解释，因此对凯恩斯主义经济学的批判开始涌现出来。芝加哥大学的米尔顿·弗里德曼指出，凯恩斯主义经济学中存在诸多矛盾。
>
> 在民主党向共和党的政权交替过程中，美国的凯恩斯主义经济学急速衰退。而后兴起的芝加哥学派存在市场崇拜和过度强调合理性的思想，虽然长期占据着压倒性优势，但是其意识形态方面的缺陷也慢慢显露出来。

第7章
反凯恩斯革命的英雄

米尔顿·弗里德曼

1912—2006

弗里德曼强烈质疑凯恩斯主义经济学,猛烈批判其核心理论,最终导致了美国凯恩斯主义的崩盘。1976年,他凭借消费理论和美国金融史等业绩荣获诺贝尔经济学奖。代表著作有《消费函数理论》(1957年)、《美国的金融史1867—1960》(合著、1963年)等。擅长辩论,被推上了美国经济学的主流位置。

弗里德曼出生在纽约布鲁克林区一个来自匈牙利的犹太家庭。他数学才能卓越,但家境贫寒,依靠奖学金,一边打工一边上学。

据其妻子罗丝和他的朋友们说,弗里德曼半工半读时一直乐观开朗,积极地面对人生。这种自强自立的精神和对自由主义市场的信仰,与他的人生经历密不可分。他以自己的经济学理论为基础,提出了很多政策建议,这些在后来被称为新自由主义。

弗里德曼陆续发表了多篇论文,
直击美国凯恩斯政策的痛点,
20世纪70年代时取代了萨缪尔森,
成为美国经济学的核心人物。
对市场的信任是他提出诸多建言的基础,
然而,现实中的经济走向却与他的预测不尽相同。

❝

与凯恩斯经济学的斗争

1976年,米尔顿·弗里德曼获得了诺贝尔经济学奖,他当时的获奖纪念演讲俨然是一场反凯恩斯主义的胜利宣言。当时以萨缪尔森为首的美国凯恩斯经济学家未能就经济滞胀提出任何有效的对策,而弗里德曼却在演讲中阐述了滞胀的原因。

> 我将通过对业已成为整个战后时期经济学界热门话题的一个特殊经济问题的讨论,来说明经济学的实证科学性质。这一特殊的经济问题就是通货膨胀与失业之间的相互关系。[1]

这一时期,弗里德曼矛头对准的目标是战后的美国版凯恩斯主义所陷入的宿疾。萨缪尔森等人在探讨通货膨胀和失业的关系时,运用的是"菲利普斯曲线"。[2] 横轴为失业率，纵轴为通货膨胀率，连接几年的数值后会得到一个呈下降趋势的曲线。这意味着为了降低失业率而大力推行财政支出等刺激经济的政策，导致了通货膨胀的加剧；反之，为了抑制通货膨胀而采取财政紧缩的政策，导致了失业增多。因此，是通胀还是失业，这是一个权衡的问题，也是一个政治性选择。

然而，20世纪60年代后半期出现的"滞胀"现象，在通胀率居高不下的同时，失业率也在大幅上涨。如果这一现象持续，菲利普斯曲线会呈现为一条上升走势的曲线。在弗里德曼发表这一演讲的前一年，美国的通货膨胀率高达9.1%，失业率上升至8.5%，而经济增长率为-0.4%。那么为什么会出现这样的现象呢？

弗里德曼认为，这种默认调动财政支出可以实现人为降低失业率的想法本身就很奇怪。在他看来，菲利普斯曲线稳定地呈现下降趋势这一前提是错误的。当菲利普斯曲线在某一时间点转为上升走势时，这必然意味着发生了什么。

弗里德曼在这场纪念演讲上再一次谈论了他所谓的"自然失业率"的存在。如果试图将失业率降低到自然失业率之下，那么不仅失业不会减少，还会导致通货膨胀的加剧。这在当时已经是一个非常有力的假说。

> 在通货膨胀与失业之间不存在稳定的替代关系，而是存在一种"自然失业率"。它与实际的力量及准确的预计一致，唯有通过加速的通货膨胀，才能将失业保持在自然失业率之下；或者唯有通过加速的通货紧缩，才能将失业保持在自然失业率之上。[3]

弗里德曼认为，自然失业率由劳动力市场的有效性、竞争或垄断的程度、职业选择上的阻碍等因素决定。如果弗里德曼的自然失业率假说成立，那么美国凯恩斯主义经济学家所倡导的调整通货膨胀和失业的政策就完全沦为了泡影。那些政策只会加剧通货膨胀，使劳动力市场陷入功能不健全的状态，拉低竞争力，导致更多的劳动者想要寻求在失业保险方面更有保障的职位，最终只会让经济进一步衰退。

批判《通论》中的消费理论

凯恩斯在《就业、利息和货币通论》中关于消费倾向的论述最为薄弱，弗里德曼对这一部分展开了激烈的批判。

凯恩斯在《通论》的第三篇"消费倾向"中探讨了消费的增减由什么决定，其中有以下论述。

> 在影响消费倾向的因素中，国民心理和社会状况的变化是缓慢的，而利息率和其他客观因素的短期影响又往往占次要地位，那就只剩下收入的变化了。因此我们可以认为，消费的短期变化主要取决于收入的变化，而将收入的百分之几用于消费的"消费倾向"是不变的。[4]

如果这种"消费倾向"在短期内是稳定的，并且短期内的消费增加是由收入的增加所决定，那么民营企业在因经济不景气而不进行投资的时期，收入的增加就只能依靠政府投资（即财政支出）。也就是说，只有政府的财政支出才能增加收入，可以拉动消费，提高就业率。

然而，1952年西蒙·史密斯·库兹涅茨在论文中指出，依据1899年之后的储蓄数据进行推算，并不能断定美国人的消费是随着短期的收入增加而变化的。[5]之后陆续出现了一些实证性研究对凯恩斯关于消费的假说提出了质疑。如果这些研究是正确的，那么通过财政支出提高短期收入进而拉动消费，就是徒劳一场。

弗里德曼提出，决定消费的不是短期收入中的"可变部分"，而是长期收入中的"永久部分"，并通过统计学的方法进行了证明。这就是"永久性收入假说"。弗里德曼认为，他已经证明了决定消费的不是可变部分，而是永久部分。[6]

诚然，即使这个假说是正确的，也无法马上全盘否定凯恩斯经济学中通过财政支出创造就业的理论。但是，如果提高可变部分的收入不会对消费产生影响，那么财政支出的拉动效果就极其有限，从长期来看可以认为几乎没有效果。

这一假说在发表之初仅仅被当成异端邪说，但随着滞胀之下财政支出的弊端慢慢显现，当大家看清推行财政支出的效果有限时，这一假说开始被视为动摇了凯恩斯经济学之根本的存在。就这样，美国最终完成了"反凯恩斯革命"。

贫穷的犹太裔移民之子

1912年，米尔顿·弗里德曼出生于纽约州布鲁克林，是家中四个孩子里最小的男孩。他的父母是来自匈牙利的犹太裔移民，父亲没有固定工作，是一个从事倒买倒卖的中间商，有时会做些投机生意，但是"不曾赚到过钱"。[7]

> 我家的收入很少，而且极其不稳定，财务危机是常有的事。尽管如此，好歹总能有口饭吃，家中的氛围很温馨，家人相互依靠、相互支持。[8]

弗里德曼5岁时就破例进入小学读书，很快长成了一个成绩突出的少年。他常回忆说"当时觉得很平常"，但是别的小朋友都在玩耍的时候，他却穿梭于当地的图书馆，博览群书。从这里就能看出来，这个名叫米尔顿的少年绝非常人。

与其他犹太裔家庭一样，弗里德曼自少年时期就要定期去犹太教堂，放学后与同年级的同学一起去希伯来语学校学习希伯来语，为迎接犹太教成人礼"Bar Mitzvah（受诫礼）"做准备。当时，他算得上是一个忠实的犹太教徒。

遇到基督教派的人办派对发热狗时，小弗里德曼绝对一口不吃，而是匆忙跑回家。因为热狗中的香肠是用犹太教徒禁止食用的猪肉做的。

但是，弗里德曼渐渐对犹太教的教义产生了质疑，据说在13岁成人礼时，他已然成了一个"完完全全的不可知论者〔不能感知到神的存在的人〕"。[9]可能是因为这种个人精神体验的影响，弗里德曼的文章中很少出现《圣经》等与宗教相关的痕迹，这与萨缪尔森形成了鲜明的对比，后者经常引用《圣经》中的内容，甚至是那些蹩脚的玩笑。

有意思的是，弗里德曼在少年时期不仅广泛地阅读了图书馆中的书，还积极地参加了童子军的活动。不仅如此，他还与基督教家庭相对抗，组织了一支由犹太裔家庭出身的少年们组成的童子军。

> 父亲在我高中最后一年时去世了，母亲和两个姐姐支

撑着整个家。尽管如此,我依然把上大学当成了理所应当的事。当然,前提是学费要我自己攒。[10]

他因为离家比较近而选择了进入罗格斯大学念书。后来,据他在芝加哥大学遇到的妻子罗丝·戴雷科特说,弗里德曼上学时整天打工,虽然学费方面有奖学金,但生活费还需要他自己赚。

> 米尔顿为了贴补生活费,在附近的餐厅当服务生,因为那里提供免费的午饭,而且工资不低。这顿午饭就是米尔顿主要的营养来源。为了不迟到,他午饭吃得特别快。所以直到现在,米尔顿仍然保有吃饭比旁人快一倍的绝技。"[11]

不论吃饭快是不是因为打工,弗里德曼都是一个勤奋苦读的穷学生,这一点是肯定的。他不仅在餐厅打工,还在百货店工作。

大萧条开始之前,星期六在百货店工作12个小时的工资是4美元,大萧条之后变成了50美分。但因为弗里德曼工作努力,老板对他印象很好,所以仍旧付给他4美元。这件事直到后来,一直都是一件让弗里德曼引以为傲的事。

从罗格斯大学毕业时,弗里德曼拿到了两份奖学金:一份来自布朗大学数学系,一份来自芝加哥大学经济学系。当然,他选择了后者。

> 1932年时,每四个人中就有一个人失业。想到当时最迫切需要解决的是什么,就肯定会选经济学。对从事经济学研究这件事,我丝毫不曾犹豫过。[12]

漫步经济学圣地

当时,芝加哥大学的富兰克·奈特和雅各布·维纳被称为"经济学系双璧",但这二人无论是性格上还是教学方法上都迥然不同。假如奈特在课上讲李嘉图,那么他会一上来先把李嘉图学说中的问题列个七七八八,然后开始各种批判。而维纳则会从李嘉图的理论整体入手,然后深入剖析其理论内核。[13]

弗里德曼先在维纳门下学习经济学理论。维纳不仅学识极其渊博,课上也极其严苛,他对学得不好的学生毫不手软。弗里德曼也曾受业于奈特,而这一位是出了名的不好相处。他在课上会不顾学生,自问自答,有时甚至会在课上得出一个与最初的前提完全相反的结论。[14]

另外,芝加哥大学还有亨利·舒尔茨、保罗·道格拉斯、亨利·赛门斯和明兹等学者,他们在方法论和教学上都发挥着自己独特的个性。

芝加哥大学时期的弗里德曼身上还有一件事不得不提,那就是与罗丝的邂逅。罗丝是在芝加哥学派中占据一隅的亚伦·戴雷科特小九岁的妹妹,她当时在芝加哥大学研究生院学习经济学,是奈特的助手。弗里德曼有了一些知名度之后,罗丝协助弗里德曼执笔一些面向大众的读物。

在如此这般别具特色的师资阵营的熏陶下,与罗丝的交往中,弗里德曼获得了新的奖学金,一年后(即1933年)他来到了哥伦比亚大学。当时哥大是与芝加哥大学并称的美国经济学中心圣地,但有着截然不同的学风。

弗里德曼曾回忆道:"毫无疑问,对我影响最大的要数哈罗德·霍特林，他实在是一个十分有魅力的人。……总体来说他是一位数学家，无论是思考的时候，讲话的时候，还是写字的时候，他无时无刻不处于高度的抽象之中。"[15]

> 霍特林将雅各布·维纳的经济学理论成果在统计学领域中进行了实践。……我从韦斯利·米切尔、约翰·莫里斯·克拉克等学者那里学到了制度主义、实证主义方法论以及与芝加哥大学完全不同的经济学理论的思维方法。[16]

1935年起，弗里德曼开始在华盛顿的国家资源委员会工作，两年后来到纽约的美国经济研究所给1971年获得了诺贝尔经济学奖的西蒙·库兹涅茨做助手。在这里，弗里德曼掌握了数量分析的方法。

1940年，威斯康星大学以副教授一职聘用弗里德曼，这是他接到的第一份教职。由于卷入了学校内部的人事斗争而没能获得终身教职，加上罗丝难产离世，这一时期对弗里德曼来说十分艰难。

1941年起他开始在财政部任职。时任财政部部长小亨利·摩根索与他的亲信哈里·迪克特·怀特等经济学家自成一派。关于第二次世界大战的战费募集，怀特认为应当推行强制储蓄，而弗里德曼认为应当从税收中出资。弗里德曼1943年就离开了财政部，所以他的方案一直"不见天日"。

之后，弗里德曼出任过哥伦比亚大学的统计调查小组副组长，在明尼苏达大学担任过副教授，1946年回到母校芝加哥大学出任副教授。这时，他作为一位经济学家的修行已经渐渐走向了终点。

弗里德曼的"金钱观"

在这里，笔者想稍稍讲一点题外话。在谈论米尔顿·弗里德曼时，经常会提到他在1965年曾尝试做空英镑，但被芝加哥市的银行拒绝了，对此他愤慨不已。据说，弗里德曼的老师富兰克·奈特听说此事后十分生气，将弗里德曼扫地出门。

这个故事看上去非常符合"货币主义者"弗里德曼的性格（或者说，这个故事太过生动而让弗里德曼跃然纸上），流传甚广。同时，这个故事也能让生活在美国中西部、性格顽固的奈特的形象浮现在人们的脑海中。笔者知道这个故事之后，觉得这既贴合弗里德曼的人设，又非常像奈特的作风，所以也曾在拙作中提到过。

然而，经济学家田中秀臣先生详尽地调查了这件事的经过之后，在网上提出了质疑。据田中先生说，这个故事中的有些地方与事实不符。[17]田中先生提出的质疑比原来的传闻更为有趣，所以特别在此介绍给大家。

前面提到的那个小传闻，在日本最初以印刷出版的方式出现在人们视野之中，是通过评论家内桥克人先生所著的《噩梦的循环》一书。内桥先生是从经济学家宇泽弘文先生那里听说这个故事的，内桥在自己的书中说，"1965年，宇泽先生在芝加哥大学时，弗里德曼曾试图做空英镑"。[18]

但是，接到做空申请的银行回绝了弗里德曼。银行说，"我们是绅士，不做这种事"。"被拒绝的弗里德曼气鼓鼓地回来，吃午饭的时候对着包括宇泽先生在内的同事大肆宣扬，'在资本主义世界中，在能赚到钱的时候去赚钱的才是绅士'。"[19]

这个故事还有后话。芝加哥学派指导者之一——弗里德曼的老师富兰克·奈特听说此事后非常生气，怒道"今后禁止你说是在我这里写的博论"，随后将弗里德曼逐出了师门。[20]

田中引用了弗里德曼夫妇的回忆录《两个幸运的人》，指出卖出英镑的时间为1967年11月是一个错误，银行不是因为绅士风度而拒绝他的，而是因为做空操作只能应对特定顾客或特定商业目的才拒绝的。

另外，弗里德曼也并不是在奈特的指导下完成博士论文的，而是凭借在哥伦比亚大学与库兹涅茨一起写的收入调查而取得的博士学位，这一点上内桥先生的记述也是错误的。

田中先生还指出，后来无论是研讨会还是私交，奈特都与弗里德曼保持着往来。他认同"很多学者指出，奈特的观点与弗里德曼、斯蒂格勒的观点在经济学思想上是对立的"，同时他也认为，"但那绝不是对被'逐出师门'的弗里德曼进行人身攻击（即针对这一点对他的学术批判）的理由"。

内桥先生所记述的"逐出师门"无法简单地与弗里德曼经济学联系到一起。当然，传闻被用作依据时必须是真实的。但是，这个传闻是这种性质的事吗？也许，这是一个在学术研究上拥有特权的阶层，利用他们的信息和知识"敛财"一事是否正确的问题吧。读者朋友们可以回想一下，前文讲凯恩斯的章节中也提到过凯恩斯参与投机的内容。

正如斯基德尔斯基所记载的（而哈罗德所隐去的）那样，在第一次世界大战前，作为政府高官的凯恩斯涉嫌利用其他投资者无法获取的信息牟利，如果这是事实，凯恩斯就不仅仅是不道德了，他是在犯罪。弗里德曼作为一名学者，他利用自己的知识为自己牟利，这即便不是犯罪，也是不道德的。

20世纪70年代，芝加哥期货交易所开始货币期货交易时，弗里德曼受该交易所时任主席利奥·梅拉梅德所托，写了一篇介绍货币期货交易的论文。关于这件事，田中先生曾说："芝加哥的货币期货交易市场上出现了所谓的'金钱革命'，看过NHK电视台节目的人肯定都印象深刻吧。"

笔者也看过那个节目，当时的弗里德曼写了一篇11页左右的论文，对此他要求5000美元的酬劳，令人震惊。弗里德曼说："我是自由市场体制的信徒。人应当对付出的劳动索取回报。"[21] 但那究竟是不是一个大学教授在介绍一个新商业领域的小论文上应该索取的金额呢，这很难不让人感到疑惑。即便是经济上的创新，也不能对旧有的道德和伦理观不闻不问。这与弗里德曼性格独立、自强是性质完全不同的问题。

何谓实证经济学

带着这样的金钱观问题，弗里德曼从20世纪50年代起展开的论述中，思想层面上存在几个重要的问题，这些恐怕也是弗里德曼之后的美国经济学中愈发显著的倾向。

1946年，弗里德曼开始在芝加哥大学执教，如同他在日后所回忆的那样，"自己作为一名经济学者过得最充实的日子，就是20世纪40

年代至60年代这一段时间"。[22]这一时期，他陆续发表了多篇论文。

1953年，他将之前发表的论文结集成册，出版了《实证经济学论文集》，如他的妻子罗丝指出的那样，这一著作不仅可以"清楚地看到米尔顿的学术方向所指何方"，也在日后引起了有关方法论问题的争论。

弗里德曼在这一著作的开篇"实证经济学的方法论"中，就假说及其证明展开了论述，他得出了以下结论。

> 一种理论不能用其"假设条件"的"真实性"来检验，而且一种理论的"假设条件"这个概念也是模糊的。但是，如果这就是它的全部意义，那就会很难解释这个概念的广泛使用，以及我们自己的强烈倾向——常常要谈到一种理论的假设条件，并且要对不同理论的假设条件进行比较。[23]

这就是弗里德曼的"预测主义"，他认为经济理论是提出假设并进行推论，对当下的问题进行预测是最优先的课题。这时，讨论假设能反映多少现实是没有意义的。这对现在学习经济学理论的学生来说可能毫不奇怪，但是当时很多经济学家都认为这个方法论有着根本性的缺陷。比如萨缪尔森将弗里德曼的方法论称作"F式（弗里德曼理论的讹音）"，予以了激烈的批驳。

> 只有当结果在某种程度上有用且在经验上有效时，经济理论才是合理的。只要"理论本身"或"假设"在经验上不切实际，就与有效性和价值完全不相容。……（F式认为）即使是与事实不同的吓人的非现实性，因为不会对

理论和假设造成不利影响，所以根本上是错误的。[24]

基于弗里德曼的理论，可以提出关于国际贸易上的汇率从固定汇率制到浮动汇率制的假说。基于这一假说进行推论，其结果是，各国的金融政策都可以自由撤回，固定汇率制下的贸易赤字终将得以消解。如果认为这一预测比现在的固定汇率制更优越，那么全世界都应当转变为浮动汇率制。关于这样的汇率问题在《实证经济学论文集》中也有所论述。

高产的60年代——其一：微观经济学

如前文所述，出版于1957年的《消费函数理论》对凯恩斯经济学中最微妙的部分予以致命一击，之后，弗里德曼渐渐构筑起了自己的经济学。

在芝加哥大学时，他最初负责价格理论这门课，当时的讲义结集成册，于1962年出版了《价格理论——一本临时的教科书》一书。大开本，图版粗糙，诚如其名。

> 这本书的内容最初是誊写印刷的。在芝加哥大学的价格理论课上使用以来，已经走过了十余年的岁月。其间，我一直不曾想过将这些笔记出售。[25]

这是一本教科书，其中却包含了很多大胆的尝试。第四章"不确实性的效用分析"中，对效用分析引入了不确实性的概念。

在此之前的效用分析都是基于"边际效用递减法则"的。所谓边际效用递减法则，比如在沙漠中想喝水时，最开始的一升水带来的幸福感（效用）是非常大的，第二个一升水与第一个一升水相比，带来的幸福感便减少了，接下来的一升水几乎不会给人带来幸福感了。[26]

顺附一言，边际效用这个概念是19世纪70年代时，由威廉姆·斯坦利·杰文斯、卡尔·门格尔和里昂·瓦尔拉斯引入经济学的，这一概念被视为亚当·斯密以来的古典主义经济学和之后的新古典主义的分水岭。

根据边际效用递减法则，对某一个体来说，他身无分文时的100万元人民币和他已有100万元人民币时的100万元人民币，显然是前者的效用更大。而同样是100万元，与新获得的100万元的正面效用相比，失去100万元时的负面效用的绝对值更大。

假设你现在拿着100万元去参加博彩，新获得100万元的概率为50%，失去现有100万元的概率为50%，从概率论的角度来计算"期待值"的话就会发现，合计为0，胜负五五开，这是成立的。然而，根据边际效用递减法则，失去100万元的负面效用更大，所以效用的期待值也是负的。也就是说，在开始博彩之前就是负的。因此，活跃于19世纪后半期的英国经济学家阿尔弗雷德·马歇尔认为，参与这样的博彩原本就是不智之举。[27]

但是，弗里德曼认为，抛开边际效用递减的假设而使用"不确定性"这一概念时，这样的现象能够得到更为清晰的说明。

> 一旦引入了不确定性，选择的目标就不再是由已知成分组成的一组货物，而是一组互相排斥的选择，每种选择都有某种特定的概率值。我们可以把一笔钱或一笔收入看

成一种概率（既然这种收入在不同货物中的最优配置已由确定性条件下的选择理论进行了讨论），因此一个选择的目标将是收入的一种概率分布。[28]

在这里，我希望读者朋友可以回想一下，弗里德曼的老师富兰克·奈特将可以概率计算的风险和不可计算的不确定性区别开来（第2章）。但是，弗里德曼抛弃了这样的区分，认为所有的"不确定性"都是可以计算的。

这本教科书经过多次修订，1976年版《价格理论》中"不确定性的效用分析"一章的最后指出，概率论包括"客观的概率"与"主观的概率"，并追加了下述内容。

> 与经济学特别有关的一个例子是富兰克·奈特强调的"风险"与"不确定性"的区别。实质上，"风险"与客观概率相对应；"不确定性"与主观概率相对应。如果采用个人概率方法，那么这种区别就大大失去了说服力。[29]

如第2章中所述，拉姆齐之后的主观概率论以个人抱有的信念程度为依据。统计学家萨维奇后来进一步发展了这一学说，使之与统计学结合了起来。萨维奇的概率论被认为是以观察行动主体的优先倾向为基础的，其本质仍然是概率的主观解释。

弗里德曼意外地早就抛弃了恩师奈特的"风险与不确定性"的区别，这至少可以追溯到1948年与萨维奇合著的论文《涉及风险选择的效用分析》[30]。在弗里德曼的经济学中，完全找不到其恩师奈特及凯恩斯的不可概率计算的不确定性的踪影，他的世界中的一切都是可以计算的主观概率现象。

高产的60年代——其二：宏观经济学

"货币主义"一词与弗里德曼的名字密不可分，关于货币的研究从20世纪40年代起持续至今，弗里德曼与安娜·施瓦茨于1963年合著出版的《美国货币史（1867—1960）》可以说是一本集大成之作。

该书对货币供应量的长期循环变化趋势进行了统计学分析，原本是想作为一个大型研究的绪论，没想到完成后成了一个长达800页的巨著。该研究因使用了现在仍用于货币分析的M1（流通中的现金货币+活期存款）和M2（M1+定期存款）等指标而为人称道，其中就始于1929年的大萧条的分析至今依然是被讨论的对象。

> 与其他失业问题严重的时期一样，大萧条的起因不是资本主义内在的不安定性，而是政府错误的经济运营方式。金融政策的运营由政府设立的FRB（美国联邦储备委员会）负责，自1930年至1931年，由于FRB实行了不恰当的金融政策，导致原本规模并不大的经济衰退蔓延成了大萧条。[31]

这里弗里德曼所说的"不恰当的金融政策"是指自1930年开始不断减少货币供应量，1930年至1931年间减少了7%，1931年至1932年减少了17%，1932年至1933年减少了12%。他将这个货币供应量的急速减少称为"大紧缩"，并认为这是导致大萧条时期拉长的原因。

货币主义是诞生于货币史中的政策性意义，弗里德曼对不重视货币存量的凯恩斯理论提出了质疑。在1967年题为"货币理论中的反向革命"的演讲上,他再一次对凯恩斯理论进行了批判。

> 凯恩斯所说的是,货币数量并非问题所在。问题在于……企业进行的投资与被看作是政府支出的部分。凯恩斯将注意力从货币的作用及货币与收入流向的关系,转向了两种收入的流向,即独立支出带来的收入的流向,以及由此诱发的支出所带来的收入的流向。[32]

弗里德曼认为,如果注意货币存量与收入的关系,就可以得到可信度很高的政策意义,而货币主义政策旨在拉动名义GDP增长的同时提高了货币存量。毋庸赘言,弗里德曼的这一学说引来了以凯恩斯学派为中心的各方经济学家的批判。比如凯恩斯学派的唐·帕廷金曾语带兴奋地这样评论道:"大多数情况下,他(弗里德曼)没有这样的证据。事实上,在少数情况下,他无视了对他提出反对意见的详细论证。而在其他情况下,他为了论证自己的学术解释,沉迷于模糊的经验主义。"[33]

还有批判指出,弗里德曼颠倒了因果关系。也就是说,名义GDP的增长与货币数量之间的关系并不确定,而他从观察到的数据中强行得出了他的理论。退一步说,即使通过实证,确切地证实了名义货币数量和名义收入之间的关系是可信的,单凭货币数量来推行经济政策就真的可行吗?在这一阶段,结论尚不明了。

高产的60年代——其三:政策建言

弗里德曼在于1962年出版的面向大众的《资本主义和自由》一

书中，提出了诸多基于自己的经济学研究的建言。首先，我们来看一下上文中提到的调整货币数量的收入政策。

> 我目前的主张是由立法机关制定规章，命令货币当局来使货币数量按照具体的比例增长。为此，我的货币数量的定义包括商业银行以外的流通中的货币，加上商业银行的全部存款。我认为，应该规定联邦储备系统，必须尽可能地使上述定义的货币数量的总额逐月甚至逐日地按照年率为3%~5%的比例增长。[34]

总之，弗里德曼认为，将他所说的M2增加到3%~5%之间的某个适当的数值，是唯一可行的稳定经济的方法。

接下来，在国际金融制度方面，其核心是为了推进自由贸易，美国向全世界宣告停止美元与黄金的兑换，由当时的固定汇率制转向可变汇率制。

> 支付总是平衡的，因为一种价格——外汇率——会不受约束地达到平衡。……所以，浮动汇率制度能使我们有效、直接地走向物品和劳务完全自由的贸易……只要我们坚持使用固定汇率的"紧身内衣"，我们就不可能肯定地走向自由贸易。[35]

在教育制度方面，他提出了著名的"教育券制度"。该制度为了让人们可以自由选择接受教育的机构，不论公立还是私立，通过发行面额固定的有价证券（即教育券）来提供一定资金援助。

为了对政府所规定的最低学校教育提供经费，政府可以发给家长们票证。如果孩子进入了"被批准的"教育机关，这些票证就代表每个孩子每年所能花费的最大数量的金钱。这样家长们就能自由地使用这种票证，再加上他们所愿意添增的金额，向他们所选择的"被批准的"教育机关购买教育劳务。[36]

此外，弗里德曼认为，在收入不平衡方面应当予以一定程度的注意，而社会福利造成了市场经济的变形，因此他提出了"负所得税"的概念。

只要有可能，该（援助）方案在通过市场发生作用时，应该不妨碍市场的正常状态或不阻碍它的正常作用。这是农产品价格支持、最低工资法、关税以及类似事项的一个缺点。

而负所得税制度从纯粹的机械理由上来看是合适的。[37]

这一制度规定了一定的收入水平线，向低于该水平线的国民收取"负向税金"。这也可理解为，对达到收入水平的人征收普通的税金，而对达不到该水平的人，根据其水平提供相应的补助金。这个负向税金正是弗里德曼所认可的"消减贫困"的政策。

理论、名声与现实

弗里德曼所建议的这些具体政策，至今在日本仍时不时作为新政策而被提出，并且其中很多被看作是曾经的成功典范。弗里德曼自20世纪70年代起开始为人们所知，在90年代时他的名声达到顶峰，然而与之相反，他所提出的政策建言几乎都没有成功。

诚然，让弗里德曼名声大振的货币主义，在70年代末被英国的撒切尔政府采用是事实。虽然那也许不是应对通货膨胀的政策，但作为稳定经济的政策，它不够实际。

> 仅就金融政策而言，过度收紧的批判存在于1979—1981年期间，而不存在于之后的时期。对货币供应管理的重视在之后的时期逐渐得到修正，1985—1986年的货币供应目标值［M0（现金+支票活期存款）除外］在事实上被放弃了。[38]

时任美国民主党总统卡特在执政时期任命保罗·沃尔克为美联储主席，沃尔克在时任共和党总统里根执政时期标榜"实用货币主义"[39]，实际上，他通过实行大幅超过弗里德曼的弟子——美国财政部副部长斯普林克尔等人计算出的货币供应量的宽松货币政策，而渡过了1982年的金融危机。

此时，在弗里德曼作为依据的货币数量增长率与GDP增长率之间的关系中，其实已经出现了很大的变化。[40] 其原因至今尚不明了。至少可以说，这二者之间的关系并不稳定，而沃尔克只注重了实用的侧面。

里根退出政坛时，斯普林克尔被新闻记者问道"你是不是货币主义者"，他半开玩笑地含糊回答："我和货币主义者已经分道扬镳了。"[41]

也有学者将浮动汇率制的实现作为弗里德曼经济学的胜利。但弗里德曼的主张是，通过向浮动汇率制转变，不仅可以使金融政策变得自由，还可以消除贸易上的不平衡，进而消灭贸易赤字。[42]

虽然尼克松政府像弗里德曼所主张的一样，否定了美元与黄金的兑换，事实上转变为浮动汇率制。但是后来，美国的贸易赤字完全没有得到解决，特别是日本加入浮动汇率制后，美国对日本的贸易赤字变得十分巨大。在这一点上，也很难说是取得了成功。

另外，在日本拥有众多拥护者的"教育券制度"，从实际成果来看，也是惨不忍睹。美国和英国的一部分地方政府采用了类似的制度，绝大多数产生了诸多问题。[43]

关于这一点，只要稍加思索就可以明白。受学生欢迎的学校有众多学生前来报名，而不受欢迎的学校门可罗雀，这仅仅是加剧了向名门学府集中的倾向。同时，也无人能保证领取了教育券的学校可以将其有效地运用到对学生的教育上，英国的终身教育中出现了很多不当使用的案例。[44]

现在仍在沿用的也就只有"负所得税"。美国曾出现过两次泡沫经济崩溃，每一次都为了防止消费低迷而采用了调动财政支出、返还税金的方法。但是，这些基本上是将一定的金额汇到银行账户上，究竟算不算得上是真正的"负所得税"还很难定论。[45]本来经济危机时发放现金也不是什么稀奇的事情。

博彩经济

与具体的政策提案都没有成果相对，弗里德曼的思想在某一个领域收获了巨大的成功。这就是由博彩衍生而来的金融市场。

弗里德曼之后，美国的金融制度基于实证经济学的思想，没有规则的金融市场作为一个"假说",去掉规则,与开拓了主观概率论的拉姆齐所树立的前提一样,在参与者全员具有博彩者精神的基础上,构建起了基于主观概率论或个人概率论的金融市场。

不论是引发了次贷危机的MBS(按揭贷款抵押债券),还是导致了全球最大保险公司AIG破产的CDS(信用违约互换),展现在从事这种金融商品交易的人们面前的金融市场,不过是弗里德曼论述的个人概率论中所谓的"一个选择对象是与某种收入相关的一个概率分布",也就是博彩本身。

金融工程学的拥趸经常说,MBS也好,CDS也好,在数学层面都是完美的,因为参与其中的人是不完美的(或者本性恶劣)才导致其破产,而这不是金融工程学的错。

但是,经济本身就是一个由很多子系统构成的不稳定的制度,包含不完美的、性格恶劣的人是它的前提。缺乏这方面考虑的子系统,孕育着使有史以来的经济制度全体陷入危机的(奈特及凯恩斯等人所说的)不确定性。

2007年夏,次贷危机开始显现的时候,笔者曾对媒体提到富兰克·奈特的"风险与不确定性"问题,并认为与其说次贷问题是由风险引起的,不如说是由不确定性引起的。[46]

在同一时期,经济学家们尚未对这个"古早的"问题产生兴趣,近年的美国经济学界少有谈及原本意义上的不确定性已经消失这一问题,而竹森俊平先生重论了奈特的"风险与不确定性",这可以说是非常罕见的一例。[47]

竹森先生在《1997年——改变了世界的金融危机》一书中,详细论述了奈特的"不确定性",他从弗里德曼版本众多的《价格理论》中选取了一本,引用了下述内容。

富兰克·奈特在其开创性著作中勾画出了风险与不确定性之间明显的区别：风险是指那些属于已知或可知其概率分布的事情，不确定性则是指那些不可能确切知道其概率数值的事件。迄今我还未曾涉及这一区分，因为我并不认为这种区分是有根据的。……我们可以把人们看成是他们对于一切可想象得到的事件都赋予一定的概率值。[48]

究竟我们是否可以将一切赋予以概率分布为前提的数值概率而生活呢？习惯于这种生活的恐怕只有证券市场的人和弗里德曼那样的经济学家吧。那也绝非经济学家以为的那样漂亮的概率分布，而是经常摇摆、形状扭曲的曲线。

弗里德曼于2006年11月离世。时任美联储主席的艾伦·格林斯潘将房地产泡沫称为"浮沫（Froth，细小的泡沫）"来逃避责任，[49]而次贷危机也好，雷曼事件也罢，都是后来的事。弗里德曼在盛赞中离世，他在去世后依然被看作是对美国经济学贡献最大的人。

第7章 注释

1 米尔顿·弗里德曼著，保坂直达译『インフレーションと失業』，マグロウヒル好学社，1978年，第8页。
2 出生于新西兰的伦敦政治经济学院教授奥尔本·威廉·菲利普斯，在1958年的论文中发表了这一内容。菲利普斯通过长期的数据分析发现，在失业率高的年份里，工资率具有稳定或下降的趋势，而在失业率低的年份里，工资率会急剧上升。
3 弗里德曼著『インフレーションと失業』，第17页。日文译文有删改。
4 凯恩斯指出："如果主观因素和社会因素的主要背景是缓慢变化的，而利率和其他客观因素所带来的短期影响也往往只有次级重要性，那么剩下的结论只有一个：消费的短期变化主要依赖于（每个工资单位的）收入赚得率的变化，而不是从固定收入支出的消费倾向变化。"（凯恩斯著，间宫阳介译『雇用·利子および貨幣の一般理論』，岩波文库，2008年，第153页。）
5 弗里德曼著，宫川公男、今井贤一译『消費の経済理論』，严松堂，1961年，第4页。
6 同上书，第443页。
7 兰尼·埃布斯泰因著，大野一译『最強の経済学者ミルトン·フリードマン』，日经BP社，2008年，第20页。有关童年时期的内容参照本书及 Milton Friedman, "Autobiography", Nobelprize.org, 1976.
8 Milton Friedman, "Autobiography", Nobelprize.org, 1976.
9 埃布斯泰因著『最強の経済学者ミルトン·フリードマン』，第23页。
10 "Autobiography," *op.cit.*
11 罗斯·D·弗里德曼著，鹤冈厚生译『ミルトン·フリードマンわが友、わが夫』，东洋经济新报社，1981年，第3—4页。
12 埃布斯泰因著『最強の経済学者ミルトン·フリードマン』，第32页。
13 乔治·J·斯蒂格勒著，上原一男译『現代経済学の回想：アメリカ·アカデミズムの盛衰』，日本经济新闻社，1990年，第25—26页。

14 同上书，第24—25页，以及罗斯·弗里德曼著『ミルトン・フリードマンわが友、わが夫』，第9—12页。

15 Milton and Rose Friedman, *Two Lucky People: Memoirs*, The University of Chicago Press, 1998, p.44.

16 "Autobiography", *op.cit.* 日文译文引自埃布斯泰因著『最強の経済学者ミルトン・フリードマン』，第43页。

17 田中秀臣的博客http://d.hatena.ne.jp/tanakahidetomi/20061122。下文的引用也出自该博客。

18 内橋克人著『悪夢のサイクル』，文艺春秋，2006年，第95—97页。

19 同上书，第96页。

20 同上书，第97页。

21 和田洋、茂田喜郎著『NHKスペシャル：マネー革命〈第2巻〉金融工学の旗手たち』，日本放送出版协会，1999年，第90—91页。

22 埃布斯泰因著『最強の経済学者ミルトン・フリードマン』，第77页。

23 Milton Friedman, *Essay in Positive Economics,* The University of Chicago Press, 1953, p.41. 另外，还参考了弗里德曼著，佐藤隆三、长谷川启之译『実証的経済学の方法と展開』的日译版，富士书房，1977年，第42—43页。

24 Michael Szenberg, Aron A. Gottesman, Lall Ramrattan and Joseph Stiglitz, *Paul A. Samuelson: On Being an Economist,* Jorge Pinto Books, 2005, pp.55—56.

25 弗里德曼著，内田忠夫等译『価格理論』，好学社，1972年，第ix页。

26 比如威廉姆·斯坦利·杰文斯在其著作《政治经济学理论》中指出："一天一夸脱的水，具有将人从最痛苦的死亡中解救出来的强大效果；一天几加仑的水，可以满足烧饭、洗衣等很多需求。但是，在满足这些用途上拥有充分的供给保障之后，额外的附加量就显得非常无所谓了。"（小泉信三等译『経済学の理論』，日本经济评论社，1981年，第34页）。

27 弗里德曼著『価格理論』，第73页。另外，还参考了阿尔弗雷德·马歇尔著，马场启之译『経済学原理』，东洋经济新报社，1965—1967年。

28 与弗里德曼所著《价格理论》中的内容一致。

29 Milton Friedman, *Price Theory,* Aldine de Gruyter, 1976, p.84.

30 Milton Friedman and L. J. Savage, "The Utility Analysis of Choice es Involving

Risk", *The Journal of Political Economy*, Vol. 56, No. 4, Aug. 1948., pp.279—304.
31 埃布斯泰因著『最強の経済学者ミルトン・フリードマン』,第154页。
32 弗里德曼著『貨幣的経済理論における反革命』,收录于『インフレーションと失業』,第200页。
33 唐・帕廷金著『数量説とケインズ派経済学に関するフリードマンの解釈』,收录于罗伯物・詹姆斯・戈登著,加藤寛孝译『フリードマンの貨幣理論：その展開と論争』,マグロウヒル好学社,1978年,第164页。
34 弗里德曼著,熊谷尚夫等译『資本主義と自由』,マグロウヒル好学社,1975年,第60—61页。
35 同上书,第80页。
36 同上书,第101—102页。
37 同上书,第215页。
38 杰弗里・梅纳德著,新保生二译『サッチャーの経済革命』,日本経済新闻社,1989年,第130—131页。以及小笠原欣幸著『マネタリズムの放棄』,收录于『衰退国家の政治経済学』,劲草书房,1993年,第88—89页。
39 参考John W. Sloan, *The Reagan Effect: Economics and Presidential Leadership,* University Press Kansas, 1999, p238. Paul Krugman, *The Age of Diminished Expectation,* The MIT Press, 1990, pp.60—62, pp.102—106. 虽然沃尔克自称是"货币主义者",但其手法完全是"传统"的,是借用了货币主义名头的通货膨胀对策。另外,还参考了保罗・沃尔克、行天丰雄著,汉泽雄一监译『富の興亡：円とドルの歴史』,东洋经济新报社,1992年。
40 N・格里高利・曼昆著,足立英之等译『マクロ経済学I』,东洋经济新报社,1995年。"1982年,美国经历了严重的经济不景气的一个原因是,货币的流通速度出现了无法预见的大幅下降,而其下降的原因至今仍然无法解释。"(第228页)
41 Alfred Malable著,仁平和夫译『エコノミストはつねに間違う』,日经BP出版中心,1994年。"在那个聚会上,杂志评论委员乔治・梅隆语带责备地说：'但是,你不是个模仿家吗？'斯普林凯尔的回答完全让人吃惊：'不是,我不是模仿家。我已经和人体主义断绝关系了。我可以向神发

誓。'"（第227页）

42 弗里德曼著『変動為替相場擁護論』，收录于佐藤隆三、長谷川启之译『実証的経済学の方法と展開』，富士书房，1977年。"在变动汇率下，国际收支出现盈余或有赤字倾向时，汇率会首先受到影响……如果盈余导致汇率上升，……盈余就会被抵消……而如果赤字导致汇率下降……那么赤字就可能被抵消。（第162—163页）"另外，如35所示，"因为价格——外汇行情——自由变动而产生了均衡，所以国际收支总是保持平衡。"（弗里德曼著『資本主義と自由』，第80页）。实际上，这样的理论与现实完全不符。

43 比如赤林英夫著『諸外国の例に見る制度の実態的外れな日本の教育バウチャー論争』，『中央公論』，2007年2月号，第206—215页。

44 参考『文部科学省提出資料』平成16年11月8日中关于英国的部分。"骗取补助金""发现了使用者一方的不正当使用"。

45 光是回想从1999年4月开始实施的公明党提案的"地域振兴券"就足够了吧。虽然最终使用率达到了99.6%，但没有数据表明与经济复苏相关。

46 东谷晓著『米住宅ローンで日本経済が沈む』，『文藝春秋』，2007年10月号，第280—289页。

47 竹森俊平著『サブプライムローン危機の正体：世界にばらまかれた不確実性』，『中央公論』，2007年10月号。"教训是什么？首先，明确了依赖评级机构和理论模型的安全性评价的脆弱，必须再次思考市场风险的评价方式。我们是时候回想起奈特提出的对经济行动的客观预测范围是有限的这一观点了。疏于基本的信用审查，只依赖统计推测的手法，由此可以看到一个不好的倾向，即我们对于在原本客观判断不成立的领域作出的判断，赋予了过高的科学期待。"（第89页）

48 竹森俊平著『1997年 世界を変えた金融危機』，朝日新书，2007年，第111页。

49 东谷晓著『世界金融崩壊 七つの罪』，PHP新书，第32—36页。

第7章 中文参考资料及日文资料标题译文

1 《通货膨胀和失业》。原题为 *Inflation and Unemployment: Nobel lecture*。

4 凯恩斯：《就业、利息和货币通论》，高鸿业译，商务印书馆1999年版。

5 《消费函数理论》。

7 兰尼·埃布斯泰因：《米尔顿·弗里德曼传》，刘云鹏译，中信出版社2009年版。

11 《米尔顿·弗里德曼：吾友吾夫》。

13 斯蒂格勒：《史蒂格勒自传：一位不受管制的经济学家》，蓝科正译，台湾远流出版事业股份有限公司1994年版。

18 《噩梦循环》。

21 《NHK特别放送：金钱革命（第2卷）金融工程学的旗手们》。

23 《实证经济学论文集》。原题为 *Essays in positive economics*。

25 弗里德曼：《价格理论》，蔡继明、苏俊霞译，华夏出版社2011年版。

27 马歇尔：《经济学原理》，朱志泰、陈良璧译，商务印书馆2019年版。

32 《货币经济理论中的反革命》。《通货膨胀和失业》。

33 《弗里德曼对数量说与凯恩斯派经济学的解读》。弗里德曼：《弗里德曼的货币理论结构：与批评者商榷》，高榕译，中国财政经济出版社1989年版。

34 弗里德曼：《资本主义与自由》，张瑞玉译，商务印书馆2004年版。

38 《撒切尔经济革命》，原题为 *The economy under Mrs Thatcher*。《衰退国家的政治经济学》，《货币主义的放弃》。

39 沃尔克：《时运变迁》，行天丰雄、于杰译，中信出版社2016年版。

40 《宏观经济学I》。原题为 *Macroeconomics*，原著为第2版。

41 《经济学家们总是出错》。原题为 *Lost prophets*。

42 《浮云汇率市场拥护论》。《实证经济学论文集》。原题为 *Essays in positive economics*。

43 《外国各国实例中的制度实态：关于让人失望的日本教育券的论争》。

46《美国住房贷款导致日本经济衰退》。
47《美国住房贷款危机的真相 遍布全球的不确定性》。
48《1997年 改变世界的金融危机》。
49《世界金融崩溃 七宗罪》。

第8章 帝国主义经济学的推手

加里·斯坦利·贝克尔

1930—

贝克尔基于弗里德曼经济学,将经济分析拓展到了"歧视""婚姻""家庭""教育""毒品"等领域,提出了政策建议,于1992年荣获诺贝尔经济学奖。

他生于宾夕法尼亚州波茨维尔。父亲是德裔美国商人。幼时起他便展现出非凡的才能,也很擅长运动,据说还曾为选手球还是选数学而烦恼过。

贝克尔在普林斯顿大学险些放弃经济学专业,进入芝加哥大学研究生院后结识了弗里德曼,由此开始钻研经济学。在第一本著作《歧视经济学》中,他将经济学的分析方法运用到了歧视问题上,收获了褒贬不一的评价。

贝克尔曾任哥伦比亚大学教授、芝加哥大学经济学系和社会学系教授。代表著作有《人力资本》《家庭论》等。

贝克尔试图运用数学化的经济学来"解决"一切社会现象，
歧视问题、婚姻、毒品、自杀……
一切都被他视为经济学的研究对象。
野心之雄大，人称"经济学帝国主义"。
然而，这些社会问题真的被"解决"了吗？

第一部著作所引发的论争

加里·贝克尔将研究生期间所写的博士论文结集成册，于1957年出版了《歧视经济学》一书。

> 比如白人的歧视也许会降低黑人的收入，而这种歧视对白人的收入又有什么样的影响呢？许多作者断言，白人在市场中的歧视是出于他们对自身利益的考虑，也就是说，目的是增加他们的收入。如果这种观点成立，那么黑人出于自身的利益，也会"以牙还牙"，对白人施以歧视，因为这样会提高黑人的收入。[1]

贝克尔带着这样挑衅的态度，详细地分析了不同种族和不同性别的人的工资差异，阐述了多数派对少数派的歧视给经济整体带来多大的负面影响，以及少数派对多数派的歧视又会给歧视者自身带来多大的损失。

不出意外，《歧视经济学》引发了激烈的论争。但是，论争的内容却不是歧视是如何不合理、如何不人道的，而是围绕着这些课题是否应当作为经济学的研究对象展开的。贝克尔在那之后也丝毫不曾消沉，继续向着之前被经济学无视或者忽略的领域大胆迈进。

加里·贝克尔出生于1930年美国宾夕法尼亚州的煤炭城市波茨维尔。他的父亲是出生在加拿大蒙特利尔的商人，在贝克尔四五岁的时候带着全家移居到了纽约的布鲁克林。[2]

贝克尔小时候是一个聪明的少年，那时他热衷于手球运动，"对运动比对学习还要热衷"。但是，当手球训练和数学竞赛时间冲突时，他烦恼良久，最终还是选择了数学。

贝克尔的父亲只接受了义务教育，家中书卷寥寥，但是父亲对政治和经济很有兴趣，贝克尔的姐姐也经常看报。父亲失明后，经常让贝克尔读报纸听。"我其实很烦这件事，但也许也正是这样让我对经济学产生了兴趣。"

有意思的是，贝克尔家对"政治和正义"谈论得很多。"托家里的福，从那时开始，对数学的兴趣和我能为社会做些什么这两个问题就在我内心不断纠缠。"在进入大学之后，这样的思考仍然左右着贝克尔的人生。

结识米尔顿·弗里德曼

贝克尔大学时期进入名门学府普林斯顿大学就读，"机缘巧合之下"他选择了经济学专业，但他对数学的缜密分析十分着迷。普林斯顿大学有三年毕业的学制，贝克尔利用这一制度，将剩下的一年用来研究数学。"这种在数学方面的'投资'，为他日后在经济学上的数学运用做出了非常好的准备。"[3]

贝克尔对经济学开始感到厌烦，因为他开始觉得应用经济学来解决社会问题是极其困难的。但是，"万幸，我读经济学研究生的时候选的是芝加哥大学"。因为，在那里，他遇到了米尔顿·弗里德曼。

贝克尔对弗里德曼的礼赞是写也写不完的："授业恩师中对我影响最大的人""优秀的教育家""头脑出类拔萃""没有人带给过我如此大的冲击""出色的辩手""思维敏捷""想法新颖"，等等。[4]

贝克尔如此这般盛赞在周围的人看来可能有些好笑，或者令人觉得很奇怪。萨缪尔森写给记者埃布斯坦固的信件中，对作为一名教育工作者的弗里德曼有着下面这样的评述。

> 米尔顿·弗里德曼作为一名教师评得上A+。……举一个例子吧。1951年，普林斯顿大学一名成绩优异的本科生似乎对专业的热情耗尽了，而这名学生在听了弗里德曼在芝加哥大学首开的课程之后，又活了过来。他完全是"迫不及待地想听下一课"的状态。我说的这个人是谁，想必你能猜得到。[5]

自不必说，这名学生正是贝克尔。

贝克尔能将经济学应用到社会问题上，不单单是因为弗里德曼恰当的指导和巨大的影响。据贝克尔本人说，芝加哥学派的格雷格·刘易斯的劳动力市场分析，西奥多·舒尔茨在人力资本理论方面的先驱功绩，亚伦·戴雷科特在反托拉斯问题上的经济学应用，等等，都对他有着很大的启发。

但是，《歧视经济学》自决定出版之时起就遭遇了诸多困难，从1971年出版的该书第二版的序言中便可以看出。

> 对作者来说，当他收到出版社对其著作再版的请求时，他的反应肯定是欣喜的，尤其是大约15年前初版发行时，这部著作实际上还是一篇博士学位论文。我承认，在收到出版社的请求时，我的确欣喜异常，因为越来越多的人对本书研究的问题感兴趣，这表明芝加哥大学经济学系当年在遇到强烈的反对意见的情况下，仍力排众议，提议将拙作列入其"经济研究系列"丛书进行出版的决定是正确的。[6]

贝克尔自1954年起成为芝加哥大学的助教，同年，他与第一任妻子多莉亚·斯洛特成婚。三年后，他前往哥伦比亚大学任助教，后升任副教授。同一时期，他还肩负着美国国家经济调查局的工作。

犯罪与刑罚的经济学

20世纪60年代的某一天，哥伦比亚大学正在举行经济理论的面试，贝克尔眼看就要迟到了，所以他驱车赶往学校。这时他面对着一个两难的选择：如果把车停到停车场，就有可能赶不上考试的时间；而如果他把车停到路边赶往考场，就有可能被贴违章停车的罚单。

结果，贝克尔选择优先去考试而把车停在了路边，所幸他没被贴罚单。在这件事之后，贝克尔心中就种下了思考"犯罪经济学"

可行性的种子。[7]

20世纪50年代至60年代，美国知识分子在谈论犯罪的时候，更多的是谈论究竟是精神疾病还是社会压迫造成了犯罪。然而，这样的角度真的可以弄清犯罪的真相吗？

> 我所采用的理论及经验论的观点是，犯罪行为也是理性的。边沁和贝卡里亚在这方面进行了早期的开创性工作。但是，这里说的"理性"，并非物质主义言及的狭隘的理性。[8]

通常，道德和伦理约束着人不去犯罪。即使犯罪可以获利，而且没有被逮捕的危险，人也不会犯罪。但是贝克尔假设，如果某个人从犯罪中获得的收益要远大于被逮捕、被判有罪所得到的处罚，那么这个人就会成为罪犯。这就是贝克尔所说的犯罪的"理性"。

> 犯罪规模不仅取决于潜在犯罪分子的理性和偏好，同时还取决于公共政策营造的经济社会环境，具体包括警察部门的支出，对不同犯罪类型的惩罚，就业机会以及学校教育和培训项目，等等。[9]

进一步来说，贝克尔认为，人们需要意识到犯罪从社会角度来看是非生产性的。也就是说，计划犯罪、执行犯罪时使用的武器以及所花费的时间，从社会整体来看，是非生产性的。用经济学术语来讲，就是所谓的"寻租（非生产性牟利行为）"，不会生产出新的财富，不过是单纯的财富再分配。所以贝克尔提出，对犯罪的处罚上应当合理地考虑生产性因素。

> 罚金之所以比入狱等其他惩罚方式更有效，是因为征收罚金不仅给违规者增加了成本，同时也为政府提供了收入。[10]

提出人力资本的概念

对一个国家的经济来说，如何维持并扩大它的人才资源是一个至关重要的问题。相信大家都认可，对此采取的最重要的举措就是教育。贝克尔认为，如果在这一领域也谈经济效果，就会让人误以为是将人当成物品一样对待而产生抵触。

贝克尔在出版于1964年的《人力资本》一书中写道：

> 如果教育在经济上是重要的，那么教育的货币收益率就应该是高的……我对人力资本投资的一般理论很感兴趣。[11]
>
> 最有力的证据大概是，受过更多教育与具有更高技术的人，总是比其他人的收入高。这一点无论是对美国和苏联这样不同类型的发达国家，还是对印度和古巴这样不同类型的欠发达国家，又或者是对一百年前的美国和现在的美国来说，都同样适用。[12]

这本书中比较易懂的是第四章"高等教育的收益率"，讨论的是大学毕业的人和高中毕业的人之间的收入差距。在我们的印象中，大学毕业的人比高中毕业的人收入更高，这一点应该没有疑问。但是，高中毕业的人比大学毕业的人早四年进入社会工作，在这期间他们磨炼了自己的技能，所以应当将这一部分也看作其终身收益。

贝克尔观察了1939年与1949年美国城市出生的白人男性的数据，发现在1939年的数据中，18岁至22岁年龄段的人中，高中毕业的人收入更多；而25岁以上的人中，大学毕业的人收入陡然增多；在45岁至54岁年龄段中，二者的收入差别高达59%。1949年的数据中，同样是19岁至24岁的高中毕业的人收入更多，25岁以上的大学毕业的人收入更多，45岁与54岁的收入差别高达100%，也就是两倍。

因此，以高中毕业和大学毕业的人之间的收入差别来计算"大学毕业的收益率"的话，大致可以得出以下结论："上大学的人的平均收益是相当高的，大致每年是10%或12%；城市白人男大学毕业生的收益率比较高，而大学肄业生、非白种人、妇女和农村大学毕业生的收益率很低。"[13]

单凭进入大学读书就可以平均每年提高10%~12%的收益率，整体上比高中毕业的人收入要高一成以上。

用经济学分析家庭

贝克尔的业绩中最为毁誉参半的还要数关于家庭的经济学分析。贝克尔为了踏足这一领域，付出了巨大的精力和时间，"六年以上，不舍昼夜"。之后，他迟迟未能展开新的课题，据说"大约花了两年时间才又恢复了求知的热情"。

他血与汗的结晶就是1981年出版的《家庭论》。在这一领域，贝克尔坚定地运用了经济学的"效用"概念进行论述。

有关家庭问题的研究起点是，假定男性与女性决定结婚、养育小孩或是离婚时，都试图通过比较成本和收益来实现自己效用水平的最大化。[14]

在这一点上就已经可以预见他会遭到的反驳。他的这一著作在社会学家之间的反响比在经济学家之间更好，也因此他被芝加哥大学社会学系聘为教授。在芝加哥学派中，与贝克尔关系最为亲厚的乔治·斯蒂格勒曾说："贝克尔展开的家庭研究，是基于这样一个假定：男人和女人选择结婚，是为了使其收入最大化。这并不令人惊奇，世界上没有其他任何一种被承诺的关系，能比配偶给自己带来的收益更多。"[15]

贝克尔似乎认为，对他的方法论进行这样那样挑刺的，与其说是普通人，不如说更多的是美国所谓的"教养阶层"。

当教养不高的普通人听到这个以个体通过结婚或离婚来提高自己幸福感为前提的方法论成了论争的焦点时，可能会觉得奇怪。事实上，有关对结婚及其他行为的理性选择，在很多时候是与"普通大众"本能的经济直觉一致的。[16]

1991年贝克尔出版了《家庭论》的增补版，在增补版的前言中，他骄傲地表示，对自己的方法论他不曾有过丝毫的动摇。

在过去的二百年内，理性选择方法已经变得更加完善。他假设短期内人的偏好是不变的，每个个体使其效用最大化，不同个体之间的行为则由显性或隐性的市场来协调。[17]

这里所说的"二百年"应该是指1789年边沁出版《道德与立法原理导论》以来的200年。由边沁草草开篇的快乐和痛苦的功利主义世界，由贝克尔接棒，继续一步步地铺陈开来。

正如边沁在手稿中写的疯子也会算计快乐和痛苦，贝克尔认为，每一个"普通大众"的心中都有"市场"，并一直在那里协调着效用的最大化。

回到芝加哥大学和妻子的离世

贝克尔于1970年秋回到了芝加哥大学，而这一时期对他来说是一个试炼。贝克尔在《自传》中写道，促使他下决心离开哥伦比亚大学的是1968年的学生运动。这一年的冬天，他的发妻多莉亚自杀了。[18]

宇泽弘文先生曾经描述过当时贝克尔的情况[19]，不过他隐去了贝克尔的名字，而是称呼为B教授，但是多少知道些内情的人都明白他说的正是贝克尔。

有一天，贝克尔跟弗里德曼等人说起，自己回到家时，发现妻子从13层的楼顶跳楼自杀了，尸体就横陈在雪地上，余温尚在。当时在场的人都知道他妻子自杀的事，当贝克尔说"这次我要研究自杀的经济学"时，弗里德曼也沉默了。

之后，贝克尔真的对自杀进行了经济学分析并写成了论文，但直至最近，自杀问题才真正成为贝克尔的一个研究课题。2004年，贝克尔与法官——芝加哥大学法学院原教授理查德·波斯纳合著了《自杀的经济学探索》，他们在二人共同的博客中一篇题为"自杀与帮助"的文章中这样写道：

如果自杀既非宗教性理由，也不是出于自由主义思想，那么自杀就会给子女、父母和配偶带来伤害，因此有些人不认可自杀的权利。(J. S. 密尔认为，谁也没有剥夺选择未来的权利，他反对自杀。)……现代社会不会阻止父母与自己不喜欢的人结婚，所以我认为，社会几乎没有介入一个人自杀决心的理由。[20]

贝克尔的再婚是很多年之后的1980年，对方是伊朗人，研究中东史的学者吉蒂·纳沙特。吉蒂在伊利诺伊大学芝加哥分校任教，《商业周刊》向贝克尔提出每月一次的专栏邀请时，她积极地提供支持，促成了贝克尔接受邀请。

最初，大家担心贝克尔的专栏难以为继，但之后这个专栏因为话题极具争议性而广为人知。

在经济学上应如是

在《商业周刊》的专栏中，贝克尔不厌其烦地一再提起恩师弗里德曼的教育券制度。不过，弗里德曼认为应当无条件地分发教育券，而他的学生贝克尔认为只应发给低收入群体。

州政府可以通过加强学校之间的生源竞争来提高低收入地区的中学教育质量。我认为，最好的方法就是为贫困学生提供教育券，让他们自己选择在公立学校还是在私立学校就读。[21]

如果所有的家庭都能得到教育券，那么富裕家庭肯定会把他们的孩子送到私立学校而成为教育券的主要使用者。如果只向贫困家庭发放教育券,反对意见就站不住脚了。[22]

2006年,日本政府曾试行过教育券制度,当时的报告中称美国多地取得了成功,但实际上这一制度在美国一直是有争议的。

贝克尔的专栏中最具争议的是,他建议在婚前签好离婚时的协议,这样反而可以使婚姻更稳固。

> 法庭并不是一个适合对婚姻及男女关系这种私人的事情作出判断的地方。应该用婚前协议来取代司法判断,对离婚时的财产分割及孩子的监护权等加以明确。[23]
> 我承认人在恋爱的时候是盲目的,所以契约可能会签订得不公平。但等到两个人已经濒临离婚状态且双方都在气头上的时候,再来谈这些条件,难道就更好吗?[24]

这大概是美国好莱坞演员因为签了它而被热议,或者类似日本的国际婚姻时的必要条件之类的东西吧。日本传统的相亲结婚可能更容易签订合约,而对于冲动地同居进而"奉子成婚"的男女来说,这种合约反而很难签订。

另一个让贝克尔备受瞩目的话题是,他试图将赌博合法化。他在专栏中向美国地方公共团体提出增加税收的计划,但"目的不在于增加政府收入"。[25]

> 各州和地方政府必须认清一个事实:设置赌场不再是稳赚不赔的把戏。发展赌博业是不可能解决这些地方的财

政困境的，只不过能增加一些额外税收而已。但有一点必须提出来，那就是赌博合法化可以让很多想进场玩上一把的人，不用再去光顾黑道人物所把持的非法赌场了。[26]

但是，国营赌场其实已然存在，这样想来，是想要赌博的人既玩得痛快，也有的后悔。将赌博业合法化究竟是否道德，原本就是一个有争议的问题。贝克尔的问题意识中却没有这一点。

最后，让我们一起来看看贝克尔提出的最刺激、最反道德的建议，那就是解禁毒品。他认为，解除对毒品的限制，交给市场调控，这对社会是有益的。

如果毒品合法化且市面上的价格也相应下降，那么吸毒的人数无疑会增加。美国1933年宣布解除禁酒令之后，喝酒的人数大幅度增多，主要原因就是酒类售价比以前便宜了很多。不过，在毒品价格高昂的情况下，不少毒瘾很重的人，不得不去偷、去抢或者自己贩毒，以此来购买价格不菲的毒品。但如果毒品合法化且价格下降，那么犯罪事件和吸毒之间的关系，应该就不会像现在那么明确了。[27]

人称"经济学帝国主义"

贝克尔的经济学涉及所有领域，人们揶揄地称其为"经济学帝国主义"。[28]

同为芝加哥学派、与贝克尔颇为亲厚的乔治·斯蒂格勒在自传中曾一边介绍贝克尔的学风，一边指出："随着经济学理论被应用到其他领域，如社会歧视、养育孩子、婚姻以及犯罪，很多人本能地提出了很多反对意见。"[29]

第一点反对意见是，认为贝克尔只是用行为理论中陌生的术语置换了大家熟悉的行为。对此，斯蒂格勒说"这个反对意见显然是错误的"。就犯罪而言，认为这个行为应该被制止时单单说住手是没有用的，我们需要一个价值判断的尺度，哪怕那个尺度是宽泛的。

第二点反对意见是，人们的行为除了是为达成某个被赋予的目标而合理选择的手段之外，还有在那之上的一些什么。对此，斯蒂格勒指出，合理选择之上的要素未必比合理选择本身更高级。

对于"经济学帝国主义"这个说法，贝克尔在他的经济学教科书《经济理论》中有如下论述。

> 我的观点是，传统社会学家、考古学家以及其他社会科学领域的学者们所研究的人类行为中，有相当一部分是可以通过经济分析来理解其本质的。这正是经济学帝国主义的例证吧！[30]

这种"义贼"式的态度，意味着他已经达成了自己的"效用最大化"，所以别人说什么都无所谓。但是问题在于，这个效用最大化的分析方法本身，在有些领域并不能解决问题。

将人类生活经济学化的野蛮行径

首先是关于犯罪的问题。如果某一特定犯罪行为的罪犯只在这一犯罪行为上遵循贝克尔的"效用最大化",并非一直遵循"效用最大化",那么贝克尔的前提就不成立了。比如解除对吸毒的限制,但这并不意味着具有替代成瘾效果的产品够多,就可以解决或缓解毒品的问题。再比如,既有禁止饮酒的地方,也有禁止大麻的地方。同样,有的地方喜欢嚼烟,有的地方喜欢咖啡,也有的地方爱喝红茶。

禁止或推行这类成瘾性消费品有着复杂的历史成因,这是一个平衡取舍之后的结果。在一个平衡取舍变化缓和的社会环境中,这类禁止不会马上直接导致犯罪的增加,解禁也不会简单地与犯罪率低联系起来。[31]

也有像荷兰那样几乎对一切成瘾品没有限制的国家,那么是不是意味着荷兰就没有黑社会呢?那是不可能的。荷兰的黑社会甚至利用这种制度上的优势,从别国的毒品辛迪加获取资金。如果全世界都采取像荷兰一样的制度会如何呢?那样一来,不仅是毒品,其他成瘾性消费品也会被当成攫取金钱的资源。更何况,荷兰的犯罪率并不低。

其次,为了婚姻稳定而雇用律师签订婚姻契约的行为,在相当程度上反映出了美国诉讼社会的价值观。也就是说,因为没有其他的判断尺度,所以人们对诉诸法庭一事并不抵触,甚至愿意支付金钱来解决诉讼纠纷。如果没有美国诉讼文化作为背景,这就没有说服力。[32]

最后,关于教育。几年间数学或理科考试的平均成绩提高了多少经常被作为衡量教育券制度是否有效的标尺,但是大家忘了,教育成果究竟是否可以被这样衡量。如果眼下的数字提升就等于是教育,那么学校会被补习班和备考辅导代替。[33]

前文中提到的斯蒂格勒所说的合理选择之上的空间很小，这不正说明了经济学家的思考与现实世界相比是非常有限的吗？大部分自漫长历史中诞生而来的文化，其实都属于合理选择以上的领域。认为这一部分很小、不值一提的，正是如今的经济学本身，这也反映了世界是如何被改造成符合经济学的样子的。

　　在这个意义上，经济学帝国主义会继续向其他领域扩张，而这究竟是不是经济学的荣光呢？恐怕未必。不过在贝克尔这样的经济学帝国主义先锋看来，那肯定是一道金光闪闪的荣耀。

— 第8章 注释 —

1 Gary S. Becker, *The Economics of Discrimination,* The University Chicago Press, 1971, p.19.
2 Gary S. Becker, "Autobiography," Nobelprize.org, 1992. 下文中有关自传的内容也多参考本书。
3 *Ibid.*
4 兰尼·埃布斯泰因著，大野一译『最強の経済学者ミルトン・フリードマン』，日经BP社，2008年，第118—119页。
5 同上书，第127页。
6 Gary S. Becker, *The Economics of Discrimination, op. cit.*, p.1.
7 Gary S. Becker, "The Economic Way of Looking at Life", Novel Lecture, December 9, 1992, Department of Economics, University of Chicago, Chicago, IL. 60637, USA, pp.41—42.
8 *Ibid.*, p. 41.
9 *Ibid.*, p. 42.
10 *Ibid.*, p. 43.
11 加里·S·贝克尔，佐野阳子译『人的資本：教育を中心とした理論的・経験的分析』，东洋经济新报社，1976年，第iii—iv页。
12 同上书，第12页。
13 同上书，第258页。
14 Gary S. Becker, "The Economic Way of Looking at Life," *op. cit.,* p. 46.
15 乔治·斯蒂格勒著『現代経済学の回想：アメリカ・アカデミズムの盛衰』，日本经济新闻社，1990年，第230页。
16 Gary S. Becker, "The Economic Way of Looking at Life", *op. cit.,* p.46.
17 Gary S. Becker, *A Treatise on the Family,* Harvard University Press, 1991, p. ix.
18 贝克尔在"Autobiography"中讲述了他离开哥伦比亚的原因。另外，他在1971年发行的第二版*The Economics of Discrimination*中提到，爱妻于第二版出版前不久离世，表达了对亡妻的感谢。

19 宇泽弘文、内桥克人著『始まっている未来 新しい経済学は可能か』，岩波书店，2009年，第98—100页。
20 http://www.becker-posner-blog.com/2012/02/suicide-and-its-assistance-becker.html.
21 加里·S·贝克尔、吉蒂·贝克尔著，鞍谷雅敏、冈田滋行译『ベッカー教授の経済学ではこう考える：教育・結婚から税金・通貨問題まで』，东洋经济新报社，1998年，第75页。
22 同上书，第84页。
23 同上书，第102页。
24 同上书，第102页。
25 同上书，第145页。
26 同上书，第146页。
27 同上书，第151页。
28 斯蒂格勒著『現代経済学の回想：アメリカ・アカデミズムの盛衰』，第236页。斯蒂格勒肯定地认为"经济学的帝国主义性格会在今后的几十年间，进一步增长魅力"。
29 同上，第234页。
30 贝克尔著，宫泽健一、清水启典译『経済理論：人間行動へのシカゴ・アプローチ』，东洋经济新报社，1976年，第5页。
31 如果读者中有人认为"因为是被禁止的，所以很想去尝试"的话，那就大错特错了。容易产生依赖的嗜好品，正如酒一样，虽然没有那么高的价格，但也会持续到出现依赖症状为止。正如贝克指出的那样，与酒一样，毒品的消费量也会增加，即使不成为黑社会的资金来源，也确实会侵蚀国民的健康。2010年兰特智库研究所发表了关于大麻的报告。报告指出，即使大麻在加利福尼亚州已被合法化，墨西哥的秘密贩毒组织通过对美出口获得的利润也只减少了2%—4%。但如果在加利福尼亚州栽培的大麻被走私到其他州的话，秘密贩毒组织将受到巨大打击。也就是说，只要在全美解禁大麻就可以了。然而外交杂志《外交政策》却指出，"以对墨西哥毒品垄断的影响来讨论是否应当将大麻合法化是很奇怪的。犯罪者获得了不正当的利益，所以应该解禁大麻，这不过是诡辩。"(《新闻周刊日本版》电子版，2010年10月14日）。
32 贝克尔认为，结婚契约会让低迷的结婚率上升，然而果真如此吗？因为害怕在离婚时支付高额的费用，所以回避结婚的人越来越多，反而会导致结婚率的下降。
33 需要将义务教育和非义务教育区别开来讨论。不知从什么时候起，出现了将教育券制度运用到终身教育和社会教育上的观点。即使是义务教育，日本的私立学校很发达，所以选择绝不算少。但是，义务教育只规定了到一定年龄为止的就学义务，而没有规定教育课程的义务，所以除了某些课程，私立学校的课程设置相当自由。通过教育券制度接受自由的教育，全面发展各项才能，几乎是幻想而已。

— **第8章 中文参考资料及日文资料标题译文** —

4　兰尼·埃布斯泰因:《米尔顿·弗里德曼传》,刘云鹏译,中信出版社2009年版。
11　加里·贝克尔:《人力资本理论:关于教育的理论和实证分析》,郭虹译,中信出版社2007年版。
15　乔治·斯蒂格勒:《史蒂格勒自传:一位不受管制的经济学家》,蓝科正译,台湾远流出版事业股份有限公司1994年版。
19　《已经开始的未来:新经济学的可能性》。
21　加里·贝克尔、吉蒂·贝克尔:《生活中的经济学》,薛迪安译,华夏出版社2003年版。
30　贝克尔:《经济理论》,贾拥民译,华夏出版社2011年版。

第9章 用金钱衡量"正义"的法学家

理查德·艾伦·波斯纳

1939—

波斯纳生于纽约州纽约市。1959年自耶鲁大学毕业后，进入哈佛大学法学院学习，在学期间任《哈佛法律评论》主编，这一职务在当时是由最优秀的学生担任的。

波斯纳曾任职于华盛顿联邦贸易委员会，也曾担任斯坦福大学副教授，1969年任芝加哥大学法学院教授。1981年，他被里根政府任命为联邦最高法院第七巡回法庭法官。如波斯纳自己在书中所写的，他批判性地吸收了19世纪英国功利主义者杰里米·边沁的理论，师从罗纳德·科斯和加里·贝克尔学习经济学，构建出了自己的法学理论——财富最大化的正当性理论。

市场可以实现最有效率的资源分配。

波斯纳的法学理论——

"正义是用金钱衡量出来的财富最大化",

就是建立在这一思想的延长线上。

他曾豪言,从历史的角度来看

"正义的经济学"也是正确的。

然而,雷曼事件彻底地改变了他的想法。

"

被引用次数最多的学者

当一个身披黑袍的人庄严地宣告"所谓正义,从根本上说,是可以用金钱衡量的财富最大化"[1]时,人们都会选择相信吧。

日本人至少有一半会觉得这样的说法是一个厌世者或守财奴发出的感叹。即便自己在心中确实是这样想的,也惮于在人前说出来。

但是,说出这句话的不是别人,而是负责美国高级审判的第七巡回法庭的法官——理查德·波斯纳。他还是芝加哥大学法学院的教授。可以说,波斯纳的发言就是肩负美国正义的"法律守门人""法委探索者"的发言。

波斯纳虽然在日本的知名度不高,但在20世纪80年代,他是社会科学领域的论文中被其他学者引用次数最多的学者。他的著作之多也非常出名,当然,其中很多是关于法律的。此外,他还有《法律与文学》《公共知识分子》等对文学作品的详细论述以及知识分子的社会学分析试论,涉猎范围相当广泛。[2]

2000年,微软公司因违反反垄断法而被要求拆分,微软上诉,这一案可谓诸多波折。当时被任命为调停人来协调司法部、州政府和微软公司三方并最终达成和解的,正是这位波斯纳大法官。[3]

波斯纳的专业"法与经济学"是他自己开拓出的一个领域。波斯纳的挚友,也是经常出现在他论文中的一个人,就是上一章的主人公加里·贝克尔。将贝克尔的经济学套用到法学上,可以差不多把握住"法与经济学"的大概。

在1972年出版的《法律的经济分析》一书中,波斯纳首次综合地阐述了自己的方法论。

> 本书的主要尝试是,进一步延伸人类在所有领域都力图合理地实现效用最大化这一假设,这不仅可以应用在"经济"现象,即在某个明确的市场上进行买卖行为上,还可以应用到更广的范围。这一假设可以追溯到18世纪的杰里米·边沁,但直到20世纪50年代至60年代加里·贝克尔的研究横空出世之前,几乎不曾引起过经济学家的关注。[4]

法律界的优等生

理查德·艾伦·波斯纳于1939年1月出生在纽约市。[5]他以最优秀的成绩从耶鲁大学毕业后,进入哈佛大学法学院学习,1962年以第一名的成绩毕业。他在就读于哈佛大学法学院时期,曾任杂志《哈佛法律评论》的主编,后来的美国总统奥巴马也曾担任过这一职务。美国向来是让最优秀的学生负责法学专业杂志的编辑工作,所以波斯纳的才华横溢、出类拔萃是确切无疑的。

1962年至1963年,波斯纳担任美国最高法院大法官小威廉·约瑟夫·布伦南的法律助手。法律助手不单单是协助法官进行书记工作,更是美国法律界最厉害的精英仕途的敲门砖,可以说是波斯纳光明前途的保证。

1965年至1967年,波斯纳担任联邦贸易委员会菲利普·艾尔曼委员的助理。艾尔曼是自由派,因此可以证明此时的波斯纳是自由派人士。1968年,波斯纳任斯坦福大学副教授,专业是反托拉斯法。通常认为,波斯纳在这一时期已经开始倾向于"法律经济学"的研究方法。翌年,他被芝加哥大学法学院招聘为教授,开始专心钻研"法律经济学",完成了他的初期代表作,即1972年的《法律的经济分析》。

波斯纳致力于"法律经济学"的研究方法,是受到了加里·贝克尔的"经济学帝国主义"以及罗纳德·科斯的"科斯定理"的启发。如果将后来荣获诺贝尔经济学奖(1991年)的科斯所提出的"科斯定理"套用到法庭上,可以进行以下表述。

假设没有交易费用,那么在法庭上,无论原告和被告中的哪一方被赋予权利,都与社会最高效资源分配的结果一致。[6]

比如牧场的牛闯入旁边的农场,毁坏了农作物,无论有没有裁决要求牧场主对造成的损害进行赔偿，从效率来看，牧场和农场的资源分配最终都会得到最合适的调整。[7]

可能很多人会认为这样的说法匪夷所思。这个假设的前提是没有交易费用（寻找交易对手的费用、交易过程的费用、监督双方意见是否一致的费用等），而如果交易费用是必要的，那么最优的资源分配就会变得困难。

"科斯定理"想表达的意思无非是，所谓法律规则，必须尽可能地减少交易费用，并且从社会整体来看是高效的。[8]

极端一点来说，如果牧场主被判支付高额赔偿而导致牧场无法经营，或者相反，只判罚他给农场修篱笆都不够的赔偿而导致农场破产的话，不仅没有效率，其判决本身也没有意义了。

> 科斯通过他的论文介绍了"科斯定理"。……通过导入这一定理，用经济学术语确立了关于所有权赋予及法定义务等方面的分析方法。由此，在法学理论上开拓出了成果丰硕的经济分析的广阔天地。[9]

这里所说的"所有权赋予"，简单来说，就是在法庭上判定由哪一方支付赔偿金和罚款。波斯纳的《法律的经济分析》的第一版卖得并不好，但1977年的第二版销路不错，1986年的第三版甚至成了畅销书。由此也可以看出波斯纳理论在美国社会的浸透过程。

《正义/司法的经济学》的诞生

波斯纳最关心的问题是，有关经济的法庭判决应当以什么作为基准。在之前的经济学研究中，有关"效率"的观点主要有以下三种。

第一，"帕累托最优"，即不使任何人的状态恶化，也不改善任何人的状态——要想使某个人的状态变好，则势必要使某个人状态变差。

第二，"帕累托优化"，即从一种状态到另一种状态的变化中，在没有使任何人境况变差的前提下，使至少一个人变得更好。也就是说，当从一种状态向另一种状态变化时，没有人的境况会变差。

第三，"卡尔多—希克斯标准[1]"。这是由经济学家卡尔多和希克斯二人提出的，从一种状态转移到另一种状态时，获利的一方可以向受损的一方提供补偿，其结果是，没有任何人的状态变差，而且至少有一个人的状态变得比以前要好。

波斯纳认为，法庭的判决应当依据卡尔多—希克斯标准。不仅如此，他还试图以此标准建立起新的法学体系。[10]

1981年出版的《正义/司法的经济学》是一本野心满满的著作。在该书中，波斯纳首先将18～19世纪英国的功利主义者杰里米·边沁的理论重新搬了出来。

> 大自然（神灵）将人类置于两个最高主人的治理之下。痛苦与快乐……在我们所做的和我们所想的一切事上面，它们都统治着我们。
>
> 人都算计，有些不那么精确，事实上，有些更精确一点，但所有的人都算计。甚至我不敢说疯子就不算计。[11]

---

[1] 又译作潜在帕累托标准，或卡尔多改进。

波斯纳引用了这样的内容，足见其对边沁功利主义的认可，但同时，他又指出了边沁的功利主义作为伦理道德标准是不充分的。原因在于，边沁虽然倡导"最大多数人的最大幸福"，却没能提出一个放诸四海皆准的标准。对此，波斯纳提出了"社会财富"的概念，他认为"社会财富"必须通过市场获得"货币的背书"。

> 社会的财富就是由货币支撑的（在市场上注了册登了记的）诸多（在财富最大化体系中唯一具有道德分量的）偏好的总体满足。[12]

波斯纳还认为，这个社会财富可以说与经济学概念中的"效用"有着深层次的联系。财富虽然不是幸福的代名词，但通过市场追求财富完全有赖于追求个人幸福这个自愿的个人选择。

> 财富同效用正相关，尽管不是完美的相关，但就基于自愿的市场交易模型而言，追求财富要比古典功利主义更尊重个人的选择。[13]

再具体一点来说，人拥有越多的金钱财富，就越能实现人所追求的效用（即有营养、有用等）。而效用越多，人就越容易获得幸福。因此边沁的功利主义中未能充分阐释的幸福，可以通过将反映个人选择的市场的"财富最大化"作为标准，来进行替代说明。[14]

当然，波斯纳自己也清楚，这里他说的不是因果关系，而是相关关系，所以存在理论上的跳跃性。财富、效用、幸福，这三者并非就此联系在了一起。波斯纳所追求的"正义的经济学"之路上，有着"幸福是用金钱来衡量的"这样先入为主又极其可疑的前提，这其实是一条非常狭窄的道路。[15]

"怪胎"大法官

波斯纳没有把他的理论仅作为一个法学理论来提出。在《正义/司法的经济学》出版的同年，他被里根政府任命为第七巡回法庭法官，他实际运用"财富最大化"理论做出了一个又一个法庭裁决，引起了世人的瞩目。

首先，让我们一起来看一下波斯纳在《正义/司法的经济学》中提出的模型案例。假设一个工厂对当地造成了污染，当地房产价值被拉低了200万美元。有人建议将工厂迁至别处来去除污染，而迁移工厂需要花费300万美元的费用。

这时，房产主对工厂提起诉讼，那么怎样判决才代表正义呢？房产主的诉讼自然是有道理的，如果房产主胜诉，工厂就应当被迁走。但是，波斯纳却不这样认为。[16]

如果房产主很穷，"房产主损失了200万美元而未能胜诉的不幸，是否会超过工厂主逃过判罚的幸福呢"？如果房产主很有钱，那就是另外一回事了。如果工厂必须关门，工厂的工人就会承受高额的搬迁费用，当地的许多小商贩也会因此而破产。波斯纳认为，这样产生的不幸更大。

> 一个迫使该工厂关门的判决是有效率的，但它不大可能是幸福最大化的。

《正义/司法的经济学》还指出，一个地区在区位上不利于经济发展，当工厂迁至此处时，是否有必要提前通知当地居民收入会减少，并对他们予以补偿？对于这个问题，波斯纳认为不论是通知还是补偿，都没有必要。

他之所以这样说，是因为该地区在区位上不利于经济发展是一个公认的事实。当地开始变得不利于经济发展之后获得的资金可以看作是"提前的补偿"或者"事前补偿"。他的这一论述引起了轩然大波。[17]

接下来，让我们来看一下波斯纳作为法官实际参与的案例。

一名码头工人因为船的舱口没有关闭而跌落身亡，这艘船的船主被起诉，但法官波斯纳给出的判决是这位船主没有过失。当时作为法律助手的波斯纳给出这样的判决的理由是，工作时间外保持舱口关闭所需要的费用显然很高，而且只有跌落的那名工人靠近了舱口的位置，从社会整体花费来看，船主的行为是正当的。[18]

另一个案例是，一个纵火未遂犯在警方的钓鱼执法中被捕，因为是钓鱼执法，所以犯人认为自己无罪。而波斯纳在这一案上支持陪审团的意见，判定有罪。他的理由是，犯人很骄傲地对潜入的警员说自己是纵火犯，将来实施犯罪的可能性很大，而钓鱼执法对司法制度来说成本最小，可以让警方对资源进行最大限度的有效运用。[19]

对于波斯纳的这些判决理由，有人认为他"提出了明确的标准"，也有人指责他"在案件的判决上过度使用经济分析的方法，有无视司法先例的倾向"。对于上述纵火未遂犯等案件的判决，有人指责"他（波斯纳）为了支持自己保守的意识形态，而在法理上运用了经济分析理论"。[20]

波斯纳和贝克尔的博客

波斯纳被认定是最高法院大法官的助手,一直没有升到最高法院大法官一职。关于其中的缘由,还有一个说法是,波斯纳的著作实在太多,几乎对所有法律领域都阐述过自己的见解,所以容易成为被攻击的目标,到处都是与他见解不同的敌人。

不过波斯纳自己对这件事毫不介意,在法律以外的领域上也积极地展开言论,作为一个很受欢迎的评论家而活跃着。特别值得关注的是,他的好友兼经济学方面的恩师加里·贝克尔教授与他一起开设了一个博客,他们在那里大谈特谈各种政治问题和社会问题。

他们二人都重视或者说崇拜市场经济,观点相近,但在这个博客的一些细微之处还是可以看出他们的差别的,十分有趣。比如在针对发展中国家的疫病对策支持方面,贝克尔持肯定态度。他认为"这些国家的政府扩大对保险方面的投资,慈善组织以及其他组织加强国际支援,可以降低这些地区的发病率,增加国民人口数,同时提高人均所得"。[21] 但是,波斯纳"并不赞同",他展开了长篇的反驳。

> 我并不认为对外国投资是对公有资本和私有资本的有益使用。能够通过援助得到缓解的问题,都是被援助国只有实施了有效的政策就可以全部解决的问题。如果那是一个无法实施有效政策的国家,那么支配着那个国家的精英阶层有很大可能会盗用援助资金,他们会将这笔资金用于强化自己对国家的支配权,甚至干脆浪费掉。[22]

也有一些贝克尔对波斯纳提出反驳的例子。波斯纳就性行为和性道德有着下面这样的论述。

> 随着经济和技术的发展变化,性不再被认为是危险的或者重要的,性行为在道德上也将变得非善非恶,就如同吃饭一样……平常……而我认为,变化基本上可以用经济学术语来进行说明。[23]

他写得很简单,其实他想说的是,原本在家庭内部进行的用餐行为变成了在餐厅付费享用的行为,所以性行为也会如此。对此,贝克尔迅速提出了反驳。

> 波斯纳认为,无论是在道德方面还是其他方面,性与吃饭一样,都不过是消费活动的一种,这个观点我不能苟同。人类从被分隔成家庭单位的五万年前至今,一直在不断进化,而性行为是发生在这样成长起来的两个人之间的一种极其亲密的关系。[24]

看起来,"经济学帝国主义"最猛烈的鼓吹者不是其创始人贝克尔先生,而是他的学生波斯纳大法官。这样的发言竟然出自美国大法官之口,这不得不让人吃惊。在日本,如果东京高级法院的法官公开说,"在不久的将来,性会像在餐厅吃饭一样,可以正常地合法售卖",那么他就算不会丢了乌纱帽,至少也要被强制转岗。

法律哲学上的论争

波斯纳狂放好辩,他在自己最得意的法律哲学领域也用大胆的发言引来了不少议论。他与被认为是"法律经济学"始祖的圭多·卡拉布雷西在紧急援助方面的论争,表面上看平平无奇,但其实意义深远。

波斯纳引以为理论根基的"功利主义教父"边沁提出,向受苦之手伸出援助之手是每个人的义务。对这一观点波斯纳并不认同,他在《正义/司法的经济学》中有着以下论述。

> 边沁相信为了成为"好撒玛利亚人(受难者真正的朋友)"而付诸法律义务的价值,而普通法会基于经济理由拒绝这样的义务。[25]

对此,卡拉布雷西提出批判,他指出:

> 在美国的法律中,不存在成为好撒玛利亚人的一般义务,也就是说,不存在对性命施救的一般性义务。当我见到一个溺水者的时候,即便救起那个人的成本为零或非常微小,我也没有救他的一般性义务。我认为这件事奇怪而且错误。[26]

波斯纳法官还在芝加哥大学任教授的时候,就与我的意见相左。他夸张地认为好撒玛利亚人义务的论据是法西斯式的。他指出佛蒙特州有着美国第三高的税率这一事实,试图"证明"佛蒙特州有着类似的救人义务。我不理解波斯纳的这一论述，对他关于法西斯主义及其他方面的评述更是不能理解。[27]

波斯纳似乎曾暗示佛蒙特州之所以有包含救人义务的法律，是因为这个州有高税收。另外，卡拉布雷西所说的他对波斯纳关于法西斯主义及其他方面的评述更是不能理解的意思是，意大利的法律中包含在紧急情况下的救人义务，而这是在意大利的法西斯主义出现之前就一直存在的。[28]

波斯纳另一个著名的论争是与法律哲学家罗纳德·德沃金进行的。德沃金猛烈地批判了波斯纳的"财富最大化"等理论，他指出，财富原本就不是社会价值的组成部分。德沃金通过下面这样的比喻展开了论述。

> 德利奇有一本书打算以2美元的价格卖掉，而阿马蒂亚愿意以3美元的价格购入。如果这时出现了一位暴君，强行将书从德利奇那边拿给阿马蒂亚，并且不给德利奇任何补偿，那么即便德利奇得不到补偿，这种强制的转移仍然能给社会财富带来收益。假设将这个强制的转移发生之前的社会称为"社会1"，将转移发生之后的社会称为"社会2"，那社会2究竟比社会1优越在何处呢？[29]

对于这个批判，波斯纳提出反驳。他认为，假设对德利奇来说那本书的价值还是2美元，而对阿马蒂亚来说那本书的价值是3000美元，就能更清楚地证明他所说的事情是正确的。[30] 因为虽然德利奇没有得到补偿，但社会整体的财富，也就是社会全体的幸福值变多了。

波斯纳的"变心"

将自己的法学理论的展开完全依托于市场主义的波斯纳,他的论述重点渐渐发生了微妙的变化。让他的着力点变化得最大的,还是始于2008年9月的雷曼事件,那场金融市场的大混乱。

波斯纳像往常一样,对雷曼事件也作出了敏捷的反应,发表了很多论述。他将这些论述集结成书,于翌年出版了《资本主义的失败》一书。在序言中他这样写道:

> 一些保守主义者认为,经济不景气是政府实行愚蠢的政策所致的。而我认为,这次的金融危机是市场的失败。政府的短视、干预主义和傲慢,是使这次经济不景气发展为金融危机的决定性因素。这次的经济危机中也有一些意想不到的意外。但是,即使政府对金融产业没有任何限制,经济依然会出现同样的不景气。[31]

为波斯纳一直以来主张的"财富最大化"理论提供正当化依据的,不正是市场完全可以作为道德的依据吗?如果承认这是市场的失败,那么他的"财富最大化"理论也好,"法律的经济分析"也罢,不就通通不成立了吗?

有意思的是,在波斯纳展开经济不景气论的论文中,凯恩斯的观点急速地占据了一席之地。波斯纳在《资本主义的失败》中,引用了凯恩斯《就业、利息和货币通论》中的一段话:"人的决断……并不是基于严密的数学计算而进行的。"[32] 接着,波斯纳在出版于2010年的《资本主义民主的危机》中,对凯恩斯的理论展开了详细的论述。而这些在他受芝加哥学派经济学影响下完成的早期著作中是完全不可能见到的。下面是题为"凯恩斯的回归"一章中的一节。

《通论》一书中充满了颇具深意的心理方面的观察。"心理方面"一词随处可见。比如凯恩斯认为,"泡沫最盛的时候,人们对危机的预估是异常的,而且会变得出奇的低"。而另一方面,当泡沫破灭时,企业家的"动物精神"会跌落得非常严重。[33]

这里提到的"动物精神"（Animal Spirit）在日语中通常被译为"精力（『血気』）",可以理解为企业家对自己的事业所抱有的大无畏的热情。

波斯纳认为,凯恩斯在《通论》中提出的观点有三个。其一,消费才是"一切经济活动的唯一目标和目的";其二,"囤积货币的重要性",人们持有货币不仅为了使用,还为了应对不确定事态的发生;其三,这个"不确定性"与可以通过概率计算得出的危机性质不同。[34]

转向新经济学式的思考

波斯纳在《资本主义民主的危机》"不确定性的经济学"一章中,长篇论述了凯恩斯和富兰克·奈特所强调的对不确定性的二次思考。

奈特和凯恩斯二人强调了概率预测和由预测产生的信念

之间的区别。信念越大,人就越容易付诸行动。一个决断背后的信念往往不是理性分析的结果,而是个性的展现。[35]

由此可见,波斯纳已经不再是米尔顿·弗里德曼和加里·贝克尔的追随者,他看上去更像是奈特和凯恩斯的后继人。他将风险和不确定性区别开来,重视经济学上的心理因素。

事实上,波斯纳在"不确定性的经济学"一章中,批判了芝加哥学派小罗伯特·卢卡斯的市场主义。他还指出,作为行为金融学主导者而备受瞩目的罗伯特·席勒和乔治·阿克洛夫合著的《动物精神》一书中,"动物精神"一词的用法与凯恩斯的原意相悖。凯恩斯的原意是,企业家抛开一切算计,向新的尝试迈进的"精气神",而阿克洛夫和席勒将这一词语的含义拓展到了更广泛的非理性心理上。

> 这是一个误解。凯恩斯提及"动物精神"一词时……并不是说因为过剩所以要消灭。凯恩斯论述了直面不确定性时精神麻痹的风险。[36]

这与波斯纳过去的著作发生龃龉的是,波斯纳曾对"有效市场假说"提出质疑,并因此与小罗伯特·卢卡斯进行了论战。在卢卡斯还在试图提出反对意见来说服波斯纳时,波斯纳的市场观已然发生了改变,他曾这样说:

> 你可能清楚,住房价格和股价的上涨是经济泡沫的现象。但是,其他交易人如果买入更多的股票,那么你也会同样决定购入吧。因为在泡沫破灭之前从市场上抽身,就

如同是将大笔的赌金扔在了赌桌上。[37]

当然,波斯纳并不是想说市场完全不可信,他说的是,如果是"软弱的效用性市场概念"就没有问题。"从无法脱离市场这个意义上来看,效用性市场这一概念与带有泡沫和'惯性'的商业交易的存在相并存。"[38]

正因为市场如此,作为制度的法律才能够发挥作用。波斯纳指出:"法律制度对助长不确定性的政府资产征用要求补偿,这可以降低不确定性。"[39]

但是,不论波斯纳讲得如何自信,曾经是他理论支持的芝加哥学派经济学,与卢卡斯一样,恐怕都将无法继续支持他的理论。对于这一点,其实波斯纳自己应该也意识到了。

> 根植于大萧条和新政的政府介入时代的保守派,一直在指责政府介入陷入了一种"完美主义谬误"(过度自信)……这时的保守派是正确的。但是,他们夸下海口,说市场有完善的自我调节功能,而政府的介入往往是将事情带向错误的方向,这次陷入完美主义谬误(涅槃谬误)的是他们自己。[40]

波斯纳的这篇论文这样结束,他对这一部分加上了以下注释。

> 我自己,在法律经济学分析方面的多篇论文中,曾陷入上述第二种完美主义谬误,即涅槃谬误。[41]

他这就是在说，在市场是完善的、不会产生不确定性等因素的前提下，正义是通过市场实现的。这不是意味着波斯纳自己打造出的"法律经济学分析"和"法律经济学"的失败吗？

波斯纳在《资本主义民主的危机》的序言中提到，现在需要一种"新的经济学思考"，这不同于新凯恩斯主义者们的做法，而是应当重新构建凯恩斯主义本身。也就是说，波斯纳自己也应当重新构建"不确定性的法学"。

第9章 注释

1 Richard A. Posner, *The Economics of Justice,* Harvard University Press, 1981. pp.48—115. 另外，还参考了日译版『正義の経済学：規範的法律学への挑戦』（马场孝一、国武辉久监译，木铎社，1991年）的第三章『功利主義、経済学、社会理論』，以及第四章『富の最大化の倫理的および政治的基礎』。

2 理查德・A・波斯纳著，平野晋监译『法と文学 第3版（上・下）』，木铎社，2011 年。以及 Richard A. Posner, *Public Intellectuals: A Study of Decline,* Harvard University Press, 2001.

3 Roger Parloff, "The Negotiator No one doubts that Richard Posner is a brilliant judge and antitrust theoretician. Is that enough to bring Microsoft and the government together？"（http://money.cnn.com/magazines/fortune/fortune_archive/2000/01/10/271747/index. htm）

4 Richard A. Posner, *Economic Analysis of Law, 6th ed.,* Aspen Publishers, 2003, p.4.

5 "Judge Richard A. Posner Brief Biographical Sketch"（http://home.uchicago.edu/-rposner/biography）

6 科斯指出："'科斯定理'这个说法不是我提出来的，其严谨的公式化也不是我做的，这些都是斯蒂格勒的功劳。"（罗纳德・H・科斯著，宫泽健一等译『企業・市場・法律』，东洋经济新报社，1992年，第179页。）斯蒂格勒写道："'科斯定理'指出，在没有交易费用的世界中，法律规定不会对资源的使用方法产生影响。"（乔治・J・斯蒂格勒著，南部鹤彦、辰巳宪一译『価格の理論』，有斐阁，1991年，第378页。）

7 科斯自己说："从本质来说，权利分配是开始市场交易的第一步。但是……（使产品价值最大化的）最终结果独立于这个法律规定而存在。"（科斯著『企業・市場・法律』，第180页）。

8 科斯和斯蒂格勒都强调，在没有交易费用的情况下，最有效的资源分配独立于法律规定而存在。

9 Posner, *Economic Analysis of Law, op. cit.*, p.24.

10 关于效率性的基准，参考了林田清明著『法は経済である—ポズナーの『法の経済分析』入門』，收录于『北大法学論集』42(5):140—97，1992年。以及，J·L·哈里森著，小林保美、松冈胜实译『法と経済学』，多贺出版，2001年。本章很多内容都参考了林田的论文。

另外，波斯纳在『正義の経済学』的前文第97页中还写道："'效率'一词之所以被当作卡尔多—希克斯效率的含义来使用，仅仅是出于分析上的方便，是为了能够将资源分配问题与收入分配问题区别开来进行讨论。"

11 同上书，第53页。

12 同上书，第70页。

13 同上书，第74页。

14 同上书，第75页。

15 同上书，"财富最大化理论可以被辩解为与功利主义无关"，第93页。然而，只要波斯纳以财富、效用和幸福的相关性为前提来构筑正义，就不能说他与将快乐及幸福关系的视为绝对的边沁主义无关。

16 同上书，第71页。

17 同上书，第98页。哈里森在『法と経済学』中提到："波斯纳法官试图通过使用优先补偿的概念来协调卡尔多—希克斯效率或资产最大化方法与帕累托式效率概念，这一尝试受到了根本性的批判。"（第34页）特别是J·科尔曼所提出的批判尤其广为人知。

18 林田清明著『法は経済である—ポズナーの『法の経済分析』入門』，第112页。

19 同上文，第111页。

20 同上文，第109页。

21 加里·S·贝克尔、理查德·A·波斯纳著，鞍谷雅敏、远藤幸彦译『ベッカー教授、ポズナー判事のブログで学ぶ経済学』，东洋经济新报社，2006年，第48页。

22 同上书，第50页。

23 同上书，第88—89页。

24 同上书，第94页。

25 波斯纳著『正義の経済学』，第109页。

26 圭多·卡拉布雷西著，松浦好治、松浦以津子译『多元的社会の理想と法『法と経済』からみた不法行為法と基本的人権』，木铎社，1989年，第277页。
27 同上书，第277页。
28 同上书，第315—316页的注释。
29 林田清明著『法は経済である―ポズナーの『法の経済分析』入門』，第104页。
30 同上。
31 Richard A. Posner, *A Failure of Capitalism: The Crisis of '08 and the Descent into Depression*, Harvard University Press, 2009, p. xii.
32 *Ibid.*, p. 83.
33 Richard A. Posner, *The Crisis of Capitalist Democracy*, Harvard University Press, 2010, p.276.
34 *Ibid.*, p.277.
35 *Ibid.*, p.293.
36 *Ibid.*, p.322.
37 *Ibid.*, p.320.
38 *Ibid.*, p.319.
39 *Ibid.*, p.295.
40 *Ibid.*, p.331—332.
41 *Ibid.*, p.332.

第9章 中文参考资料及日文资料标题译文

1 理查德·A·波斯纳:《正义/司法的经济学》,苏力译,中国政法大学出版社2002年版。第三章《功利主义、经济学和社会理论》,第四章《财富最大化的伦理和政治基础》。

2 波斯纳:《法律与文学》,李国庆译,中国政法大学出版社2002年版。

6 科斯:《企业、市场与法律》,盛洪、陈郁译,上海人民出版社2009年版。斯蒂格勒:《价格理论》,施仁译,北京经济学院出版社1990年版。

10 林田清明:《法律即经济——波斯纳〈法律的经济分析〉入门》,收录于《北大法学论集》42(5),140—97,1992年。哈里森:《法律与经济学》,原题为 *Law and economics : in a nutshell*。

21 《从贝克尔教授和波斯纳法官的博客上学习经济学》。原题为 *Becker-Posner blog & Becker columns in Business Week*。

26 圭多·卡拉布雷西:《理想、信念、态度与法律:从私法视角看待一个公法问题》,胡小倩译,北京大学出版社2012年版。

第10章 理性预期的教父

小罗伯特·卢卡斯

1937—

卢卡斯在其发表于1972年的专业性学术论文《预期与货币中性》的结论中暗示了政府经济政策的无效,作为新时代的经济理论而备受瞩目。

卢卡斯出生于华盛顿州亚基马,少年时期便擅长数学,甚至会协助工程师兼经营者的父亲一起工作。但是,在芝加哥大学数学系就读时,他的兴趣渐渐由数学转向了历史学。据说他对比利时的中世纪史学家亨利·皮雷纳十分崇拜。

在接触经济学史的过程中,他渐渐对经济学产生了兴趣,最终在芝加哥大学攻读了经济学专业,师从米尔顿·弗里德曼。

除了《预期与货币中性》,卢卡斯给经济学界带来冲击的论文还有《经济计理政策评估:一项评论》(1975年)、《对经济周期的理解》(1977年)等。他从1975年起在芝加哥大学任教授,1995年凭借理性预期的研究成果荣获诺贝尔经济学奖。

卢卡斯指出，人们预料之中的经济政策全无效果，
他给美国的经济学带来了"革命"，
但他因为主张过激而招致了误解与反感。
卢卡斯所说的"理性预期"究竟是在告诉我们什么呢？

"

经济政策都无效

就像均衡价格与均衡量代表着经济周期的中心特征一样，本论文揭示了一个简单的经济学事例——名义价格的变化率与实际产量水平之间的体系性关系。[1]

这段文字是卢卡斯发表于1972年的论文《预期与货币中性》的开头部分，乍看上去和大多学术论文没什么不同。这篇堆满专业术语和数学公式的论文，后来给很多经济学家带来了强烈的冲击，甚至被认为是一个全新经济学时代的到来。

卢卡斯的研究始于一些非常朴素的疑问，比如中央银行通过增加货币的流通量来刺激经济的政策究竟能否达到目的。

对于这个疑问，早在18世纪时已经有了答案。就像英国哲学家戴维·休谟所指出的，如果国内实际的财富总量不变，那么仅仅增

加货币量，并不会让经济产生任何变化。当人们意识到这一点时，政府就不能给经济带来任何刺激，政府的经济政策就会变得无效。

休谟在题为《论货币》的随笔中这样写道：

> 一个国家的货币变得比以前更多，仅仅意味着它需要更多的货币来表示与之等量的财富。仅就这个国家而言，思考货币量的增加是好是坏是得不出任何结果的。[2]

一个国家真正的财富并不是贵重金属和纸币的数量，而是用于衣食住行的财富，即使货币的数量有所增减，也不会对它的富裕程度产生影响。休谟认为，货币量翻倍，仅仅意味着需要两倍的货币来作为同等财富的计量单位。这种观点就是所谓的"货币中性"。

但如果是这样，为什么现代的中央银行会在经济不景气时选择通过增加货币的流通量来拉动经济呢？那不都是错误的吗？还是说，当存在某些条件时，货币量的增加是可以给经济带来某种影响的？

在这样的背景下，卢卡斯开始思考，如果人们不受货币量增减的影响，即不会出现"非理性预期"的条件，货币就一直是一条不会对人们的经济活动产生影响的单纯的纽带。也就是说，只要人们抱有"理性预期"，"货币的中性"就会成立。这是卢卡斯一直在探索的课题。

卢卡斯于1995年终于获得了诺贝尔经济学奖，这是一个公认的迟来的荣誉。在获奖纪念演讲上，他像这样总结了自己的成绩。

> 我1972年所写的论文……试着讨论货币的中性是如何顺理成章地被看成是由货币量的增多而对经济产生了短期

刺激的。我的模型很简单,而且灵活性强,可以用来解释很多问题。[3]

以成为历史学家为目标

1937年,小罗伯特·E·卢卡斯出生于华盛顿州亚基马,家庭成员包括他的父亲罗伯特·埃默生·卢卡斯,母亲简·坦普尔顿·卢卡斯,比他小两岁的妹妹珍妮弗和小三岁的弟弟彼得。[4]

卢卡斯一家是从西雅图搬到亚基马的。他的父亲是一名技术人员,受1937年至1938年经济不景气的影响而失业后,在亚基马经营了一家"卢卡斯牛奶店"。但在第二次世界大战中,他们一家再次搬回了西雅图。这一次是因为卢卡斯的父亲被聘为了蒸汽船的蒸汽机械工。

有意思的是,卢卡斯的父母都是富兰克林·罗斯福及其新政的支持者。后来,卢卡斯曾回忆说:"大概是因为亲戚和邻居们都是共和党的支持者,所以爸爸妈妈想有意地强调自己家是自由派吧。"

据说,卢卡斯的母亲喜欢辩论,卢卡斯曾与信奉自由主义神学的母亲就宗教问题展开过讨论。他的母亲还是一位时尚设计师,他经常与母亲商量家里的内部装饰等。

卢卡斯的父亲在第二次世界大战结束后在一家冷库公司做焊工。他勤于学习,一边读专业书,一边向同事请教,从技术员到销售代表再到销售经理,一步一步地最终成了这家公司的总经理。

卢卡斯自少年时起便显现出了出色的数学才能。据说,他的父亲会与他商量自己公司冷库的事情,还让他做一些设计上的计算。

> 那是我最初体验到数学的实际应用，我感到很兴奋，从此开始钻研。

卢卡斯从当地的私立中学毕业后升入高中，那所高中是他父母的母校，他们是1927年从那里毕业的。当时卢卡斯打算将来去读华盛顿大学的工学院。但是，他离开家后决心独立生活，于是参加了奖学金的考试，结果没能考上MIT，而是考上了芝加哥大学。

然而，当时的芝加哥大学还没有工学院，所以卢卡斯放弃了成为一名工程师的愿望。卢卡斯坐了44个小时的火车才来到芝加哥大学，他最初选择了数学系，但很快便失去了兴趣。

取而代之，卢卡斯被当时芝加哥大学的特色（博雅教育）教养课程吸引。这个特色教养课程是由芝加哥大学校长哈钦斯创办的一系列课程，以包括"西欧文明史""知识的组织、方法和原理"等在内的名著和经典为中心。

罗伯特·哈钦斯被称为芝加哥大学的"中兴之祖"，1929年，年仅30岁的哈钦斯就任芝加哥大学校长。他精选了180册古典名著，将其命名为"伟大的经典著作系列"，鼓励学生们阅读。[5]卢卡斯当时读的应该就是大学图书馆里的"伟大的经典著作"。

> 这些课程对我来说都非常新鲜。我从阅读柏拉图和亚里士多德开始，想要尽可能地学习有关希腊的一切，所以通读了古代史，选择了历史学专业。[6]

而在这之后，卢卡斯的知识"流浪"还将继续。

从经济学史到经济学

卢卡斯当时沉迷于比利时历史学家亨利·皮雷纳的著作。皮雷纳以《中世都市》和《欧洲世界的诞生》等著作而知名,他从多方面对罗马世界崩塌至欧洲兴起这一过渡时期进行了探索。

卢卡斯当时也想研究这一领域。他取得了奖学金,在加州大学伯克利分校研究经济学史时,感到了学习经济学的必要,于是选修了一些经济学的课程。"他很快便喜欢上了经济学。"他原本就很有数学天赋,对初级经济学中的数学没有感到任何困难。卢卡斯再一次看到了"运用"自己数学才能的机会。

但是,转向经济学的话,即使仍然在伯克利,也不能继续享有他已经取得的奖学金。于是卢卡斯回到芝加哥大学,选修了一些研究生和本科生的经济学课程,决定备考至下一个学期。他在长久的"流浪"之后,终于找到了属于自己的小岛。

卢卡斯曾回忆说,当时很幸运的事,是研究生的教科书中介绍了保罗·萨缪尔森的《经济分析基础》,并称之为"第二次世界大战之后有关经济学方面最重要的一本书"。

不论是这本书中的数学还是经济学,对当时的卢卡斯来说都难度略大。他在暑假期间,一字一句地阅读了最初的四章,及至新学期开始,他已然成了一名不输给芝加哥大学其他学者的研究员。

> 更重要的是,我无论是在恰当地提出或者回答一个经济学问题时,还是在我自己教经济学时,我都将萨缪尔森所提出的基准内化成了自己的一部分。[7]

当然，卢卡斯在芝加哥大学听米尔顿·弗里德曼的课时也深为震撼。据说，他甚至因为弗里德曼的课而打破了一直保持的全A成绩。因为他厌倦了那些简单无聊的课，所以成绩得C的科目变得多了起来。最让他感兴趣的，应该是弗里德曼的课与从萨缪尔森那里学到的技巧之间的关系吧。

在上弗里德曼的课时，我总是在听了弗里德曼所讲的东西之后，试着把自己在萨缪尔森的书中学到的数学代换进去。我知道自己不可能像弗里德曼那样思维敏捷，但我认为，如果能开发出一套在研究经济学问题时值得信赖的系统性的方法，最后应该就可以得出正确的答案。[8]

通过萨缪尔森走向弗里德曼——这正是卢卡斯之所以成为卢卡斯的原因吧。在提交给诺贝尔财团的自传中，卢卡斯云淡风轻地提到了这个"机密中的机密"，这也非常符合卢卡斯的风格。

弗里德曼的弟子基本上对恩师盛赞非常，而卢卡斯在一次采访中轻轻地说道："我受萨缪尔森的《经济分析基础》的影响非常大。……弗里德曼是一位出色的老师，但他有一点儿怪（Really An Unusual Teacher）。芝大出身的人都会这么觉得的。"[9]

"预期和货币中性"

在与芝加哥大学弗里德曼学派的伙伴的交往之中，卢卡斯的政治立场渐渐发生了改变。因为"我们中的很多人都在弗里德曼的自由—保守思想的影响下，不得不重新审视社会科学的全体"。

卢卡斯在1960年的美国总统选举中,毫不迟疑地将票投给了民主党候选人约翰·F. 肯尼迪。但在1968年的选举中,他却扬言要把票投给共和党候选人理查德·尼克松。他背叛了他的自由神学主义家庭,他的妹妹珍妮弗怒目圆睁地质问他:"你说尼克松?哥哥,你真的做得出这种事吗?"

然而,以卢卡斯为首的弗里德曼学派的年轻人都真真切切地给尼克松投了票。"我当时深切地体会到,弗里德曼的学生掌握了思考经济和政治问题的一个强有力的工具。"[10]

在此期间,卢卡斯在卡内基研究所(现卡内基梅隆大学)任研究员,在那里他结识了艾伦·梅尔策、伦纳德·莱平等经济学家。特别是与思维敏锐的赫伯特·西蒙的邂逅,让卢卡斯尤为欣喜。

西蒙当时已经远离了经济学研究,但他很喜欢与年轻学者聊天。午饭和喝茶时与西蒙的闲谈,给卢卡斯带来了很多启发。

在卡内基研究所期间,卢卡斯花了大量时间学习动态系统和最优化理论的数学知识。他还记得自己在日后成为东京大学教授的宇泽弘文主办的、召开于芝加哥大学、耶鲁大学等处的学术会议上那种十分兴奋的感觉。

卢卡斯在卡内基研究所时期还有一件事不可不提,那就是他与约翰·穆斯的相识。穆斯与卢卡斯在这个研究所做了三年的同事,是研究理性预期的先驱,在1961年时已经发表了题为《理性预期与价格变动理论》的文章。当时穆斯正在写一篇关于运用"理性预期"的概念来预测农产品价格变动的论文。

除此之外,托马斯·萨金特、爱德华·普雷斯科特、埃德蒙德·菲尔普斯等经济学家也会聚于这个研究所,与卢卡斯相交甚笃。这些经济学家都曾为理性预期的论争添砖加瓦。

就这样，在同僚的相互影响下，卢卡斯于1970年完成了《预期与货币中性》的初稿，该论文于1972年刊载于国际期刊《经济理论期刊》(*Journal of Economic Theory*)。

卢卡斯孤岛模型

在《预期与货币中性》中，卢卡斯展开论述的前提是假设了"两个物理上分开的市场"。后来，这两个市场被称为"卢卡斯孤岛"。这一设定虽说确实十分独特，但是对普通人来说实在是有点不可思议。[11]

卢卡斯假设，在这两个孤岛上，每个周期都有一定数量的人出生，然后被分配到两个小岛中的任意一个上。被分配到哪个岛的概率是确定的，这个概率恒定，并且所有人都知道这个概率。

岛上的人只存活两个周期。在第一个周期中，人们努力工作，消费一部分生产品，剩余的部分以货币的形式保存下来。在第二个周期中，人们用存下来的货币向正在劳动的人购买产品，然后在周期末死去。这些人有着相同的技术和喜好（与消费相关的倾向），采取同样的行动，被买卖的产品也只有一种。

这两个岛之间完全没有交流。在这两个岛之外存在一个货币管理局，从第二个周期开始，货币管理局会将两个岛上各自的货币按照一定的比例分发给岛上的人。分配的比例也是确定的，这个比例不会改变，岛上的人都清楚准确地了解分配方式。

这个假设本身是一个非常大胆的尝试。卢卡斯的目的在于，在这样的人为设定下，拥有理性预期的经济主体会采取对自己最为有利的行动，因而实际实现的市场价格会与最初预期的价格一致。进一步来说，他想证明的是，如果对未来价格的预期与实际的价格一致，那么政府的经济政策就不会产生任何作用，经济政策本身就是没有意义的。

可以说，这一尝试是成功的。特别是卢卡斯妥善地运用了严谨的数学来展开经济学论述，这对年轻的经济学家来说非常有说服力。哈佛大学的教授N. 格里高利·曼昆在回忆时曾这样说道："要说20世纪最后25年的学术界中最具影响力的宏观经济学家是谁，那非芝加哥大学的罗伯特·卢卡斯莫属。"[12]

不过，被卢卡斯的论文所传达出的信息影响最大的可能还是政界。最初政府当局只掌控了金融政策，但很快政府的掌控就拓展到了财政政策上。

> 更具体地说，政策制定者通过财政支出来拉动经济的行为，甚至无法在短期内对失业率产生任何影响，这被解释为"理性预期"之所在。[13]

当然，这篇论文也招致了很多批判。对这种脱离实际的模型本身是否有效存在质疑，如同关于弗里德曼的一章中提到的，可以肯定地说，从脱离现实的假说出发，仅靠推论来对现实的经济提出建议，这种"实证主义式的方法"中存在着根本性的问题。

即使我们接受了卢卡斯的模型，但它究竟能否经受住现实经济数据的考验，这也是一个问题。还有一个最为朴素的疑问，那就是人们究竟能否对将来的价格等作出准确的预测。

理性预期是对萨缪尔森理论的应用

除上述批判以外，经济主体能否采取理性行为也受到了质疑。即使人们能够作出理性的行为，也会存在时差（Time Lag），很难达到卢卡斯假设的那样：不需要任何学习就作出理性预期。指出这一尖锐问题的是耶鲁大学年轻的经济学家罗伯特·詹姆斯·席勒。

> 即使模型无限地接近理性预期的平衡，这一过程也可能需要很长的时间。经济结构是随时随地会发生变化的，经济状态未必会向理性预期的均衡发展。[14]

卢卡斯理所当然地把经济均衡当作前提，但其实有人质疑这是一个极端的假设。卢卡斯认为，像19世纪的经济学家里昂·瓦尔拉斯所指出的那样，整体的均衡在每个瞬间都成立的"一般均衡"是存在的。但是，我们并非生活在那样的世界中。

在1995年诺贝尔经济学奖的获奖演讲上，卢卡斯依然毫不让步地阐述着他的一般均衡理论的前提，但他指出，采用哪种一般均衡理论是一个问题。

据卢卡斯说，他在写《预期与货币中性》时，作为参考的一般均衡理论有两个。一个是约翰·希克斯和肯尼斯·阿洛等人的探索成果，精度很高，但他们使用的模型中不包含货币的因素。另一个是萨缪尔森的理论，所幸其中包含了货币的因素。

> 我在1972年的论文《预期与货币中性》中使用了萨缪尔森模型，试图证明货币量的中立性是如何自然地表现为

由通货量的增多而产生的短期经济刺激的。[15]

这里卢卡斯所提到的萨缪尔森模型，是指发表于1958年的论文《严密的消费信贷利息模型货币》。在该论文中，萨缪尔森以下述假设为前提，讨论了理性消费者的消费和储蓄。

> 假设人都在20岁左右参加工作，工作45年左右后，度过15年左右的退休生活……当然，他们在老年时依然有消费的需求……所以，他们会希望自己可以在不参与生产的老年时期的一些消费需求仍旧能够得到满足。[16]

应该说，这就是卢卡斯孤岛的原型："萨缪尔森孤岛"。

我们通过卢卡斯的回忆可以再次清楚地认识到，他从萨缪尔森，准确来说是从萨缪尔森的新古典派学术立场出发的论文，获得的启发有多大。卢卡斯自己也说，他长年都在反复阅读萨缪尔森的著作。而这也是经典的卢卡斯式"通过萨缪尔森走向弗里德曼"。

有意思的是，卢卡斯虽然深受萨缪尔森的影响，但他对萨缪尔森提及的凯恩斯主义经济学却毫无兴趣。在20世纪90年代后半期的一次采访中，他曾说"凯恩斯是'将经济学导向歧途的人'"[17]，被问及学生是否有必要阅读凯恩斯的著作时，他的回答也是一句漠不关心的"不"。

极端的教条化与批判狂潮

20世纪80年代，里根政府成立，弗里德曼的货币主义被认为是政府当局所采纳的正统思想。由此，卢卡斯的理性预期作为当时最先进的理论，被视为最进步的经济理论而备受追捧。

当时存在一种彻底杜绝政府介入的时代潮流，就像里根总统在就职演说中提到的，"问题不在于政府做什么，而是政府本身就是问题所在"。据说在80年代，宇泽弘文到密歇根大学访学时，密歇根大学经济系的学生都对卢卡斯的理性预期耳熟能详。

> 至今仍让我记忆犹新的是，有一位女研究员，她把卢卡斯的后一篇论文（指《如何理解经济周期》）全文背了下来，每次上课的时候她都会说那篇论文的第几页第几页是这样这样写的。她闭着眼睛，像背诵《古兰经》一样把论文背出来的样子很是诡异。[18]

里根政府一方面实行减税来刺激经济，另一方面搁置了对社会保障费用的削减，并且在对苏联的战略上采用了被称为"星球大战"的大规模军备扩张政策——战略防御计划（Strategic Defense Initiative，SDI）。所以，里根政府的经济政策在本质上就是战时凯恩斯主义政策。

另外，支持理性预期理论的经济学家为了补充强化这一学说，陆续发表了很多模型，但他们反复进行的实证试验却并不算成功。不仅如此，这甚至让理性预期理论与现实之间的龃龉变得更为突出了。关于这一点，经济学家清水启典说："由于结论过于具有冲击性而引起了激烈的论争，或者其观点本身就未必具有实证性，使这些模型成了对理性预期造成误解和反感的原因。"[19]

1976年，卢卡斯的盟友托马斯·萨金特在发表的论文《验证中性和理性》中，试图验证理性预期理论一直以来所宣称的"经济政策不能对经济产生影响"这一论点，却得到了一个"该说法过于严谨"的结果。因为，既存在可以对经济产生影响的政策，也存在不能产生影响的政策。

萨金特于是将政府实施的政策分为"预期中的政策"和"预期之外的政策"，重新进行了验证。他认为正确的说法是，可以对经济产生影响的是"预期之外的政策"，而"预期中的政策"不会对经济产生任何影响。[20]

上述观点看上去云里雾里，其实他想说的是，如果政府或者中央政府的经济政策是国民之前料想到的，那么这些政策就不会对经济产生影响；而如果是国民没有料想到的，那就会对经济产生影响。

这个新的定义在罗伯特·巴罗发表于1977年的论文《预期之外的货币增长与合众国的失业》中得到了证实。巴罗提出了一种将"预期之外的部分"和"预期中的部分"分离开来的方法并进行了验证，其结果证实了萨金特的观点。这看上去像是理性预期的再一次强势回归。

然而，货币主义者弗雷德里克·米什金在1982年发表的论文《预期中的政策是问题所在吗？》改良了巴罗的方法，再次进行了验证。结果，将政策与结果的时差设定为两年以下时，诚如巴罗所说的那样；但将时差拉长到五年时就会得到截然相反的结果，预期中的政策会变得比预期之外的政策更为有效。[21]

米什金批判了萨金特和巴罗等人的"唯预期之外的政策是问题"一说，并进一步对货币究竟是不是中性的提出了质疑。（顺附一言，2009年，米什金为时任FRB理事，他曾破口大骂当时实行不够充分的宽松货币政策的日本金融当局"Goddamn Stupid（愚蠢至极）"，因而在日本为人所熟知。）

理性预期革命开始出现阴云

1985年，卢卡斯在芬兰赫尔辛基进行演讲时指出，即使将基于理性预期的思考方式解释为区别于凯恩斯经济政策的另一种方法，也只会徒增混乱和误解。他对自己的学说一直以来仅仅被认为是对抗凯恩斯主义的政策论而表示出了不满。[22]

在这场演讲中，卢卡斯还论述了为什么货币中性崩溃而非中性产生，他认为那是"信息上的原因所致的"。他还积极地阐述了开发一个究明其原因的模型的可行性，由此备受关注。

> 自戴维·休谟以来，经济学家一直认为，货币量的不稳定之所以会对经济产生影响，是因为人们对信息有所误解。现在，当我们刚刚开始可以开发出与之相关的有趣工具时，从这个传统的观点中抽身而出是可耻的。[23]

这一时期，卢卡斯验证了一个基于理性预期假说而构建的模型后，一边指出该模型"几乎没有经受住批判的可能"，一边又指出在该模型的延长线上构建包含信息问题的模型是可行的。[24] 当时他还在相信自己的这些尝试能够得到某些成果。

那么他真的构建出了他说所的模型吗？1995年，在诺贝尔奖获奖演讲上，卢卡斯所做的仅仅是将自己的成绩置于休谟以来的货币数量说之上，然后反复阐述"预期中的政策"和"预期之外的政策"而已。

预期中的通货冲击和预期之外的通货冲击的区别，这一核心性的发现，源自沿着休谟所提出的问题的延长线，用数学方法构建一个明确模型的尝试。但是，毋庸赘言，70年代的带有这一区别烙印的特殊模型，并不能针对现今的经济周期给出一个让人信服的解释。[25]

这样一来，这就不能算是理性预期理论的胜利宣言了吧。关于自己的理论给政策带来的影响，在1997年的一个采访中，卢卡斯对自己的论文中提出的被称作"卢卡斯（作出的）批判"的政策基准这样评价道："我认为这极其重要，但是，已经有些过时了。那就像是吸血鬼被钉在十字架上一样，人们已经对卢卡斯批判之类的东西感到厌烦了，这是理所当然的。……我可能反而在经济学领域的技术层面上产生的影响更多一些吧。"[26]

正如前面关于波斯纳的一章中已经提到的，波斯纳惊愕于雷曼事件，开始批判所谓的市场总是有效率的"有效市场假说"时，对波斯纳提出反驳的正是卢卡斯。

卢卡斯在他的反驳中，强调了最初提出"有效市场假说"的尤金·法玛是用严谨的方法进行了证明，数据也是完善的，指责了波斯纳的轻率言行。[27]

但是，当时美国金融市场上的"理性"和"效率"已经完全被打破，波斯纳的观点到底有多少说服力很难不被质疑。不仅是波斯纳，生活在现实经济中的人们，也绝不会追求虚无的"理性预期"，而卢卡斯至今依然住在人为构建的"两个孤岛"上。

第10章 注释

1 Robert E. Lucas, Jr., "Expectation and the Neutrality of Money", *Journal of Economic Theory 4*, 1972, p.103.
2 戴维·休谟著，小松茂夫译『市民の国について（下）』，岩波文库，1982年，第56页。不过，休谟承认时差的存在，例如从新大陆急速流入的银子，最初肯定刺激了欧洲的经济。"我认为，金银持有量的增加能够对该国生产活动产生有益影响的时期，仅限于取得货币和物价上涨之间存在的这段（错位的）时期，即所谓过渡状态时期。"（第57—58页）
3 Robert E. Lucas, Jr., "Monetary Neutrality", Prize Lecture, December 7, 1995, University of Chicago, USA. p.256.
4 Robert E. Lucas, Jr., "Autobiography", Nobelprize.org, 1995. 下文中有关自传的内容也多参考本书。
5 罗伯特·哈钦斯著，田中久子译『偉大なる会話』，岩波书店，1956年。
6 "Autobiography", *op. cit.*
7 *Ibid.*
8 *Ibid.*
9 Brian Snowdon and Howard R. Vane, *Conversations with Leading Economists*, Edward Elgar, 1999, p.146.
10 "Autobiography", *op. cit.*
11 关于"卢卡斯孤岛模型"这部分内容，参考了宇泽弘文著『経済学の考え方』，岩波新书，1989年，第190—192页。卢卡斯描述的不是"市场价格的预测"，而是"市场价格的概率分布"，宇泽先生也是如此。在有关理性预期的入门书中，常常将其简化为"市场价格的预测"，本文也效仿这一做法，通过"市场价格的预测"来展开说明。
12 Holman W. Jenkins, Jr., "Chicago Economics on Trial", *The Wall Street Journal*, Sep. 24th 2011.
13 Michael Carter and Rodney Maddock, *Rational Expectations: Macroeconomics for the*

1980s?, Macmillan, 1984, p.121. 另外，还参考了浜田文雅、千田亮吉译『合理的期待入門：新しいマクロ経済学』，庆应通信，1987年，第116页。

14 Carter & Maddock, *Ibid.*, p.113. 前述日译版第108页。
15 Lucas, "Monetary Neutrality", *op. cit.*, p.256.
16 保罗·萨缪尔森著『厳密な消費貸借の利子モデル：貨幣という社会的考案をもつ場合、もたない場合』，佐藤和夫译『サミュエルソン経済学体系2：消費者行動の理論』劲草书房，1980年，第230页。
17 Snowdon & Vane, *op. cit.*, pp.148—149.
18 宇泽弘文著『経済学の考え方』，第257页。
19 清水启典著『マクロ経済学の進步と金融政策：合理的期待の政策的意味』，有斐閣，1997年，第109页。
20 Carter & Maddock, *op. cit.*, pp.133—136.
21 *Ibid.*, pp. 136—141.
22 小罗伯特·卢卡斯著，清水启典译『マクロ経済学のフロンティア：景気循環の諸モデル』，东洋经济新报社，1988年，第20页。
23 同上书，第103页。日文译文有删改。
24 同上书，第46页。
25 Lucas, "Monetary Neutrality", *op. cit.*, p.262.
26 Snowdon & Vane, *op. cit.*, p.154ff.
27 Richard A. Posner, *The Crisis of Capitalist Democracy*, Harvard University Press, 2010, pp.315—321.

── 第10章 中文参考资料及日文资料标题译文 ──

2　休谟:《休谟政治论文选》,张若衡译,商务印书馆2010年版。原题为 *Political discourses*。
5　《伟大的对话》。原题为 *Education for freedom : The great conversation*。
11　《经济学的视角》。
13　迈克尔·卡特、罗德尼·麦道克:《理性预期:八十年代的宏观经济学》,杨鲁军、虞虹译,上海译文出版社1988年版。
16　《严格的消费借贷利息模式:存在货币这一社会性方案的情况与不存在的情况》。《萨缪尔森经济学体系2:消费者行为理论》。
19　《宏观经济学的进步与金融政策:理性预期的政策意义》。
22　《经济周期模型》。原题为 *Models of business cycles*。

PART

04

市场经济秩序的社会哲学

> 随着经济学的核心思想从凯恩斯主义向美国经济学转移,另一种截然不同的经济学思想也一直在构建之中。这是思考现代经济学时不可忽视的一点。
>
> 在这里,让我们把目光投向奥匈帝国。那里的人因为欧洲世界崩塌而移民至美洲,但同时仍旧保持着思想上的独立性。
>
> 以现代的标准来看,比起经济学,他们的思想更近于哲学。这些人虽然远离主流,但是他们的影响力至今依然非常深远。

第11章 自生自发经济秩序的守护者

弗里德里希·冯·哈耶克

1899—1992

哈耶克在1944年出版的《通往奴役之路》中批判了当时欧洲各国正在推行的"计划"经济，称其与法西斯一样，夺走了作为西方文明之根本的自由。从此，他作为社会哲学家而备受瞩目。

哈耶克生于奥地利学派的发源地维也纳，著有《价格与生产》（1931年）和《纯粹资本理论》（1941年）等，曾与凯恩斯展开过激烈的论争。

1947年他创立了"朝圣山学社"，拥护自由主义，积极展开活动。1950年来到芝加哥大学，之后，从根本上批判追求完美的人类理性思想的著作开始增多。1974年，他凭借通货与经济变动等先驱性业绩荣获了诺贝尔经济学奖。

代表作有《自由的条件》（1960年）、《法律、立法与自由》（1973—1979年）、《致命的自负》（1988年）。他经常被视为"自由意志主义"的鼻祖，但他的思想其实与之截然相反。

哈耶克经常被误解为新自由主义的奠基人，
但其实这位思想家比任何人都更猛烈地批判
对所谓的市场主义合理性的迷信。
在哈耶克看来，市场并非理性人的荣光，
而是一个文明框架，它支撑着不完美的普通人的生活。

66

对各种计划经济的批判

弗里德里希·冯·哈耶克在学院派经济学研究领域深耕多年，于1944年出版了《通往奴役之路》一书，让世人知道了他的名字。

> 现今，在知识分子领袖当中流行着一种风尚，他们崇尚以牺牲自由为代价来换取保障，没有什么比这个思想更具危害了。我们必须正视并重新认清这样一个事实：自由是只有付出一定的代价才能得到的，并且就个人来说，我们必须时刻准备着作出重大物质牺牲来维护我们的自由。[1]

当同盟国阵营胜券在握之时，哈耶克为当时在欧洲不断蔓延的计划经济敲响了警钟。并非只有德国的纳粹主义会剥夺人民的自由，在同盟国阵营发达国家中进行着的计划经济，也正在剥夺我们无可替代的自由。

以英国为首的发达国家认为,计划经济与政治自由可以兼顾。但哈耶克指出,在集体主义计划经济中,"哪些人的利益比较重要,最终必将取决于某个人的观点,而这些观点必定会成为那个国家法律的一部分,成为政府通过强制工具强加于人民的一种新的等级差别"。[2]

如今这个论点已经并不稀奇,但在当时却招致了进步知识分子的强烈反对,他们那时坚信计划是历史的必然趋势。而另一方面,这个论点得到了对政府干预经济这一倾向持怀疑态度的人的赞赏。不过,哈耶克在这本书中还有着以下论述:

> 民主制度在本质上其实是一种手段,是保障国内稳定和个人自由的实用工具。民主制度本身绝非不容置疑,也绝非无可撼动……在由极端同质化的教条主义多数派组成的政府管理之下,民主政治与最恶劣的独裁政治同样暴虐。[3]

哈耶克虽然对社会主义和法西斯主义予以了批判,对存在于同盟国阵营中的集体主义计划经济予以了警示,但他所构想的对策在美国却并不是备受推崇的、与自由主义齐肩的民主制度。另外,还有一点不容忽视,那就是哈耶克所著《通往奴役之路》的前提是要探究何谓西方文明。

> 近代的社会主义倾向严重背离了当下乃至西方文明整体的发展轨迹,这一点,如果我们不仅仅以19世纪为背景,而是从更长远的历史观点来看,就能清楚地认识到……在世

纪之交的转型期中,自由主义基本原则的信仰愈来愈为人们所抛弃……这种变化彻底逆转了我们描述过的那种趋势[1],完全背弃了曾创造出西方文明的个人主义传统。"

如上所述,哈耶克高度评价了被看作是一种文明的自由主义和个人主义,同时警示民主制度不过是一种工具,清楚这几点对理解他的思想尤为重要。

隐秘的激烈性格

1899年,弗里德里希·冯·哈耶克出生于维也纳,他的父亲是一位医生兼植物学家,哈耶克是家中的长子。据说,自从弗里德里希的曾祖约瑟夫·哈耶克被授予了下级贵族的称号,"冯"就被加到了他们家族的名字之中。

当时的维也纳处于哈布斯堡王朝崩塌的前夜,是一个学术和艺术百花齐放的时期。克里姆特的唯美绘画在这一时期登场,弗洛伊德的精神分析大胆地深入探索人性的阴暗面,同时,马克思主义等社会思想也在这个政治局势动荡的时代扩散开来。

哈耶克的父亲是一名医生,曾经想将植物学家作为自己的职业,但最终这个愿望没能实现。少年时期的哈耶克有一个特别之处,他在小学和高级中学(德国的中等教育机构)时与老师们的关系很差,曾多次转学。当然,他当时的成绩也很糟糕。

哈耶克曾这样回想他最后一次转学时的事:"1916年,当那位与

---

[1] 指自由主义之下社会制度结构逐渐改善的缓慢进程。

我在1913年发生过冲突的老师确定要成为我们年级主任的时候，我再次转学到了另一所文理学校。但我在那里只待了五个月，然后就入伍了。"⁵

就读于文理学校时期，哈耶克唯一感兴趣的是植物学，他在家中通过阅读父亲的书来学习，兴趣渐渐转向了古生物学。17岁的时候，哈耶克加入了维也纳军队，这是因为三年前爆发的第一次世界大战而建成的部队。当时，哈耶克还在读文理学校。据说在军队时，一位上官借给哈耶克一本经济学的教科书，这便是他与经济学最初的邂逅。

在军中，哈耶克被编在卫军炮兵连队，经过七个月左右的训练，他作为士官候补奔赴了意大利前线。从他讲述自己的军旅生涯时的语气来看，哈耶克应该是很享受那段生活的。他也正是在士官学校接受教育时，发现自己脑筋还不错。"如果我真的想，那么我可以不太费力地取得一个与周围人中最厉害的那些人不相上下的成绩。……我是在卫军士官学校的时候，第一次向自己证明了这一点。"⁶

也是在这一时期，他开始发现自己很适合做一名学者。"与大多数同龄人相比，我身上好像哪里带着些学术气，对日常生活的世界不熟悉，……对书本却很精通。"

离开部队之后，哈耶克进入维也纳大学学习，并取得了政治学博士学位。在此期间，他曾参与费边社（韦伯夫妇等人领导下的英国渐进社会主义）的活动。在经济学方面，他热衷于卡尔·门格尔所著的《经济学原理》。哈耶克的成绩很好，但他并不是那种一节课不落的乖学生。

在学期间，哈耶克经常去听经济学家弗里德里希·冯·维塞尔的课。维塞尔是奥匈帝国时期最后一任财政部部长，战败后，他回到维也纳大学教书。

另一位一直留在哈耶克记忆深处的是奥特马尔·施潘。哈耶克曾说："虽然时间很短，但他给我带来的影响更大。"这一点颇引人深思，因为施潘在1934年出版了《战斗的科学》，作为一位集体主义思想家而风靡一时。施潘在他的这一著作中对个人主义有着这样的批判：

> 对个人主义而言，社会只不过是一个单纯的合计现象。也就是说，那些可以被看作是已经事前完成的、存在着的事物作为其各种部分组合在一起，是一个集合或者是堆积……所以，这个合计，即这个包含着个别个体的集合，它的本质以及独立的价值是被否定的。[7]

虽然哈耶克说，"我不觉得自己从施潘那里学到了很多东西"，但是上述这样一眼看上去非常异类的个人主义批判，以及作为对比被提出的集体主义观点，让当时的学生十分着迷。施潘于1921年，对民主主义曾有下面这样的论述：

> 置身于支配着大多数的位置之上，这意味着下位者支配上位者。因此，民主主义是我们的生命体（国家组织）的机械化，通过投票和支配大多数人，所有的价值原理都被从这个组织的构成法则中剔除了出去。[8]

毕业后，哈耶克为了继续从事研究而谋求工作，有一次，他拿着塞维尔的推荐信去参加财政部清算局的一个考试。面试官是当时颇具代表性的经济学家，曾在维也纳大学讲学的路德维希·冯·米塞斯。

据说，塞维尔在推荐信中评价哈耶克是"大有前途的明日经济学家"。哈耶克将这封推荐信递上去之后，米塞斯揶揄说："大有前途的明日经济学家？我的课上可从来没有见过你呢。"[9]事实上，哈耶克只上过一次米塞斯的课。但是，与米塞斯的相遇，对哈耶克之后的人生有着重大的意义。

活跃的奥地利学派经济学家

1927年，在米塞斯的举荐下，哈耶克被任命为奥地利经济景气研究所的所长。原本这个研究所中只有哈耶克一名职员，而他写于1929年的《货币理论与经济周期》一书，让他作为少壮派经济学家开始受到关注。[10]

注意到哈耶克的是英国伦敦政治经济学院（LSE，伦敦大学）的莱昂内尔·罗宾斯，他聘请哈耶克为客座教授。之后，哈耶克与拥护凯恩斯的剑桥大学的经济学家以及伦敦大学的同僚不断地展开激烈的论争。

哈耶克这一时期的著作中比较受关注的有1931年的《价格与生产》和1939年《利润、利息与投资》等，他当时的课题是研究均衡的经济是如何被货币打乱的。哈耶克认为，对经济不产生影响的"中性货币"是稳妥的政策，而这成了论争的焦点。[11]

另一个值得注意的地方是，哈耶克在写于1935年的《社会主义计算（1）》以及《社会主义计算（2）》中，与社会主义学者奥斯卡·兰格和蒂勒就计划经济是不成立的这一论点展开了激烈的论争。这个论争始于米塞斯，哈耶克后来加入了米塞斯一方，但他指出，中央政府把所有关于经济的信息都收集到是不可能的，人的能力有限，所以无法计算出一个令人满意的分配方案。

哈耶克在论争中指出了人的知识的有限性，他在写于1937年的《经济学与知识》和1945年的《知识在社会中的运用》中将这一论点进一步展开，论述了使用价格这一个符号的市场结构。

> 我们所必须利用的关于各种具体情况的知识，从未以集中的或完整的形式存在。
> 价格体系最重要的特点是，其运转所需的知识很经济，就是说，参与这个体系的个人只需要掌握很少的信息便能采取正确的行动。[12]

这个关于市场的论述经常被引用来证明市场的优越性，但仔细阅读之后就能清楚地发现，其实哈耶克的着力点在于人的知识的不完善性。并非神灵的人们只不过是"偶然地发现，而后学会了使用"。这个关于人的不完美的认识，是贯穿于哈耶克的社会哲学整体的底色。

与凯恩斯的激烈论战

在这里需要特别提一下哈耶克与约翰·梅纳德·凯恩斯之间奇妙的论战和往来。

他们二人最初是在1929年于伦敦召开的有关经济周期的学术研

讨会上相遇的。据说，哈耶克反驳了凯恩斯的观点之后，凯恩斯一开始想要施压给比自己小16岁的哈耶克让他闭嘴。但是，哈耶克一直非常有韧性地坚持提出反对意见，凯恩斯不由得心生敬意，开始愿意听一听他的想法。

> 他遇到比自己年轻的人的反驳时，确实有向对方施压的倾向，但是如果有人能勇敢地站在他的对立面，即使他不同意那个人的观点，也会一直对那个人心怀敬意。[13]

不过，对于凯恩斯在1930年出版的《货币论》，哈耶克细致的批判中出现了一些变化。哈耶克指出，凯恩斯的《货币论》从概念开始就是混乱的，比如"利润"被当作是总计的结果，与个别企业的利润混淆；再如"投资"究竟是收益还是价值，也是暧昧不明。

对此，凯恩斯的回答是："我的术语缺乏一贯性的问题并不存在于我的核心观点上，也与之无关。"他没有正面回答哈耶克的批判，而对于哈耶克的新书《价格与生产》，凯恩斯刻薄地评价说："这是一个很少见的从谬误出发、毫无人情的理论家，如何住进了精神病院并在那里终了一生的例子。"[14]

哈耶克一点没有受到影响，他自负于这是因为自己的批判对凯恩斯"带来了毁灭性的打击"，而对于凯恩斯所指出的问题，他为了展开自己的论述，积极地撰写并发表论文。

> 不过，我的论文的第二部出现之后，他曾对我说，他在这期间转变了想法，已经不同意自己在《货币论》中阐述的观点了。所以，我觉得之前那些评论的努力都打了水漂。[15]

哈耶克后续所写的论文于1941年出版，题为《纯粹资本理论》，但当时第二次世界大战已经打响，他所写的主题也显得过时，因此没有受到关注。这也成了哈耶克离开经济理论研究的原因。这本《纯粹资本理论》中有批判凯恩斯《通论》的内容，可见，哈耶克仍然将凯恩斯视为自己需要打败的假想敌，秘密地继续着论战。

从哈耶克的回忆录中可以看出，虽然他们在书评上展开了激烈的论战，但二人直接见面交流时还是很平和的。不过，凯恩斯在其他人面前评价哈耶克时还是十分辛辣的。

凯恩斯曾说，"他（哈耶克）脑子好像有什么毛病，但他提出的观点确实非常有意思"，这件事哈耶克也是知道的。[16] 据说，凯恩斯曾对社会主义者——著名政治学家哈罗德·拉斯基说，哈耶克是"欧洲第一有名的傻瓜"（哈耶克将拉斯基视为"病理现象"，所以对拉斯基的话完全不相信）。[17]

凯恩斯晚年从战后赔款商谈上回来时，设宴招待了关系好的朋友，他们聊的与赔款商谈毫无关系，全是关于收集伊丽莎白时代的书籍的事情。据说，当时他在评价哈耶克以及琼·罗宾逊、理查德·卡恩等学生辈的经济学家时，说着说着笑了出来："那两个人就是笨蛋。20世纪30年代时我的观点多么重要啊，因为不需要面对通货膨胀的问题。但是哈耶克，等着瞧吧。我的想法已经落后于时代了。我会这样改变舆论……"[18]

说着，凯恩斯打了个响指，接着道："改变给你看。"

这样的言行非常符合自信又傲慢的凯恩斯，但这时的凯恩斯应该已经非常憔悴了。即便是奉献精神旺盛的凯恩斯，他是否真的能窝在沙发上愉快地说这些话，不免让人产生疑问。哈耶克对这些对话的时间也记不清了，但这无疑就是哈耶克记忆中的凯恩斯的形象。

针对《通往奴役之路》的疑问

不管哈耶克比凯恩斯小多少岁,凯恩斯对哈耶克的评价和书评都显得过于毒舌了。他评价说哈耶克是一个"无情的理论家"等言之有理的部分很多,就更显得辛辣了。但是,哈耶克也不遑多让,在凯恩斯离世的几十年中,他都一直在批判凯恩斯。

> 凯恩斯涉猎广泛,但经济学方面接受的教育却显得有些狭隘……凯恩斯在展开自己的理论论述之前,既不曾有过高强度的训练,也并不是一位非常专业的经济学理论家,这一点虽然很遗憾,但也不得不承认。……我有根据地怀疑他是否完全掌握了国际贸易的理论。我完全不认为他对冷酷的理论有过系统的思考。[19]

上述内容摘自1966年的回忆录,在那之后,哈耶克一直在指出凯恩斯的错误,在他接受的无数次采访中,他对未能直接对《通论》提出批驳表示后悔。但是,他在谈论凯恩斯时又隐约是愉悦的。他一直很怀念在伦敦政治经济学院(LES)的那段岁月,直到后来也不曾改变。

他与凯恩斯的论战很多是自说自话,凯恩斯就1944年出版的《通往奴役之路》写给哈耶克的信虽然可能让他很不满,但为我们指出了非常重要的问题。尽管哈耶克批判了政府的计划经济和财政支出,但凯恩斯在这封信中,意外地将这本书称为"伟大的著作"并予以盛赞。

无论是从道德上还是从哲学上，我对你所写的内容全部同意。……（但是）问题在于，要清楚在哪里做区分。你也承认有必要在某处做出区分，而且从逻辑上解明这个问题是不可能的。然而你对在哪里做出区分却没有给出任何方向。[20]

坚守欧洲文明基底的各种价值是正确的，但是做到何种程度，应该是现在需要讨论的问题，比如自由和计划要如何协调。而哈耶克对此完全没有提及，这是凯恩斯指出的问题所在。

从伦敦到芝加哥

让哈耶克久久不能忘怀的伦敦时期结束于1950年，因为那一年他前往了美国的芝加哥大学。关于他移居美国的理由存在各种各样的说法。据说，原因之一是当时哈耶克与糟糠之妻离婚后再婚，他受到了伦敦大学同僚的强烈指责。[21]

哈耶克在职业生涯上一直时运颇佳，但他在个人生活上却没有这么幸运。他在非常年轻的时候就恋上了一位女子，对方是他的表妹。但表妹误会了他的意思，嫁给了别人。后来哈耶克也结了婚，移居英国，当了父亲。第二次世界大战之后，为了探访留在奥地利的亲戚而前往奥地利（他在火车上遇到了同样去探亲的表兄维特根斯坦）时，他得知自己的初恋现在单身，可以与他再婚。他决定，无论自己和家人马上要面对什么样的痛苦，付出什么样的代价，都只有离婚这一条路。[22]

通常认为，哈耶克之所以离开伦敦，是因为在思想上与他对立的左翼教授阵营对他的再婚提出了批判。但是，曾任伦敦政治经济学院教授的森岛通夫说，事实完全不是这样，他离开的原因在于聘请他过来的罗宾逊。

我不知道是什么原因导致他离婚问题的出现。人生观传统而严格的罗宾逊对哈耶克离婚一事是持反对态度的。正如人们常说的，LSE不喜欢"左翼"。并不是哈耶克主动转投美国（芝加哥），是罗宾逊对离婚持有严苛的态度，导致哈耶克选择了与LSE有着同样氛围的芝加哥。[23]

正如Stephen Kresger所暗示的，哈耶克会对自己认定的事情坚持到底，在他看似温和的面庞之下暗藏着顽固激烈的性格，这从他少年时期就能看出来。坚持成全自己曾经的恋爱，正是哈耶克身上一直都有的激烈的一面吧。

可即便是这样的悲剧，在哈耶克的崇拜者——自由意志主义者阿兰·艾本斯坦口中，就成了下面这样积极而明快的故事。

哈耶克在20世纪50年代时经历了个人成长。尽管他在作出与第一任妻子和孩子们分开的决定时，承受着道德上的苦恼，但海伦是他一生所爱，是他孩童时期起的朋友，他们二人的结合是圆了一个长久以来的梦。[24]

总之，哈耶克离开欧洲，在美国开始了新的生活。他在芝加哥大学负责社科科学和道德科学的科目。

为自由而奋斗的社会哲学家

之后，在哈耶克所从事的活动中占了较大比重的是"朝圣山学社"。

时间线倒回到1947年，瑞士的朝圣山聚集了36个人，其中有哲学家卡尔·波普，还有后来芝加哥大学的经济学家米尔顿·弗里德曼。朝圣山学社以对抗社会主义，拥护自由主义为主要目标，是一个学者和出版相关人士的结社。哈耶克于翌年至1960年担任该学社会长的职务。

从这一时期开始，哈耶克比起经济学家，更多地带上了社会哲学家的色彩。他在1960年出版的《自由的条件》中，对在欧洲和美国渐渐变强的"福利国家"货币提出了思想性的批判。

但讽刺的是，美国从这一时期开始，基于凯恩斯主义的经济政策成为主流，向保罗·萨缪尔森所倡导的新古典综合派的经济政策倾斜，其主导地位一直持续到70年代通货膨胀与经济不景气同时存在的滞胀出现为止。

这一时期，哈耶克在芝加哥大学的同僚——朝圣山学社成员之一的弗里德曼所倡导的货币主义经济学备受瞩目。随着弗里德曼对凯恩斯主义的批判得到广泛的认可，作为批判计划经济以及福利国家的源头，哈耶克的存在变得不可忽视。[25]

由1937年出版的第一部《规则与秩序》，1976年出版的第二部《社会正义的幻象》和1979年出版的第三部《自由社会的政治秩序》组成的《法律、立法与自由》一书,成了哈耶克思辨成果的一个顶峰。

> 我在这里关心的终极问题是科学谬误带来的价值破坏,随着时间的推移,这已经被视为现代的一个巨大悲剧。之所以说是悲剧,是因为科学谬误往往会排斥的各种价值,其实是我们所有文明中不可或缺的基础,其中包含着对抗这些价值的科学努力本身。[26]

乍看上去,这本书的标题肯定会让很多人觉得奇怪。标题中有"法律"和"立法"两个词,这二者是不同的东西吗?我们很多人都以为通过立法确定下来的就是法律。但哈耶克认为,这个认识正是根本上的谬误。

法律是人类社会在形成和演进过程中"自发"形成的规则,而立法(Legislation)是"有计划"实施的东西。立法有时候符合法律,也有很多时候违背法律。长期以来形成的法律维护人的自由,而顶着正义之名的立法有时却会破坏自由。哈耶克还认为,普遍性最高的法律正是人们发现并长时间以来培育而成的市场秩序。

> 我们必须采用另一个术语来指称那个由无数交织在一起的经济而形成的系统,因为正是这些交织在一起的经济构成了市场秩序。由于很久以前就有论者建议用"Catallactics"这一术语来指称那种论述市场秩序的学问……我们可以构造出一个英语词Catallaxy(偶合秩序),并用它来指称那种在一个市场中由无数单个经济间的彼此调适所促成的秩序。因此一种Catallaxy,便是一种特殊类

型的自生自发秩序，它是市场通过人们在财产法、侵权法和合同法的规则范围内行事而形成的自生自发的秩序。[27]

荣光与巨大的误解

正如哈耶克在《通往奴役之路》中所说的，市场秩序是在全世界范围内多发性地被"发现"的。不过，不仅仅要发现市场秩序，还要反复运用并培育其发展的文明，经得住考验，才得以存续并持续繁荣。这里存在一个特殊的进化论。

> 我们的社会秩序败给了我们没有完全理解的传统规则，所以一切进步都定然依赖于传统。我们不得不依靠传统，并且只能把玩传统的产物。[28]

哈耶克的市场秩序理论以拥护高度自由为目标，因此他被美国的自由意志主义者视为与米尔顿·弗里德曼等人同样的先驱，英国前首相撒切尔也称赞《通往奴役之路》是改革的圣经，而且众所周知，她还将货币主义运用到了施政政策之中。

但是，哈耶克的思想与实证性论述市场调控的弗里德曼有着很大的不同。在弗里德曼看来，市场是因为人所具有的能力而形成的可能本身，但哈耶克认为，市场是因为人的能力有限，才能在历史长河中培育起来的一种文明机制。

因此，现在还在发展中的资本市场全球化是否可以算作哈耶克所说的那种自发性秩序的形成，存在很大的疑问。如果世界市场的形成是自发的，那么在促进各个国家的市场形成的同时，稳步地与世界资本市场之间进行的相互渗透必须是可计量的。然而，现在我们在发展中国家所看到的，是强行要求与在计划下形成的世界市场相连接的结构。

哈耶克研究专家约翰·格雷曾在《全球资本主义的幻象》一书中指出，哈耶克所说的作为一种自发秩序的市场是一个空想。[29] 对哈耶克心怀敬意的佐伯启思也在《货币、欲望与资本主义》一书中指出，哈耶克所说的概念已经失去了意义。[30]

哈耶克于1988年所著的《致命的自负》中，继续对社会主义加以批判，并增补了他的进化论式的论点。[31] 1992年，他在弗莱堡因罹患肺炎离世。他在看到当今的资本市场急速支配全球和它的崩溃后会作何感想呢？相信不只是笔者一个人好奇吧。

对实证主义的批判

作为回答上面那个疑问的线索，我们还是应该看一看哈耶克最主要的著作《法律、立法与自由》。其中，对《致命的自负》的批判之一是对实证主义的批判。

在日本，说到实证主义（Positivism），大多是指通过收集数据、整理文献来展开论述的态度，虽然艰涩，却不失为一个扎实的方法论。但是，在欧美国家，Positivism的意思完全相反，是指"尊重只在头脑中进行逻辑思考的态度"。

哈耶克在《科学的反革命》（1952年）一书中对这种思想进行了批判，从思想史来看，其批判的对象包括笛卡尔、孔德、圣西门、黑格尔、马克思等。他们是一群傲慢且危险的思想家，他们宣称，人们应当在欧洲思想中通过知性作出一切判断，坚信自己是"科学家"。

科学家们在强调客观的事实时，其实他们想说的是，人们对事物进行的思考及产生的作用，是对个别事物的研究。对科学家们来说，人们对外部世界所持有的解释是一个需要时刻回避的阶段。[32]

《法律、立法与自由》一书中举出了一位实证主义者，他就是生长于维也纳的国际法学家汉斯·凯尔森。他的"纯粹法学理论"放弃了法律是历史自然产物的观点，转而探求法律体系自身的独立价值，因此被作为最恶劣的实证主义例证。

实证主义宣称所有法律都是出于立法者的意志，他们的概念整体是带有设计主义特征的意志主义谬误的产物。也就是说，他们将法律及其他众多的人类各项制度倒退到了设计理论的位置上。[33]

凯尔森的法律实证主义只重视体系内部的独立推论，对人类社会中的历史意义和价值不屑一顾。哈耶克指出，其典型的表现是德国法西斯时期，人们遵循法西斯的法律，即使从历史的观点来看显然是不道德、不符合伦理的事情，也不会被问罪。

只要这些法律的卫士们经说服而接受了法律实证主义有关每一种国家都是一种法治国家的法律定义，那么他们就别无选择，只能按照凯尔森在回顾往事时所认可的那种观点行事。他认为，"从法律科学的角度来看，纳粹统治之下的'法律'也是法律。"[34]

但是，为什么哈耶克对实证主义的猛烈批判没有对准货币主义的总帅米尔顿·弗里德曼呢？哈耶克在创立朝圣山学社时与弗里德曼是盟友关系，但是弗里德曼坚持的不正是实证主义经济学吗？

重复一下之前提到过的内容，弗里德曼认为，设计经济模型的时候，讨论其前提是否反映现实并没有意义，只要能分辨基于多个假设得出的推论结果是"好的"或者"比现在好"就足够了。[35]

已经将本书读到这里的读者朋友想必已经清楚，受到米尔顿·弗里德曼影响的美国经济学的大部分，后来发展成了实证主义经济学。

1982年，哈耶克在接受卡托财团的采访时，曾这样批判米尔顿·弗里德曼："我现在后悔的是，当我的同志同时也是好友的米尔顿·弗里德曼在阐述实证主义经济学时，我没有对他进行批判。弗里德曼的实证主义经济学，其实与基于我们拥有完美智慧的前提下可以对所有相关事实作出政策决定的观点无异。"[36]

美国的经济学家正是在"基于我们拥有完美智慧的前提下"而自诩"科学家"，试图用全球化和金融工程学来颠覆世界的。这与苏联所构想的社会主义帝国截然相反，但其思想的根本是"一样的"。从这个角度来看，不得不说，哈耶克至今仍在。

― 第11章 注释 ―

1 弗里德里希·A·哈耶克著，一谷藤一郎、一谷映理子译『隷従への道：全体主義と自由』，东京创元社，1992年，第170页。
2 同上书，第96页。
3 同上书，第90页。
4 同上书，第20、26、27页。
5 Stephen Kresge and Leif Wenar著，嶋津格译『ハイエク、ハイエクを語る』，名古屋大学出版会，2000年，第10页。
6 同上书，第15页。下一段中的引文亦出自本书。
7 奥特马尔·施潘著，秋泽修二译『全体主義の原理』，白扬社，1938年，第5—6页。
8 K. ゾントハイマー著，河岛幸夫、胁圭平译『ワイマール共和国の政治思想：ドイツ・ナショナリズムの反民主主義思想』，ミネルヴァ書房，1976年，第169页。松特海默认为："奥特马尔·施潘并没有以民主主义的名义来掩饰他建设身份制国家的主张。因为对他来说，民主主义是一种不吉的力量，它总是在阻碍国家所有有机身份构成，并推动社会的均一化和不良平等。"
9 Alan Ebenstein, *Friedrich Hayek: A Biography*, The University of Chicago Press, 2001, pp.36—37. 以及埃蒙·巴特勒著，鹿岛信吾、清水元译『ハイエク：自由のラディンかリズムと現代』，筑摩書房，1991年，第6页。
10 哈耶克著，古贺胜次郎译『貨幣理論と景気循環』，收录于『ハイエク全集1』，春秋社，1988年。
11 哈耶克著，谷口洋志等译『価格と生産』，收录于『ハイエク全集1』。以及加藤宽等译『利潤、利子および投資』，收录于『ハイエク全集2』，春秋社，1989年。
12 哈耶克著，嘉治元郎、嘉治佐代译『社会における知識の利用』，收录于『ハイエク全集3』，春秋社，1990年，第108页及第119页。
13 哈耶克著，田中真晴、田中秀夫译『回想のケインズと『ケインズ革命』』，收录于『市場・知識・自由：自由主義の経済思想』，ミネルヴァ书房，1986年，第188页。
14 松原隆一郎著『ケインズとハイエク：貨幣と市場への問い』，讲谈社现代新书，2011年，第109—110页。
15 哈耶克著『回想のケインズと『ケインズ革命』』，第188页。
16 Stephen Kresge and Leif Wenar著『ハイエク、ハイエクを語る』，第90页。
17 同上书，第89页。
18 同上书，第93—94页。
19 哈耶克著『回想のケインズと『ケインズ革命』』，第189—190页。
20 Robert Skidelsky, *John Maynard Keynes Vol. 3: Fighting for Britain, 1937—1946*, Macmillan, 2000, pp.284—285.
21 巴特勒在《哈耶克：自由的激进主义与现代》的中写道："1950年，哈耶克接受了芝加哥大学的聘用邀请，其中部分原因是他离婚了，需要负担两个家庭的生计，但主要还是因为他想要开拓新的领域。"（『ハイエク：自由のラディンかリズムと現代』第10页）
22 Stephen Kresge and Leif Wenar著『ハイエク、ハイエクを語る』，第239—240页。Kresge对哈耶克的离婚事件所带来的冲击非常重视，他说："哈耶克的离婚丑闻让他失去了人际交往的很大一部分。"（第240页）
此外，Kresge还引用了哈耶克所著《约翰・斯图尔特・密尔与哈莉耶特・泰勒》中的部分："他们二人可能是在这一时期开始意识到自己的丑闻，然后变得小心，几乎完全退出了社交圈。"哈耶克在该书中探讨了自由主义思想家密尔在爱上了已嫁为人妻的泰勒之后产生了怎样的思想变化，可以看出，他是将自己和新婚妻子的境遇与密尔和泰勒的经历重叠在了一起。
23 森嶋通夫著『終わりよければすべてよし』，朝日新闻社，2001年，第183页。
24 Ebenstein, *op. cit.*, p.192.
25 Stephen Kresge and Leif Wenar著『ハイエク、ハイエクを語る』，第167—168页。埃布斯泰因认为，哈耶克开始出名是在1974年获得诺贝尔奖之后。瑞典皇家科学院曾决定，在最初的5年不将诺贝尔奖授予瑞典人，

但因为颁奖给了凯恩斯主义者纲纳·缪达尔，为了取得平衡，也给自由主义者哈耶克授予了诺贝尔奖。Ebenstein, *op. cit.*, pp.261—263.

26 哈耶克著，矢岛钧次等译『法と立法と自由I』，收录于『ハイエク全集8』，春秋社，1987年，第14页。

27 哈耶克著，筱塚慎吾译『法と立法と自由II』，收录于『ハイエク全集9』，春秋社，1987年，第152页。

28 哈耶克著，渡部茂译『法と立法と自由III』，收录于『ハイエク全集10』，春秋社1988年，第231页。

29 约翰·格雷著，石塚雅彦译『グローバリズムという妄想』，日本经济新闻社，1999年，第12页。

30 佐伯启思著『貨幣・欲望・資本主義』，新书馆，2000年，第383页。

31 哈耶克的进化论中严格区分了生物进化论和社会进化论。但是，江头进在《F·A·哈耶克研究》(日本经济评论社，1999年) 中表示："尽管哈耶克的进化论作为他的理论基础具有非常重要的意义，但他所给出的解释算不上充分。就连这个暧昧的概念也在他一生中渐渐发生了改变了。"（第223页）

另外，哈耶克在『致命的な思いあがり』(收录于渡边干雄译『ハイエク全集第2期1』，春秋社，2009年) 中谈到了凯恩斯的道德观，并对《年轻时的信条》有着以下颇有意思的论述："他含蓄地加道，'我55岁了，这个时候转向已经年纪太大了，所以我就继续这样当一个不道德的人吧'。"（第81页）

32 哈耶克著，佐藤茂行译『科学による反革命：理性の濫用』，木铎社，1979年，第17页。

33 哈耶克著『法と立法と自由I』，第97页。

34 哈耶克著『法と立法と自由II』，第81页。

35 Milton Friedman, *Essay in Positive Economics,* The University of Chicago Press, 1953, p.41.

36 "An Interview With F. A. Hayek", Dec. 1st, 1982, *Cato Policy Report*, Vol. V, No. 2, Feb. 1983.

第11章 中文参考资料及日文资料标题译文

1　哈耶克：《通往奴役之路》，王明毅译，中国社会科学出版社1997年版。

5　哈耶克：《海耶克论海耶克：对话式自传》，Stephen Kresge and Leif Wenar 编，李华夏、黄美龄译，台湾远流出版事业公司1997年版。原题为 Hayek on Hayek: An Autobiographical Dialogue。

7　《集体主义原理》（原著《战斗的科学》中"社会学"和"哲学"部分的日译版）。原题为 Kämpfende Wissenschaft。

8　库尔特·松特海默：《魏玛共和国的反民主思想》，安尼译，译林出版社2017年版。原题为 Antidemokratisches Denken in der Weimarer Republik : Die politischen Ideen des deutschen Nationalismus zwischen 1918 und 1933。

9　《哈耶克：自由的激进主义与现代》。原题为 Hayek : his contribution to the political and economic thought of our time。

10　《货币理论与经济周期》，原题为 Monetary theory and the trade cycle。

11　《价格与生产》，原题为 Prices and production。《利润、利息与投资》，原题为 Profits, interest and investment, and other essays on the theory of industrial fluctuations。

12　《社会上的知识运用》，原题为 The use of knowledge in society。

13　《忆凯恩斯与〈凯恩斯革命〉》。《市场·知识·自由：自由主义经济思想》。

14　《凯恩斯与哈耶克：向货币与市场提问》。

23　《只要结果好，过程不重要》。26—28《法律、立法与自由》。《哈耶克全集》。

29　约翰·格雷：《伪黎明：全球资本主义的幻象》，刘继业译，中信出版社2011年版。

30　《货币、欲望与资本主义》。

31　哈耶克：《致命的自负》，冯克利、胡晋华译，中国社会科学出版社2000年版。原题为 The fatal conceit : the errors of socialism。

32　《科学的反革命：理性的滥用》。原题为 The counter—revolution of science : studies on the abuse of reason。

第12章 彻底的市场社会怀疑论者

卡尔·波兰尼

1886—1964

经济人类学的鼻祖，对欧洲经济史展开了大胆的论述，在著作《大转型》（1944年）中将法西斯称为欧洲社会挣脱市场经济束缚的征兆，该书作为批判市场主义的基础文献，至今仍被广泛阅读。

波兰尼出生在维也纳一个犹太家庭，成长于匈牙利布达佩斯。他在布达佩斯大学创立了伽利略社团，参与了很多启蒙性社会主义运动，历任经济学杂志副主编等职。1933年逃往英国，与基督教的社会主义者多有交流。1940年移居美国，在哥伦比亚大学任教期间，开始执笔《大转型》。

第二次世界大战后，他的研究方向渐渐转向古代经济学和民族志，留下了很多关于探索市场经济社会的手稿；他还一直致力于研究最终应当到达的社会样态。

于波兰尼而言，

近代欧洲沉迷于市场社会这一点，

正是束缚人们的邪恶的"魔鬼的磨盘"。

他所目睹的20世纪30年代欧洲世界制度和价值的崩塌，

预示着埋身于市场之中的社会又将

从市场中逃离的时代拉开了序幕。

"

市场经济将要终结

上一章提到，哈耶克于1944年出版了《通往奴役之路》，在同一年，卡尔·波兰尼的《大转型》问世。《通往奴役之路》一书将市场社会作为西欧文明本身而予以维护，而波兰尼的《大转型》却正因为市场是西欧文明本身而进行了彻底的批判，波兰尼认为市场社会马上就要终结。

波兰尼是从回顾凯恩斯在《〈凡尔赛和约〉的经济后果》中描绘的19世纪欧洲开始的。[1] 19世纪的欧洲具有以下四个制度：第一，列强之间的势力均衡体系；第二，实行国际金本位制；第三，正在发挥作用的自我调节的市场；第四，以自由主义国家为中心，维持着整体的稳定。

这四点中起决定性意义的是金本位制，该体制的崩溃导致了欧洲文明的崩塌。

> 当金本位制将要瓦解的时候，大多数其他制度也在为拯救它的徒劳努力中牺牲了。[2]

波兰尼认为，第一次世界大战带来的金本位制中断和后来向金本位制的回归，以及全球经济萧条导致的金本位制终止，这一段历史其实是"无用功"，是牺牲了其他的制度而做出的尝试。之所以这样说，是因为作为这些制度中心的自我调节的市场其实并不成立。

> 我们的命题是，这种自我调节的市场的理念，是彻头彻尾的乌托邦。除非消灭社会中的人和自然物质，否则这样一种制度不可能存在于任何时期。[3]

19世纪的欧洲世界诞生于这个原来并不成立的自我调节的市场之下，无法逃脱走向崩溃的命运。在第一次世界大战中被动摇了的欧洲体系，之后面临着从市场向人性的、自然的"社会"的回归。这个回归正是法西斯，也正是社会主义。

> 法西斯主义的真正意义开始显现是在第三个时期，即1929年之后。此时，市场体系很明显打了一个死结。当时，法西斯主义还只不过是意大利独裁政府的特征之一，这个政府在其他方面与传统政府并没有太大区别。但这时法西斯主义却作为能够解决工业社会问题的替代方案出现了。[4]

那么在俄国出现的社会主义又该如何解释呢？波兰尼认为，1917年至1924年的俄国革命不过是"欧洲仿照英国和法国革命模式的最后一次政治骚乱",而"始于1930年左右的农业集体化革命,是改变我们30年代整个世界的第一场重大社会转变"。[5]

波兰尼的《大转型》与论述了同一时期欧洲的哈耶克的《通往奴役之路》截然相反,后者高度评价了市场社会,而前者持完全否定的态度。

波兰尼一家

1886年,卡尔·波兰尼出生于奥匈帝国首都维也纳的一个犹太裔匈牙利家庭。几年后,全家移居至布达佩斯,卡尔在那里度过了他的童年和少年时期。[6]

他的父亲米哈易尔·波拉契柯是一位铁路工程师,奥匈帝国掀起铁路建设热潮后,波拉契柯创办了一家公司,在维也纳和布达佩斯修建铁路并大获成功,让他的五个孩子享受了富裕的生活和良好的教育。

长女拉乌拉、长子阿道夫、次子卡尔、次女苏菲娅和三子迈克尔,五个孩子在家庭老师的指导下,学习了英语、德语、拉丁语、希腊语、匈牙利语。遵照波兰尼爷爷的决定,随着新教改革,他们家将姓氏改成了匈牙利式的,即波兰尼,作为在奥匈帝国生活的匈牙利人,让孩子们接受高水平的教育。[7]

五个孩子中,年少成名的是三子迈克尔,他曾一度担任爱因斯坦的助手,凭借物理学方面的成绩成为诺贝尔奖的有力竞争者。然而,不久后他转到社会哲学方向,通过"隐性知识"的概念来研究人类的"知识结构",其著作《隐性维度》和《个人知识》等,至今仍对现代思想有着很大的影响。[8]

卡尔进入布达佩斯大学的法律政治学系学习，在临近毕业时，因为参加学生运动而被开除，不得不转学到特兰西瓦尼亚的克卢日一纳波卡理工大学，取得了法学博士学位。

1908年，在布达佩斯大学时期，22岁的卡尔创立了伽利略社团，开展运动来维护受到弹压的教授，并组织面向民众的讲座和学习会。据说，他做这些是因为"相信对社会来说，知识分子和学生必须作为进步的力量而采取行动"。[9]

第一次世界大战爆发后，卡尔·波兰尼作为奥匈帝国联军的骑兵将校参军，负伤后伤病迟迟不愈。1917年离开军队，之后，波兰尼郁郁寡欢，反复地阅读了莎士比亚的《哈姆雷特》。[10]

1919年，波兰尼在维也纳郊外的医院再一次进行手术并住院，在那里他遇到了护士伊洛娜，二人渐渐熟悉起来，4年后成婚。伊洛娜是一名共产党员，她在维也纳工科大学从事研究的同时，继续着护士的工作。[11]

维也纳时期的波兰尼一边研究渐渐开始兴盛的社会主义思想，一边探索并非中央集权式的社会主义。在1922年发表的《社会主义会计》和1924年发表的《功能社会理论与社会主义的计算问题》中，波兰尼参与到了当时正盛的社会主义经济是否可以进行整体计算的论争之中，反驳了当时冯·米塞斯和F. 韦尔等人的社会主义计算是不可能的、社会主义经济是不可能的一说。[12]

在这一时期，波兰尼开始担任经济杂志《奥地利经济学》的编辑，很快就成了副主编。1927年，该杂志将一位尖锐地分析了巴拿马运河问题的年轻作者邀请到了编辑会上。这个年轻人的德语名字是Peter Drucker，当时年仅18岁，才气斐然，与波兰尼相谈甚欢。这个年轻人后来去了美国，他就是世界知名的管理学家彼得·德鲁克。

当时年轻的德鲁克被邀请到波兰尼家吃晚饭，他在波兰尼家亲眼看到，波兰尼将在杂志社获得的高收入都花在了他妻子从事的贫困救济活动上，而他们家一直过着清贫的生活。德鲁克后来在自传《旁观者》一书中描写过当时心中的感动，[13]具体内容我们在下一章详细介绍。

对大萧条与法西斯的分析

始于1929年的波及全球的经济危机丝毫没有结束的征兆。波兰尼在1933年投稿给杂志《奥地利经济学》的文章《世界经济萧条的机制》中提出疑问："世界经济萧条的本质是什么？至今依旧不能自动恢复的原因又是什么？"他将原因归结于第一次世界大战导致的欧洲世界崩溃。

> 我们在此没有必要深入探讨经济萧条理论这一复杂而又混沌的课题。出现这种全面萧条的原因在于世界大战以及由此引发的史无前例的政治、社会事态。[14]

第一次世界大战结束后，在美国和欧洲出现的繁荣景象又该如何解释呢？美国过剩的信用政策虽然带来了通货膨胀，但只要美国在为全世界提供信用，那么这种虚假的稳定就能够得到维持。

> 通货膨胀的机制不再有效之后，过剩的债务所带来的金融压力不可避免地急速转变成了经济萧条。……通货膨胀虽然解救了社会机制，但那不过是单纯地把痊愈过程中

的痛苦拉长了，并没有将它从人类社会中剔除出去。[15]

他并没有从经济繁荣和崩溃的周期来论述大萧条，而是从欧洲世界崩塌这一重大历史阶段的角度加以阐释，在此我们已经可以窥见后来的波兰尼式分析手法。

另外，波兰尼写于1935年的《法西斯的本质》中也有着与后来《大转型》所共通的论点。波兰尼认为，法西斯思想是反民主主义、反基督教主义的，无法与资本主义协调，因为法西斯在根本上是反个人主义的。

> 对个体的发现就是对人类的发现，对个体灵魂的发现就是对共同体的发现，而发现平等就是社会的发现。这些都是你中有我、我中有你的关系。其结果是，发现个体就意味着社会发现个体之间的关系。[16]

这一时期，波兰尼对基督教式社会主义寄予了厚望，将与基督教价值观相对立的东西都视为与社会主义相对立，因此他理所当然地认为法西斯与社会主义是敌对的。

始于1929年的世界经济大萧条，其实不过是在第一次世界大战中已经开始崩溃的欧洲世界的迟来的彻底崩溃。法西斯与社会主义一样，都是作为这个崩溃的反映而出现的。这二者之中，真正可以从崩溃中走向复兴之路的，只有尊重个人和社会的社会主义。[17]

个体的发现就是社会的发现，是人类本身的发现，从这一观点上我们可以看到波兰尼身上意外朴素的近代主义思想。波兰尼直至晚年都坚持着这种个人主义、平等与社会相结合的思想。

逃亡生活与《大转型》

随着法西斯势力在奥地利开始崛起,波兰尼作为社会主义记者,他的活动空间变得越来越小。1933年,波兰尼与女儿一起来到了英国。而他的妻子依旧继续着"非法"政治活动,1936年由于身体的原因,她才不得不前往英国与丈夫和女儿团聚。

在英国,波兰尼与基督教社会主义团体往来密切,他的早期著作《经济哲学手稿》就是从基督教思想的角度来钻研马克思主义的。同一时期,他还接触了一些社会主义思想家,在劳动者教育协会中担任成人教育讲师。参与这个协会的还有《社会主义和法西斯主义》的作者G.D.H.柯尔,以及因《宗教与资本主义兴起》而知名的理查德·陶尼。[18]

1940年,波兰尼接受了洛克菲勒财团的奖学金来到美国的本宁顿学院,着手《大转型》的创作,他的这部主要著作中有不少灵感来自在英国时结交的好友柯尔和陶尼。《大转型》的初版于1944年在纽约发行,翌年,他出版了英国版的《大转型:我们时代的政治与经济起源》。

让人意外的是,虽然这本书中选取了大量来自英国的史料,但在英国反响平平,而在美国却备受瞩目。1947年,波兰尼被哥伦比亚大学聘请为客座教授。此时,波兰尼决定带着妻儿移民美国。

随着"冷战"的爆发,红色恐慌[1]的风潮蔓延开来,波兰尼的妻子伊洛娜因为从事共产主义活动而被美国拒绝了移民申请。于是波兰尼一家不得不开始一种特殊的生活,即全家定居于加拿大,而波

---

[1] 即 Red Scare.

兰尼自己在哥伦比亚大学附近租了一间房子。[19]

《大转型》从海量的文献出发，波兰尼以自己独特的视角，描绘了市场社会在19世纪的欧洲，特别是在英国的形成过程，并指出了进入20世纪之后市场社会的崩溃前兆。波兰尼描述了欧洲社会"嵌埋"于市场之中的过程，用他的话来讲，自第一次世界大战开始抬头的法西斯主义和社会主义是社会的反弹，是一种"离床[1]"现象。[20]

伴随着社会被"嵌埋"于市场之中的过程，出现了对这一过程的抵抗运动。与此同时，在社会市场化的趋势中，出现了与之反向的、让市场回到社会之中的趋势。这就是波兰尼所说的"双重运动"。

《大转型》一书是之前的研究和思想的集大成之作，同时，这也是波兰尼人生过程的集大成之所在。

> 放弃了市场经济的乌托邦，我们就得直面社会的现实。这正是作为一方的自由主义与作为另一方的法西斯主义和社会主义之间的分界线。双方之间的首要区别并不是经济上的，而是道德上和信仰上的。[21]

从这里也能看出，波兰尼认为法西斯是非道德、非宗教性质的，而社会主义是道德的、宗教性质的。

迈克尔与卡尔的凯恩斯论

在这里，请允许笔者稍稍插入一些题外话，让我们先将目光投

---

[1] 离床活动是医学名词，指长期卧床的人开始渐渐恢复并下床活动。

向波兰尼的弟弟迈克尔。迈克尔·波兰尼比哥哥卡尔·波兰尼小五岁，他的天赋在波兰尼姐弟五人中应该是最高的。如前文中提到的，迈克尔专攻物理学，曾担任爱因斯坦的助手，一度是诺贝尔物理学奖的有力竞争者，但他却突然转向了社会哲学的研究。

迈克尔所著《隐性维度》[1]在日本非常出名，正如日本的经营学（管理学）中所讨论的，"隐性知识"并不是潜藏于企业组织中的思维方法，他所说的"隐性知识"存在于人类社会的背后，并引领着人类走向未来。22

迈克尔于1945年写了一本题为《充分就业与自由贸易》的纯经济学的书，专门研究波兰尼兄弟的代表性专家佐藤光先生曾介绍过这本书的概要。23 其主要内容与凯恩斯的《通论》基本一致，该书中指出，在实现充分就业时要坚持"中立性原则"。

迈克尔认为，在20世纪30年代那样严重的经济萧条下，他不否认公共投资等手段的作用，但在没那么严重的情况时，应当通过减少所得税等政策来实现没有"偏颇"的就业政策。

从迈克尔后来参加了哈耶克等人创立的朝圣山学社一事也可以看出，迈克尔与他的社会主义者哥哥卡尔的立场非常不同。尽管如此，迈克尔仍然在精读了凯恩斯的《通论》的基础上，提出了以坚持"中立性原则"为前提的就业政策。

迈克尔指出，"非中立性"的经济政策造成了通货膨胀，通货膨胀给大众的心理带来了刺激，而"通货膨胀的气氛"和"公众的偏颇"的出现可以促进就业。但是，这些应当被控制在一定程度之内。

另外，迈克尔认为，被凯恩斯视为理所当然的知识分子主导的

---

[1] 原题为 The Tacit Dimension.

政策行不通。正如后来凯恩斯的观点被批判为"哈维路式的假定[1]"一样，迈克尔已经在这一点上对凯恩斯主义提出了质疑。

关于贸易方面，迈克尔也并不认为一切都交给自由交易就能实现充分就业。他认为，维持充分就业本身可以实现自由贸易。

> 由政府的部分介入而实现的充分就业使自由贸易变得可能。换一种更为抽象的说法，即只有基于某种对自由的制约才能实现真正的自由。[24]

卡尔·波兰尼虽然没有对凯恩斯主义经济学进行过系统的论述，但他很关注凯恩斯的《〈凡尔赛和约〉的经济后果》。在第一次世界大战中崩溃的欧洲又引发了第二次世界大战，其原因在于凡尔赛体系，但卡尔认为，根本原因在于更为深层的东西。

> 战后和平稳定的阻碍与大战爆发的原因是相同的。自1900年以来的世界经济体系解体，是1914年政治紧张和战争爆发的真正原因。[25]

另外，卡尔·波兰尼对凯恩斯在《就业、利息和货币通论》中提出的公共政策也展示出一定程度的理解。不仅如此，卡尔强调，创造出古代雅典文化遗产的正是民众自身的公共奉献，他这样说道："凯恩斯先生与其在他的著作《通论》中将金字塔作为现代公共事业的历史性类比，不如举出帕特农神庙的例子更好一些。"[26]

---

[1] 即 Harvey Road presumption.

对于古典派没能说明的货币现象，凯恩斯经济学通过"货币本身是稀缺资源之一，而且是一种与商品形成对照的资源"这个观点，给出了一种可能的解释。卡尔·波兰尼以经济人类学的观点审视了凯恩斯经济学的意义，对凯恩斯经济学的成就予以了肯定。[27]

迈克尔也好，凯恩斯也好，卡尔·波兰尼与他们根本性的不同之处在于，卡尔将希望寄托在了社会主义上，他对斯大林的苏联社会主义给出了非常宽容的评价。卡尔·波兰尼对苏联的现实选择了视而不见，也因此，他与弟弟迈克尔的关系开始恶化。

《大转型》之后的"经济人类学"

波兰尼出版《大转型》后，迎来了他人生中最为安稳的一段时期，他开始研究并寻找人类历史上不通过市场的交易及社会。他在1957年发表的《汉谟拉比时期的非市场交易》《亚里士多德的经济发现》等论文中介绍了他的研究成果，[28]这些成果是基于大量的民族志和古典文献研读的。

但是，我们不能认为波兰尼这些研究的目的是寻找一种无关市场的经济并将未开化的社会视为理想。比如他的《达荷美与奴隶贸易》〔1966年出版，日译本标题为『経済と文明』（《经济与文明》）〕一书被视为对"经济人类学"尝试的代表作，但波兰尼并不认为推行奴隶贸易的非洲达荷美王国是理想的，他甚至在书中这样写道：

但是，从整体上来看，本书的视角大概算不上好古。一位经济史学者为了处理自己所处时代的各种问题而有意为之的些微研究，其分析是基于这样的信念：无论何时何地发生的任何社会经济上的变革,在现实中正视它,都对拓宽我们的视野和解决问题有所助益。即便过去的特性中存在一些看上去对当今的时代具有教育意义的地方,我们也需要小心,不要过度美化后进社会。[29]

关于《大转型》之后的波兰尼还存在着一个误解,那就是波兰尼向经济人类学的倾斜,使他埋身于民族志研究之中,而将其曾经构想过的独特的社会主义全然抛在了脑后。就连崇拜年轻时的波兰尼的彼得·德鲁克也曾在回忆录中写道:"到他将近80岁快离开人世时,他已然把20年前在《大转型》一书中关于第三社会的梦忘得一干二净了。"[30]

不过,这应该只能说是德鲁克式的解读吧。诚然,无论是关于社会主义,还是无关市场的社会,波兰尼的论述都变得十分谨慎。但是,态度谨慎与失去问题意识,这二者恐怕是迥然不同的。

上文中提到的佐藤光在《卡尔·波兰尼的社会哲学》一书中指出:"波兰尼一直保持着对现代工业社会的关注,到晚年时,他把学生和合作学者对未开化的社会和古代社会的人类学研究的热忱看在眼中,但波兰尼自己的主要理论的关注方向再次投向了现代工业文明的诸多问题上。"[31]

晚年的波兰尼在连续三年的时间里,与他的学生——哥伦比亚大学研究生亚伯拉罕·罗特斯坦为伴,阐述着自己的社会哲学观点。他们的对话内容被罗特斯坦记录了下来,作为"周末笔记"保存了下来。佐藤光前往坐落于蒙特利尔的卡尔·波兰尼政治经济研究所访学时,曾阅读并研究过这份"周末笔记"。

名为"社会"的乌托邦

在这份"周末笔记"中,我们可以看到以下内容。

> 因为职责带有伦理性的含蓄,所以我们能够以此来导入一种伦理学。如果社会中不存在某种职责,那么我们可以通过发现新的职责来改变社会。这一事实可以带来一个社会现实的新意义,也就是作为道德概念的新意义,即经济的制度化就是经济的道德化。社会现实是否可以道德化取决于可以创造出什么样的制度。无论如何,个人的选择通过制度而被具体化、道德化。[32]

也许专门研究波兰尼的学者乃至波兰尼自己都会表示反对,但佐藤光从这些零散难解的词句中得出了一个引人深思的结论。他认为,将波兰尼的思想放到麦金泰尔等共同体主义者的语境中来解读会更容易理解。这样一来,波兰尼表述得非常暧昧的"社会"这一概念,就变得明确多了。

从事波兰尼研究的年轻学者若森美鸟在《卡尔·波兰尼》一书中提到了波兰尼构思的最后一本著作——《自由与技术》,她从"周末笔记"中引用了下面这样一段内容。

> 可以说,自我调节的市场是带有效率、自动化、调节等机械特质烙印的社会的最初领域。但是如今,不仅是经济,社会本身以机械为中心而重筑,社会的形态和目标看上去是来自机械的要求。[33]

若森在这里指出的是技术取代了市场，成了构筑社会的要素这一事实。也就是说，如今我们的社会是"嵌埋"于技术之中的。这一观点与刘易斯·芒福德后期的技术文明论，以及马丁·海德格尔的技术论异曲同工。[34]

也许，对经历了金融工程学导致的雷曼事件（美国次贷危机）以及福岛核泄漏事故的现代人来说，若森的研究富于启示。技术与市场的适配性很好，非常容易融合在一起，可以说这是人类这20多年来的亲身体验。"周末笔记"并非波兰尼亲笔所写，而《自由与技术》也不过是一部幻想中的著作，我们自当不应过度解读，但至少可以说，波兰尼一直在探索《大转型》之后的课题。

虽说如此，但是作为与市场相抗衡的概念，波兰尼将"社会"这一等价于个人主义、平等主义以及社会主义的概念作为议论的中心，对市场社会进行尖锐批判的同时，不可否认地也产生了与所有肯定的概念相关的暧昧不明。[35]

将波兰尼的理论介绍到日本并翻译了《大转型》的人中，有人指出了波兰尼所说的"社会"这一概念的暧昧之处，甚至有人指出，这一概念可以被看作黑格尔哲学所说的"理性的狡计"[36]。波兰尼的社会主义圈层崩溃之后，在谈论马克思理论失效的同时，对市场经济的批判取代了马克思，承担起了"小丑"的功能，这也是事实。[37]

现在，我们在阅读波兰尼的《大转型》时需要注意的是，正如波兰尼在有关达荷美王国的专著中所说的那样，如果我们只从这本著作中选取对自己有利的部分来引用，那么在直面经济以及经济学的危机时，就容易落入一种自以为找到了替代品（Alternative）的错觉之中。

第12章 注释

1 卡尔·波兰尼著，吉泽英成等译『大転換』，东洋经济新报社，1975年，第3页。
2 同上书。
3 同上书，第4页。
4 同上书，第325页。
5 同上书，第330页。
6 Erzsébet Vezér, "The Polanyi Family," Kari Polanyi-Levitt, ed., *The Life and Work of Karl Polanyi*, Black Rose Books, 1990, pp.18—25.
7 *Ibid.*
8 佐藤光著『マイケル・ポランニー『暗黙知』と自由の哲学』，讲谈社选书métier，2010年，第11—24页。
9 Ferenc Mucsi, "The Start of Karl Polanyi's Career," *The Life and Work of Karl Polanyi, op.cit.*, p.28.
10 若森みどり著『カール・ポランニー』，NTT出版，2011年，第24页。
11 同上书，第27—28页。
12 波兰尼著，玉野井芳郎、平野健一郎编译『経済の文明史』，日本经济新闻社，1975年，第101—117页。
13 彼得·德鲁克著，风间祯三郎译『傍観者の時代 わが20世紀の光と影』，1979年，ダイヤモンド社，第192—196页。
14 波兰尼著『経済の文明史』，第80页。
15 同上书，第98—99页。
16 同上书，第132页。
17 同上书，第158—160页。
18 若森みどり著『カール・ポランニー』，第34—39页。
19 同上书，第39页。
20 佐藤光著『カール・ポランニーの社会哲学：『大転換』以後』，ミネルヴァ書房，2006年，第245页。佐藤在这里指出了与共同体主义者麦金泰尔之间的关联。
21 波兰尼著『大転換』,第346页。
22 日本管理学者在有关"隐性知识"的论述中,比较早期的有野中郁次郎著『戦略的組織の方法論：イノベーションを躾る』,ビジネス・アスキー,1986年。
23 佐藤光著『マイケル・ポランニー』,第79—131页。
24 同上书,第130—131页。
25 波兰尼著『大転換』,第27页。另外,野口建彦在『カール・ポランニー：市場自由主義の根源的批判者』(文真堂,2011年)中指出:"凯恩斯和波兰尼认清了这种形势,他们认为,各国想要从第一次世界大战的废墟中复兴,就只有脱离金本位制,建立起自给自足的经济和以国际合作为基础的国际金融机构,构筑起以国际贷款为中心的新体制。"(第63页)。
26 波兰尼著,玉野井芳郎、中野忠译『人間の経済Ⅱ』,岩波书店,1980年,第324页。
27 同上书,第565页。
28 波兰尼著『経済の文明史』,第七—第八章。
29 最后这一部分的翻译存在根本性的理解问题。栗本慎一郎、端信行在『経済と文明：ダホメの経済人類学的分析(新版)』(サイマル出版会,1981年)中译为:"我们必须注意到,即便在现在未开化的世界中也存在理想的东西。"(第1页)

别宫贞德在『誤訳 迷訳 欠陥翻訳(続)』(文艺春秋,1983年)中提出了不同的意见,他认为:"我们必须注意,不要将其理想化。"(第107页)这才是正确的译法。

本文根据上下文,采取了别宫的译法。从语法上来看,对beware一词的翻译是问题所在,但别宫指出:"因为只留意到'注意'一词,所以意思完全理解反了。"但是,栗本和端译在后来的筑摩学艺文库中也没有对此处进行订正。(第27页)

30 德鲁克著『傍観者の時代』,第215页。
31 佐藤光著『カール・ポランニーの社会哲学』,第200页。

32 同上书，第207页。
33 若森みどり著『カール・ポランニー』，第229页。
34 刘易斯·曼福特著，生田勉、木原武一译『権力のペンタゴン：機械の神話（第2部）』，河出书房新社，1973年；以及马丁·海德格尔著，关口浩译『技術への問い』，平凡社，2009年。虽然没有提及支持纳粹的海德格尔，但在收录于《人类经济I·II》（I为玉野井芳郎、栗本慎一郎译，岩波书店，1980年；II为前述玉野井芳郎、中野忠译）的草稿中对曼福特有所提及。
35 例如西部迈著『ソシオ・エコノミックス：集団の経済行動』，中央公论社，1975年，第266—269页。
36 波拉尼著、吉泽英成等译《大转换》的"译者序"指出："当波拉尼的'社会'这一概念被用于历史解释时，是否与黑格尔的'理性的狡计'一样，也陷入了事后了解的历史这一抽象概念之中呢？"（第423页）
37 佐藤光著『カール・ポランニーの社会哲学』指出："大多波兰尼研究者都不加批判地继承了他的社会主义思想，所以他们未能发现波兰尼社会哲学中最重要的现实意义。"（第13页）

第12章 中文参考资料及日文资料标题译文

1 卡尔·波兰尼:《大转型：我们时代的政治与经济起源》，冯钢、刘阳译，浙江人民出版社2007年版。
8 《迈克尔·波兰尼"隐性知识"与自由的哲学》。
10 《卡尔·波兰尼》。
12 原题为 Trade and market in the early empires。
13 德鲁克:《旁观者：管理大师德鲁克回忆录》，廖月娟译，机械工业出版社2005年版。
20 《卡尔·波兰尼的社会哲学"大转型"之后》。
22 《战略组织方法论：学会创新》。
25 《卡尔·波兰尼：市场自由主义的根本性批判者》。
26 《人类经济Ⅱ》。
29 波兰尼:《达荷美与奴隶买卖》，原题为 Dahomey and the slave trade。《误译、谜译及有缺陷的翻译（续）》。
34 《权势五角大楼：机械神话（第2部）》，原题为 The Pentagon of power。《演讲与论文集结》(原题为 Vorträge und Aufsätze)中前三篇论文的抄译。
35 《社会经济学：群体经济行为》。

第13章 管理界的导师

彼得·费迪南·德鲁克

1909—2005

德克鲁生于维也纳的一个政府高官之家，年纪轻轻便独立门户，一边做新闻记者，一边在法兰克福大学读书。移居伦敦后，他在一家投资银行工作的同时，广泛地学习了经济学、社会学、哲学。来到美国后，他于贝宁顿女子大学任教，29岁时凭借关于法西斯主义的专著《经济人的末日》而备受瞩目。第二次世界大战后，他出版了有关通用汽车公司的专著《公司的概念》(1946年)，被称作从多角度进行企业研究的管理学创始人。

1950年起，德克鲁在纽约大学任教授，1969年出版了《不连续的时代》，预言了信息化企业社会的到来。1971年，他来到克莱蒙特学院后，就未来社会展开论述，称得上是"未来学者"之一。

德克鲁理论的根本之处存在共同体思想，认为企业是可以让人得到自由、发挥能力的场所，对20世纪90年代之后回归自由放任主义的资本主义持怀疑态度。

德鲁克以"管理学之父"而闻名,
他凭借论述了对抗市场主义的法西斯主义与
社会主义的《经济人的末日》一书而一举成名。
他的管理学是能够让人的自由和想象力
在企业组织中开出花朵的方法论。

❝

成名作《经济人的末日》

1939年,一个此前查无此人的年轻人所写的一本书,在欧美社会引起了关注。书名是《经济人的末日》,作者就是29岁的彼得·德鲁克。

> 所有抵抗法西斯威胁的运动皆徒劳无功的原因在于,我们根本不知道在对抗什么。我们知道法西斯主义的表征,却不了解它的起因及意义。而那些自称反法西斯主义者、将反对法西斯作为主要信念条款的人士,坚决对抗的是他们自己捏造的幻觉。[1]

这本书激烈地批判了法西斯主义,但与之前所有关于法西斯主义的论述不同。青年德鲁克认为,法西斯主义既不是单纯的暴力团体,也并非马克思主义者口中的资本主义重组,而是由于对资本主义与社会主义二者的失望而诞生的一场运动。

> 资本主义之所以被欧洲人视为伪神,是因为它在泾渭分明的阶级间引起了阶级战争。而社会主义之所以有谬误,则是因为事实证明它无法废除这些阶级。[2]

资本主义与社会主义本应是对立的,但其实这二者是有共性的。将"人是经济动物(Economic Animal)"这一概念视为中心,为实现所有目的而从经济动机出发的活动是"经济人"的前提,是这两种主义唯一的接点。然而——

> 个人经济自由不会自动造就平等,这个事实已经摧毁了资本主义和社会主义据以建立、有关人类天性的概念:经济人。[3]

大众被资本主义排挤在外,又对社会主义感到失望,于是他们被攻击这两种主义的基础——"经济人"——的法西斯主义吸引。人们在资本主义和社会主义上感受到的幻灭深刻而庞大,也正因如此,法西斯主义才显得极其强大。但是,法西斯仅仅是对资本主义和社会主义发起了攻击,却远远没有解决当今欧洲文明所面临的问题。

德鲁克认为,近代欧洲原本是用自由与平等的实现约束着人们。资本主义在不知不觉间抛弃了自由,看上去暂时地获得了胜利。但是,在所有运动都宣告失败的当今,一个超越"经济人"的概念开始变得必要。

在《经济人的末日》一书中，德鲁克是这样总结的：

> 要创造新社会，就必须仰赖在压力下才能迸发出来的基础深厚的动力。未来的十年将会决定欧洲能否找到这股新的动力，引领她走出在经济人崩溃后所面临的绝境；也将决定欧洲能否在极权法西斯主义的黑暗中，摸索出属于自己的路。[4]

了解最近的德鲁克热潮的读者朋友也许会对他这本成名作感到奇怪。但是这一著作是德鲁克的出发点，或许可以说，德鲁克终其一生都在探索他在这本书中提出的问题。

与其说是管理学，更像管理哲学

在日本，彼得·德鲁克的管理学被视为来自美国的美式舶来品。他的管理学创造出了充满活力的超大型企业、大型汽车以及结实的冰箱，与这些可以称作美国产业象征的产品一样，德鲁克的管理学长久以来一直是日本商人所渴望达到的顶峰。

20世纪60年代自不必说，进入70年代后，日本商人热衷于在自己的必读书单中加入德鲁克的《管理》和《管理的实践》，没有人敢说自己不曾读过这些。但是，实际翻开这些书，给我们的印象却与美国很不一样。说不一样也许并不准确，但确实是另一个世界的感觉，至少与近20年的美国相去甚远。

回顾一下现代美国管理学代表性著作，这个感受会更加强烈。比如德鲁克的理论与迈克尔·波特和菲利普·科特勒等当今美国管理学的指导者所论述的内容，在方向性上有着根本性的不同。比如波特在《竞争战略》中推荐道，为了能够在市场中脱颖而出，就需要在同样的价格上拥有压倒性的技术，或者在同样的性能上贯彻价格优势。他还展开逻辑论述并附上了图表，来力证自己的观点之正确。[5]可能读者朋友真的会被说服，一边感慨着"原来如此"，一边对实践波特所提出的"战略"跃跃欲试。

那么德鲁克的理论又是怎样的呢？很遗憾，对想要快速上手掌握"Know-How"（技术诀窍）的读者朋友来说，他的理论可能帮不上忙。因为德鲁克说的是类似"关注人的短处而非长处的人是不能成为管理者的"，还有"不应该让一个比起人格更重视头脑的人升任经营管理者之职"这样的话。[6]

德鲁克还说，"追求一流工作的人，对自己的要求也是一流的。制定一个高标准，并对遵守这个标准予以期待。只思考什么是正确的，而不思考谁是正确的"，这是管理者的心得，但是恐怕很难凭借这个在讲究先声夺人的美国金融市场之类的地方生存下来。[7]

事实上，翻看时下的美式管理学专业书就会发现，几乎找不到德鲁克的名字，甚至他的著作也很少被引用。若是打开一本工商管理学史，也许能看到德鲁克被列举为第二次世界大战后的管理学专家之一，又或者某本平装书的宣传语中会写着一句"管理学的创始人"。

然而，这既不是一位教别人如何做生意赚钱的"导师"应有的待遇，也不像是在学术论文中被引用来背书自己观点的"权威"。也许应该说，德鲁克以及他的管理学理论在学界已经成了过去。

为避免引起误会，在这里需要赘言两句。笔者并不是想强调德鲁克的管理学已经落后于时代而不值得一读，也不是想说德鲁克已经不流行了。所谓"殿堂级"的著作，正是我们现在应该读的。为了让大家更好地理解这一点，下面请读者朋友先随笔者一起，回顾一下德鲁克的生平经历。

维也纳名门德鲁克一族

德鲁克于1909年出生在奥匈帝国的首都维也纳。他的父亲是帝国政府高官，出入他家的都是维也纳的上流名士。德鲁克曾在回忆录《旁观者》中充满怀念地记述了当时的情景。德鲁克这个姓氏的德语是Drucker，与他们一家有往来的大多是著名学者，其中包括精神分析学家西格蒙德·弗洛伊德等。[8]

按理说，少年彼得·德鲁克理应在维也纳接受精英教育。但是，德鲁克在17岁的时候离开了双亲，来到汉堡经商，将学籍挂在汉堡大学。德鲁克对他这一系列行为的解释是，"打心底对文理中学的无聊课程感到了厌倦"。[9]可见，他具有高度的行动力和强大的独立性。

后来德鲁克回到维也纳，被杂志《奥地利经济学家》（*Der Österreichische Volkswirt*）聘为编委，也正是在这时，出现了一个他命运中的转折。当时任该杂志副主编的是后来写了《大转型》一书来批判市场社会、在第二次世界大战后成为经济人类学之父的卡尔·波兰尼。

当时，匈牙利裔的波兰尼一边与妻子一起参与社会活动，一边忙于发表经济分析，生活十分繁忙。也正因如此，他经常在杂志的编审会议上迟到，好不容易现身，他总是从大大的书包里掏出厚厚的文献资料，然后提出一个又一个充满刺激的企划案。[10]

德鲁克提出了一个观点，他认为掀起一时热潮的纳粹将会夺取政权。其他编委会成员都惊呆了,但波兰尼却举双手赞成。现在看来,这二人是预见了未来。年轻的德鲁克将波兰尼视为兄长一般尊敬,也是自然而然的事。

后来,大萧条在欧洲进一步扩大,德鲁克作为新闻记者的同时,重新进入法兰克福大学学习国际法。他因为成绩优异而得到了教师一职。但就在1933年,他离开了德国,移居英国伦敦。[11]

这一年,24岁的德鲁克在德国出版了他的第一部著作《弗里德里希·朱利叶斯·斯塔尔:保守国家论与历史发展》。虽然"那只是一本跟小册子差不多的小书",[12]但由于德鲁克高度评价了德国保守派而且是犹太人的斯塔尔,所以同年取得了政权的希特勒政府马上叫停了这本书的发行。

德鲁克说移居伦敦的理由是,他想到了在希特勒政权下,自己的这一著作会成为被镇压的对象。作为犹太裔,他应该是感受到了自己会有危险。在伦敦,他作为证券分析师兼经济学者进行活动,与多丽丝重逢,二人于1937年成婚,随后马上移居至了美国。[13]

在美国,德鲁克以自由撰稿人为生,两年后,即1939年,他拿出全部积蓄自费出版了《经济人的末日》一书。[14]在该书中,德鲁克指出,纳粹和法西斯主义在欧洲的抬头,是自由放任主义的资本主义和苏联的社会主义到处吹嘘无法实现的梦想之后又宣告破产所带来的反作用,如前文所述,德鲁克从此备受瞩目。

在该书中我们不难看出他受到了波兰尼的影响。同一时期,分析希特勒外交的英国政治学家E. H. 卡尔,在国际关系论方面的开山之作《二十年危机》一书中,提到了这位年轻的社会理论家的著作并予以了高度评价。[15]

1942年,可以算是《经济人的末日》续篇的《工业人的未来》

出版，该书中提到了英国的保守思想，对使欧洲陷入混乱的思想予以了批判，并指出在"经济人"已经走到末路的当下，应当以"自由发挥作用的工业社会"为目标。"换句话来说，我们必须将企业作为社区"。[16]

在美国再出发

1942年，德鲁克来到美国的贝宁顿女子大学担任教授，负责政治和经济以及历史和哲学课程的教学。1943年，他受通用汽车公司（GM）的委托，开始对该公司的组织结构进行调研。[17]调研成果于战后的1946年以著作《公司的概念》的形式出版。书中详细记载了通用公司的协动组织，受到了高度的评价。但是，虽然是接受企业委托所写，这本书却不能仅仅被看为一份企业报告。德鲁克在书中这样说道：

> 放任主义一边宣称和谐是社会的基础，一边又犯下一个致命的错误，他们认为和谐是自发产生的，而不是政治家努力得来的最终成果。……当批评者从自然界和谐的缺失来推断社会和谐不可能成为社会基础时，关键在于这一谬误使自由放任主义者无以辩驳。[18]

显然，德鲁克依旧在探索他的成名作《经济人的末日》之后的课题，他指出，通用公司充满活力的协动组织之中有着能够克服欧洲自由放任主义的东西，他相信美国不会重蹈欧洲的覆辙。

没有哪个国家比美国更重视个人并以此作为社会的约束和信条。……美国在社会和经济中追求约束和信条的实现。[19]

德鲁克展开调研时，通用公司正处于企业组织的完成期，而美国的制造业也正迎来它的高峰。20世纪80年代末，正如麻省理工（MIT）出版的《美国制造》一书中所回顾的美国制造业的过往，以前的作业现场活力充盈，管理层也充满了紧张感，企业之中有着强烈的整体感。德鲁克认为，战前在欧洲以失败告终的自由与福利的协调，在美国的优质企业中是可以达成的。

但是，这一著作却引起了通用公司高层的强烈不满。当时任通用汽车公司总裁的是人称"中兴之祖"的艾尔弗雷德·斯隆，他对德鲁克的这一著作也持否定的态度。[20] 在通用汽车公司的高层看来，德鲁克的观点过于侧重协同合作和组织的整体性，这俨然是一套社会主义教义，他们显然对在企业的经营管理上探讨克服纳粹和法西斯主义的问题并不感兴趣。

后来，德鲁克成了管理学的明星，他的管理学理论并不是容易实践的"经营战略"，而是在论述一种从组织结构的整体性出发的管理"哲学"。这种管理学没能在美国成为主流，却在日本广受好评。

关于这一点，正如德鲁克自己所说的："把人口数量也考虑进来的话，我的书在日本的销量相当于在美国的2.5倍。"[21] 德鲁克的经营管理学在日本收获了比美国更多的热心读者和实践者。近年来，他的《管理》一书中的理论被应用到了高中棒球部的重建上，虽然这一案例引起了格外的关注，[22] 不过思及德鲁克管理学思想的出发点，恐怕会让心情稍显复杂。

彼得是个撒谎精

其实德鲁克很早就对美国资本主义的变化提出过一些质疑，比如"经济效益并非企业唯一的责任所在"，"企业的经营目标仅在于实现股东的直接利益，这一美国的新理论是无效的"，等等。[23] 从这些我们都可以窥见，20世纪90年代以来的德鲁克在美国作为一个异乡人，抱着痛苦的心情关注着周围的一切。

想到他犹太裔知识分子精英的身份，就会发现事情有点奇怪。比如双亲来自匈牙利的犹太裔移民米尔顿·弗里德曼，就提出了德鲁克所厌恶的不稳定的全球金融经济理论。[24] 在引领着华尔街的金融衍生工具和证券化的金融学家中，犹太裔占压倒性的大多数。即便是关于金融暴走的警示，犹太裔经济学家也大多擅长抽象的探讨，像德鲁克这样关注组织结构和人的因素的少之又少。那么德鲁克的这种倾向又是从何而来的呢？

德鲁克一族中知识分子很多，其中包括为躲避纳粹而逃往美国的著名国际法学家汉斯·凯尔森，不过在美国很少有人知道德鲁克和凯尔森是亲戚[1]。

凯尔森的女儿玛丽亚曾指责德鲁克，她说"彼得是个撒谎精"。她的父亲因为是犹太裔，在亡命到美国后遭受了各种有形无形的区别对待，而自己这个表兄弟——德鲁克——却隐瞒着自己是犹太裔的事实而成了名人，他是个彻头彻尾的胆小鬼。[25]

事实上，这个问题存在深层的原因。首先是思想上的差异。在关于哈耶克的一章中已经提到过，凯尔森的法律实证主义是一种极

---

[1] 汉斯·凯尔森是德鲁克的姨父。

端合理主义,这对于倾向保守主义思想的德鲁克来说很难接受。有人认为,德鲁克的第一部著作《弗里德里希·朱利叶斯·斯塔尔:保守国家论与历史发展》就是在对姨父凯尔森的思想提出反驳。[26]

前面已经提到过,德鲁克的父亲阿道夫是奥匈帝国政府的高官,他的母亲卡罗琳是一位医生,娶了他母亲最小的妹妹的就是汉斯·凯尔森。事实上,德鲁克的双亲逃亡到美国之后住在凯尔森家附近,凯尔森一家与德鲁克一家一直很亲厚。

> 汉斯·凯尔森几乎可以算是(德鲁克家的)家庭成员之一,但他和彼得·德鲁克的关系不太好。彼得·德鲁克曾说,"我受不了姨父的超合理主义"。[27]

而德鲁克所著《旁观者》一书,可以说是将他们二人不和谐的关系一锤定音了。法律哲学家长尾龙一曾采访过凯尔森的女儿玛丽亚,关于她说的"彼得是个撒谎精"这句话,就是从这篇采访里引用的。

> 彼得是个撒谎精哦,净写些胡说八道的东西。家父(=凯尔森)只有兄弟两个,他却写成是兄弟三人,叔父在第一次世界大战中负伤致残什么的。……他(=彼得)一面试图让读者以为他的亲戚中有很多了不起的人,一面又隐瞒着自己是犹太裔的事实。……他不承认他的父亲受到纳粹的迫害是因为犹太血统,只说是因为是共济会的成员。……他一次都没提过家父(=凯尔森)的名字,只写着"著名法学家姨父汉斯"。[28]

可见，凯尔森的女儿玛丽亚的怒气主要是因为德鲁克隐瞒了自己是犹太裔的事实，而德鲁克很可能是出于对家人以及周围人的顾虑才有意言辞含糊的。但是，联想到《旁观者》中有关波兰尼的内容也存在"胡说八道"话，德鲁克所写的各种回忆录中的词句尽管有趣，却也不能尽信了。

被波兰尼的亲属提出抗议

20世纪70年代，在日本介绍过波兰尼理论的人中有一位学术新潮流时期的活跃人物——栗本慎一郎，他曾亲身前往布达佩斯及维也纳等地对《旁观者》中描述的波兰尼一家进行了考证，而后写成了《布达佩斯物语》。[29] 读一读栗本的这本书，我们就能知道德鲁克的回忆究竟是什么样性质的东西了。

首先，德鲁克在回忆录中说波兰尼家是兄弟六个，其中小儿子帕尔夭折。《旁观者》中说，这六兄弟中的长子在意大利创建了菲亚特公司，而且是墨索里尼的支持者，事实上这纯属"虚构"。[30]

其次，波兰尼的妻子伊洛娜非常漂亮，是一位共产主义者，这是事实，但至于说她的父亲出身贵族，是匈牙利国有铁路公司的总裁，而前一任总裁是波兰尼的父亲，这些要么是他的误会，要么是他编的。即使伊洛娜的父亲出身贵族，也是一个没落贵族，他抛下家人只身前往美国，最终郁郁不得志，在芝加哥客死异乡。[31]

再次，说波兰尼的父亲是1848年欧洲革命中的英雄也是德鲁克编出来的，革命爆发的那一年波兰尼的父亲只有两岁。德鲁克还说波兰尼的母亲是俄国贵族，是犹太教拉比[1]的女儿，进入皇家学校制造了炸弹，这些也全是瞎话。32

还有，德鲁克强调波兰尼在完成《大转型》一书后倾向于经济人类学的研究，他写道："波兰尼离世的时候，他的脑海中恐怕已经没有了20年前在《大转型》中提出的那些问题了吧。"33 但是，在前面的内容中我们已经说过，波兰尼一直抱有问题意识，德鲁克对此应当也是能看到的。

这本书中其他的细节也几乎是"胡编乱造"的，是德鲁克信马由缰的回忆录，却并不是尊重史实的记述。波兰尼的长姐拉乌拉的次子曾以"见解"的名义，给出版德鲁克回忆录《旁观者》的出版社寄过抗议信。34

不过奇怪的是，栗本虽然直接采访了德鲁克，却并没有指出上述内容中的出入。也许是栗本不忍心戳破德鲁克沉迷于缅怀往昔的心情吧。

> 德鲁克教授口中有关波兰尼一家的事情……与其说是扭曲事实，不如说是错漏百出。但是，因为他待人亲切温和，让我觉得不应该以这样表面的形式指责他的错误。35

据说，栗本当初给德鲁克写信请求采访时，德鲁克直接把电话打到了栗本家表示愿意接受采访。对于德鲁克这样的善意，栗本可以说是给出了应有的宽容态度。

---

[1] 犹太民族中间阶层。

与斯隆之间的摩擦

德鲁克写的与事实不符的东西还不仅是这些。被称为管理学家出发点的《公司的概念》一书中所写的内容与通用汽车公司并不相符,不仅如此,通用汽车公司的前总裁艾尔弗雷德·斯隆在他的著作《我在通用汽车的岁月》中关于德鲁克的书评,也引起了德鲁克与斯隆之间的纷争。[36]

德鲁克评价说,斯隆的著作写的是关于"管理学专家（Professional Executive）"的内容,而斯隆却反驳说自己没写。关于这个问题,管理咨询师矾秀雄在他的著作《彼得·德鲁克研究序说》中有所详述,[37]在此我们稍微介绍一下斯隆的评论。

> 德鲁克的论述与我所写的《我在通用汽车的岁月》之间毫无关系。……所谓"管理学专家",不过是德鲁克自己打造出来的概念。在各种意义上,我自己也好,我写的书也好,都跟他的概念没有关系。[38]

德鲁克晚年,2005年时,登上了报刊《日本经济新闻》中的"我的履历"版块,他回顾了自己的一生,其中的一些细节也多有可疑之处。比如1934年前后,德鲁克就职于英国的商人银行,他说自己一边工作,一边在剑桥大学听凯恩斯的课。

> 我在工作之余,每周五傍晚都会去剑桥大学,是为了去听创造出"凯恩斯经济学"的约翰·梅纳德·凯恩斯的课。……在听课的过程中我发现,以凯恩斯为首的经济学家

都把注意力放到了商品的动向上，而我更关注人和社会。[39]

然而，德鲁克的《旁观者》一书中几乎不曾提到过凯恩斯，在他第二次世界大战前的著作《经济人的末日》一书中，凯恩斯也只在最后出现过一次，看上去德鲁克并没有多么关注凯恩斯。特别是《旁观者》，第十章和第十一章中有关于他在英国的商人银行工作的内容，却依然没有出现凯恩斯的身影。

但在"我的履历"版块中，德鲁克突然说自己曾去听"凯恩斯经济学"之父的课。凯恩斯所著《就业、利息和货币通论》一书出版于1936年2月，当德鲁克于1934年初在伦敦开始工作时，这本书尚未付梓。[40]

德鲁克说"课堂上聚集了数百听众，盛况非常"。可以推测，那也许是凯恩斯1934年秋天在剑桥大学大讲堂依据《通论》的草稿进行的讲座。但是这样一来，德鲁克听到的内容又变得有些奇怪了。因为德鲁克说，"以凯恩斯为首的经济学家都把注意力放到了商品的动向上"，而实际上，当时凯恩斯的草稿是从就业和乘数效应等宏观层面展开论述的。只要翻开《通论》看一看就能明白，完全不曾出现过"商品的动向"之类的内容。[41]

当然，"我的履历"版块是根据晚年德鲁克的口述整理出的笔记，笔者也不打算过多深究其中的种种细节。不过，也许我们可以把对一切充满了好奇，乐观地阐述着公司社会的光明未来的德鲁克提出的跳跃性新概念与他惊人的想象力联系到一起。至少，依据德鲁克的回忆录展开新论述时，应当抱有谨慎的态度。[42]

德鲁克的凯恩斯论

德鲁克对凯恩斯的理论一直持有否定的态度。在凯恩斯离世的那一年，即1946年，德鲁克给杂志《弗尼吉亚评论季刊》（*VIRGINIA QUARTERLY REVIEW*）的投稿《凯恩斯，魔法体系经济学》一文中，他承认"凯恩斯的理论与自己的理论是基于相同的认知，即19世纪自由放任主义经济的基本前提在现代工业社会和信用经济中并不适用"。

> 但是，他的理论以恢复和维持19世纪自由放任主义政治中的基本信条和制度为目的，特别是以维持市场的自主性和自发性为目的。[43]

只要稍微接触过凯恩斯经济学的人都会发现，这样的评价不过是误解罢了。而这种"误解"却在德鲁克这篇论文的其他地方也能见到。

> 我们认为，凯恩斯是站在支持政府对公司介入的立场上的。……如果是这样的话，那么凯恩斯自己导致了与其设想完全不同的结果。
>
> 之所以这样说，是因为凯恩斯经济政策的全部热情在于建设一个没有政府介入的经济体系，一个客观的、完全取决于非人因素的体系。[44]

德鲁克既然这样说，就应该具体地证明凯恩斯如何旨在建设

"一个客观的、完全取决于非人因素的体系",然而他却完全没有这样做。我们唯一可以推断的是,德鲁克依据的可能是凯恩斯的随笔文章《我们的后代在经济上的可能前景》中所提到的:"未来百年之内,经济问题将会得到解决,或者至少可以看到得到解决的迹象。"[45]凯恩斯认为,所有经济问题都会得到解决。这样来看,认为凯恩斯说经济将要迎来一个自动发挥作用的时代,这样的解读也并不为过。

不论怎样,德鲁克当时已经预见了凯恩斯经济学的衰退。

> 经济学理论的世界始于凯恩斯,终于凯恩斯。他阐明了古典派经济学已经不再适用,并说明了原因。……但是,凯恩斯本人对这些问题的解答几乎没有作出任何贡献。[46]

另外,德鲁克指出凯恩斯经济学的本质不过是一个将经济问题放到政治中去解决的幻想,"这样看来,凯恩斯的经济政策是一种魔法,是一个让非理性的东西变得理性的魔术,是一种咒术,是一串咒语"。[47]可以说,德鲁克的这一观点透出了敏锐的洞察力。

即使是在今天,我们也越来越清楚地看到,为了缓和经济的不景气,无论推行什么样的宽松货币政策,付出多少财政支出,除了国民的心理这一非理性因素之外,还必须有赖于政治这一非理性的行为。

而站在德鲁克的立场来看,从根本上解决自由放任主义所带来的市场经济缺陷的方法,只能是将公司打造为一个社区,让人们在那里充分享有自由,充分发挥想象力。

全球经济与民族国家

回顾过去我们会发现，高度经济增长时期的日本对德鲁克管理学的偏爱是一个必然的选择。日本读者从有着欧洲教养背景、试图克服资本主义危机的德鲁克管理学中读到了一种发展制造业的商人"伦理"，并以此作为自己的方针和指导下属的理论依据。

当美国金融经济化加剧，从管理退向组织哲学和企业伦理学的潮流涌现时，日本持续存在着以制造业为中心的管理哲学和伦理趋势。这样看来，只要日本人现在仍然认为管理上应当具有思想性和哲学，而不仅仅是生活在一个以制造业为主力的国家，那么今后日本依然会把德鲁克管理学放在心上。只不过，对于他有关史实的记述要留心一点。

德鲁克一直试图从资本主义的变化中找到积极的意义，比如他预言信息将成为经济的决定性因素，并著有《不连续的时代》（1969年）一书。另外，他还很早地就提到，随着全球化的急速发展，管理者作判断时必须拥有世界规模的视野，并指出了当经济中出现NPO等新形式的组织结构时，管理者会受到怎样的影响。

正因如此，当德鲁克在于1997年投稿给杂志《外交事务》（*Foreign Affairs*）的《全球经济与民族国家》一文中，指责以金融为中心的全球化使世界经济变得不稳而脆弱时，让读者感到十分意外。

德鲁克指出，金融的全球化在强大的同时，"随性多变，出现传言和预期之外的事情时很容易陷入混乱"。

民族国家是否可以撑过经济全球化和信息革命呢？……
纵观这200年，当政治热情和民族国家政治与经济的合理性发生冲突时，总是政治热情和民族国家政治取胜。[48]

在这个经济全球化正在对民族国家发出胜利宣言的时代，这是一个多么奇怪的观点啊。很多人都认为这是年近九十的德鲁克思想上的落后。但是，如果我们想到德鲁克是一个经历过大萧条和法西斯主义时期的思想家，就一点也不会觉得奇怪了。

德鲁克于2005年离世，他虽然没能亲眼见证，但是次贷危机导致的金融经济崩溃，试图通过政治手段实现社会保障的奥巴马政权上台，这些都是德鲁克预言成真的证明。

另外，卡尔·波兰尼所说的"双重运动"以市场与国家相克的形式呈现了出来。虽然德鲁克在波兰尼来到贝宁顿女子大学后日子不太好过，如前文所述，他反对波兰尼在《大转型》中所说的市场将走进死胡同的结论，在那之后这二人的关系想必不会太好。

波兰尼在《大转型》的谢辞中虽然提到了德鲁克夫妇的名字，但是他还加了一句，他们"并不完全认同我的结论"，[49]而德鲁克也在《旁观者》中提到，波兰尼完全不认同他在《工业人的未来》中的"保守主义路线"。[50]不同于当初在维也纳初相识的时候，他们二人在思想上渐行渐远。

不过，在共同经历了欧洲旧世界崩溃的波兰尼和德鲁克二人身上，我们确实能发现一些关于经济转变和断层的相似论述手法。从这里我们可以看到人与历史之间的互动，而这恐怕是在现代经济学中完全找不到的。

― 第13章 注释 ―

1 P.F.德鲁克著，上田惇生译『『経済人』の終わり』，ダイヤモンド社，1997年，第7页。
2 同上书，第47页。
3 同上书，第48页。
4 同上书，第261页。
5 迈克尔·波特著，土岐坤等译『新訂 競争の戦略』，ダイヤモンド社，1995年，第61页。
6 德鲁克著，上田惇生译『新訳 現代の経営（上）』，1996年，第242页。
7 德鲁克著，上田惇生编译『エッセンシャル版 マネジメント 基本と原則』，ダイヤモンド社，2001年，第130页。
8 德鲁克著，风间祯三郎译『傍観者の時代：わが20世紀の光と影』，ダイヤモンド社，1979年，第130页。
9 德鲁克著，牧野洋译·解说『ドラッカー：20世紀を生きて私の履歴書』，日本経済新聞社，2005年，第47页。
10 据德鲁克回忆录『傍観者の時代』中所述，波兰尼在编审会议上明明迟到了40多分钟，可他一进门就打开自己的箱子，翻出各种书本报刊，以"仿佛是从山腰滚落的火山岩一般的惊人之势"开始自己的陈述。他曾讲过张作霖和蒋介石等中国军阀的对立势力结构、世界市场上的农产品价格下跌、对斯大林主义的批判、关于凯恩斯的《〈凡尔赛和约〉的经济后果》的评价等等。（第192—193页）
11 德鲁克著『ドラッカー：20世紀を生きて私の履歴書』，第67页。
12 德鲁克著『傍観者の時代』，第246页。
13 德鲁克著『ドラッカー：20世紀を生きて私の履歴書』，第74页。
14 同上书，第87页。据说，迟迟没有出版社愿意出版《经济人的末日》一书。
15 Edward H. Carr, *The Twenty Years' Crisis 1919—1939: An Introduction to the Study of International Relations*, Harper & Row, 1939, p. x, p.224.
16 德鲁克著『産業人の未来 ドラッカー名著集10』，ダイヤモンド社，

2008年，第284页。
17 德鲁克著『傍観者の時代』，第394页。以及德鲁克著『ドラッカー：20世紀を生きて私の履歴書』，第97页。
18 德鲁克著，上田惇生译『企業とは何か』，ダイヤモンド社，2008年，第17页。
19 同上书，第125页。
20 德鲁克著『ドラッカー：20世紀を生きて私の履歴書』，第112—113页。
21 同上书，第2页。
22 岩崎夏海著『もし高校野球の女子マネージャーがドラッカーの『マネジメント』を読んだら』，ダイヤモンド社，2009年。虽然该书中的设定相当不自然，但也许德鲁克和高中棒球部这个意外的搭配效果很好。还有一点非常重要的是，以高中棒球部这个"社区"为舞台，以及日本棒球是非常重视团队合作的组织运动，这是不是说在例如百米赛跑和网球单打比赛中，德鲁克的经营哲学就没有说服力了呢？事实上，德鲁克曾探讨过棒球队型的团队和网球双打的管理。(德鲁克著，上田惇生等译『未来への決断：大転換期のサバイバル・マニュアル』，ダイヤモンド社，1995年，第113—114页）
23 德鲁克著，朱雁冰译『未来への決断』，第98页；德鲁克著，上田惇生译『明日を支配するもの』，ダイヤモンド社，1999年，第68页，等等。
24 虽然德鲁克认为凯恩斯的政策已经过时（德鲁克著『未来への決断』，第348—349页），但他对米尔顿·弗里德曼的经济学也持有批判的态度。"像获得诺贝尔奖的美国经济学家米尔顿·弗里德曼那样，认为企业只有一个责任，即与经济业绩相关的责任，这是毫无意义的。"也就是说，在试图从企业中发现社区的德鲁克看来，企业只是单纯的自由市场活动参与者，这些都不过是20世纪20年代欧洲经济的复辟形式而已。
25 长尾龙一著『ケルゼン研究Ⅱ』，信山社出版，2005年，第118页。
26 同上书，第119页。
27 汉斯·凯尔森著，长尾龙一译『ハンス・ケルゼン自伝』，慈学社出版，2007年，第115页。
28 长尾龙一著『ケルゼン研究Ⅱ』，第118页。

29 栗本慎一郎著『ブダペスト物語：現代思想の源流をたずねて』，晶文社，1982年。
30 同上书，第60页及第68页。
31 同上书，第44页及第48页。
32 同上书，第64页。
33 德鲁克著，上田惇生译『傍観者の時代：ドラッカー名著12』，ダイヤモンド社，2008年，第154页。
34 栗本慎一郎著『ブダペスト物語：現代思想の源流をたずねて』，第62页。一篇题为《见解》的抗议文。
35 同上书，第56页。
36 艾尔弗雷德·斯隆著，田中融二等译『GMとともに』，ダイヤモンド社，1967年，"译后记"第590页。
37 参考矶秀雄著『ピーター・ドラッカー研究序説：生きながらの死者の肖像』，水山产业出版部，2011年，《第二章 斯隆的"愤怒"》。
38 同上书，第50页。斯隆的这篇文章出现在艾尔弗雷德·斯隆著、田中融二等译『GMとともに』的"译后记"中（有贺裕子译本中没有出现）。不过，德鲁克在《旁观者》中也曾提到，他的《公司的概念》一书不为斯隆所接受。
39 德鲁克著『ドラッカー：20世紀を生きて私の履歴書』，第73页。
40 同上书。德鲁克写道："讲座长达三个小时。结束后大家经常一起去剧院，欣赏凯恩斯的妻子——美丽的俄国芭蕾舞演员的演出，直至深夜。"如果德鲁克提到的公开讲座是《就业、利息和货币通论》草稿演讲的话，那这应该是1934年秋天的事。凯恩斯的《通论》出版于1936年2月4日，而莉迪亚在剑桥的艺术剧院是在那前一天开业的。所以，他们经常一起出入的剧院并不是剑桥的"艺术剧院"。讲座从傍晚开始，长达三个小时，即便是现在，从剑桥到剧场众多的伦敦坐火车也要一个半小时左右，所以他们最早也是在晚上九点之后一起观赏莉迪亚的演出的。虽然不是不可能，但听起来还是很不自然。
41 在《通论》的目录中一目了然。

42 当然,并不是说德鲁克对所有事情都在撒谎胡说,但是他关于年轻时的回忆中,有很多是不确定的记忆。还有一点要注意的是,他对自己所写的内容深信不疑,即使有不实之处被指出来,他也绝不改正。这作为历史的见证者是不合格的。

43 德鲁克著,上田惇生等译『すでに起こった未来』,ダイヤモンド社,1994年,第81—82页。

44 同上书,第92页。

45 J・M・凯恩斯著,救仁乡繁译『わが孫たちのための経済的可能性』,收录于『説得評論集』,ぺりかん社,1969年,第338页。

46 德鲁克著『すでに起こった未来』,第98页。

47 同上书,第82页。

48 Peter F. Drucker, "The Global Economy and the Nation-State", *Foreign Affairs*, September/October, 1997, pp.159—171. 日译本有彼得・德鲁克著『グローバル・エコノミーと国民国家』,刊载于《中央公论》1997年11月号。另外,佐佐木敦所著『老いた伝道師の御託宣』(刊载于 *Voice* 1993年11月号)是较早地提出了德鲁克有关公民国家的议论已经"老矣"的例子。

49 卡尔・波兰尼著,吉泽英成等译『大転換』,东洋经济新报社,1975年,第iii页。

50 德鲁克著『傍観者の時代』,第147页。

第13章 中文参考资料及日文资料标题译文

1 P.F.德鲁克:《经济人的末日:极权主义的起源》,洪世民、赵志恒译,上海译文出版社2015年版。

5 迈克尔·波特:《竞争战略》,陈小悦译,华夏出版社2005年版。

6 德鲁克:《管理的实践》,齐若兰,那国毅审订,机械工业出版社2018年版。

7 原题为 Management : tasks, responsibilities, practices。

8 德鲁克:《旁观者:管理大师德鲁克回忆录》,廖月娟译,机械工业出版社2005年版。

9 《德鲁克 生活在20世纪 我的私人履历》。

16 德鲁克:《工业人的未来》,余向华、张珺译,机械工业出版社2009年版。

18 德鲁克:《公司的概念》,慕凤丽译,机械工业出版社2006年版。

22 《如果高中棒球队的女经理读了德鲁克的〈管理〉》。德鲁克:《巨变时代的管理》,朱雁冰译,机械工业出版社2018年版。

23 德鲁克:《21世纪的管理挑战》,朱雁冰译,机械工业出版社2018年版。

25 《凯尔森研究Ⅱ》。

27 《汉斯·凯尔森自传》。原题为 Hans Kelsen im Selbstzeugnis。

29 《布达佩斯物语:探寻现代思想的源流》。

33 《旁观者的时代:德鲁克名著12》。

36 艾尔弗雷德·斯隆:《我在通用汽车的岁月》,刘昕译,华夏出版社2005年版。

37 《彼得·德理克研究序说:活生生的死者肖像》。

43 德鲁克:慈玉鹏、赵众一译,《生态愿景》,机械工业出版社2020年版。

45 原题为 Economic Possibilities for our Grandchildren。

48 《老传道士的神谕》。

49 卡尔·波兰尼:《大转型:我们时代的政治与经济起源》,冯钢、刘阳译,浙江人民出版社2007年版。

PART

05

新凯恩斯经济学的艰苦奋斗

> 芝加哥学派基于对市场的强烈信赖，一直排斥政府介入，而发现市场存在缺陷和功能不完善，并提出经济政策建议的，是美国被称为新凯恩斯主义的经济学家们。
>
> 美国次贷危机之后，金融市场的脆弱和全球化的弊端显现，新凯恩斯主义者的活跃尤为显著，他们的政策建议究竟多有效呢？
>
> 他们倡导的新凯恩斯经济学又对凯恩斯原本的经济学理论有多少继承呢？

第14章 兜售经济政策的男人

保罗·罗宾·克鲁格曼

1953—

克鲁格曼，国际经济学家，报刊《纽约时代》的专栏作家，著名网络博客博主，不断向美国和全世界发表着自己的观点。

他生于纽约州首府奥尔巴尼，在耶鲁大学取得学士学位后，在麻省理工学院取得了博士学位，先后在耶鲁大学、斯坦福大学、麻省理工学院等学校任教。现在于普林斯顿大学任教授。

20世纪80年代，克鲁格曼凭借新贸易理论而备受瞩目，1991年荣获了授予40岁以下的优秀经济家的约翰·贝茨·克拉克奖[1]。他对受贸易理论影响颇多的经济地理学也有重大贡献，2008年，荣获诺贝尔经济学奖。

克鲁格曼的随笔文章文笔凝练、文风洒落，内容辛辣独到，吸引了很多"粉丝"。他对新经济现象有着敏锐的评论，提出了很多经济政策建议，不过却有着打脸自己的习惯。

---

[1] 俗称"小诺贝尔经济学奖"。

在美国次贷危机之后的演讲上，
毒舌地吐槽"经济学好则无用，坏则有害"。
同时，通过自己的经济学理论，
不断像变魔术一样开出处方，
向全世界提出经济政策建议的也正是克鲁格曼。
他身上横溢的才华和不加反省的言行，
是源自何处呢？

❝

好则无用，坏则有害

> 欧美知识分子一直指责日本应对迟缓，回避了根本的解决。但是，当面临相似的局面时，我们也采取了跟日本一样的政策。……一直在指责日本的我们应当向日本道歉。[1]

2009年4月13日，保罗·克鲁格曼在一个面向外国人的会议上这样说道。1990年1月开始，东京证券交易所暴跌，日本经济一蹶不振。全世界都在指责，说原因在于日本当局的应对过于迟缓。

但是，2007年夏，次贷危机显现，翌年9月美国次贷危机爆发，欧美当局也没能阻止自己的国家陷入经济危机。在此之前，克鲁格曼一直充满自信，他在2000年的随笔中曾写道："我们不是日本。"

> 我们没有惧怕经济衰退的必要。即使出现经济衰退，FRB（美国联邦储备委员会）也能轻松应对。我们需要惧怕的，只是"恐惧"的心理而已。[2]

然而，就在这个会议之后不久，克鲁格曼在接受日本杂志的采访时所说的话，对日本国内的经济学家来说，是一个不小的冲击。

> 我认为，当前的美国与当时的日本面临着相似的问题，提出了一个十分高的通胀目标，又很难让国民相信这一目标可以达成。……在现阶段，我不认为美国国内就采用通胀目标的意见达成了一致。[3]

众所周知，克鲁格曼从1997年前后开始指出日本经济的停滞是因为通货供给量不足，他在杂志上建议"加印日元"[4]。但是，当他得知日本银行已经实行宽松的货币政策并从市场上购入了相当量的债券之后，马上提出了通过"通胀目标政策"来恢复经济的观点。[5]

这里所说的通胀目标政策是指，当通货紧缩持续、经济状况很难恢复时，中央银行提出一个3%~4%的通胀目标，并宣布"在达到这一目标值前，将持续实行宽松的货币政策"。

但在美国经济陷入危机时，克鲁格曼却主张"立即出动财政支出"，而没有把重点放在金融政策上。在采访中被问到时，他表示，美国国内就通胀目标政策的意见不统一，恐怕很难让美国国民相信这个目标可以达成。

不仅如此，克鲁格曼在获得诺贝尔经济学奖后，2009年6月，在莱昂内尔·罗宾斯纪念演讲上曾这样说道：

> 这30年来的现代经济学，往好里说是表现出了让人惊讶的无能，往坏里说其实一直在扮演加害者的形象。[6]

既然话说到了这个份儿上，那克鲁格曼早就应该金盆洗手，远离经济学研究了，然而他并没有这样做。他对希腊金融危机更是辣语点评，煽动美国实行进一步的财政出资。

这位名叫克鲁格曼的经济学家，究竟是一个什么样的人物呢？

专门研究国际贸易理论

1953年，保罗·克鲁格曼出生于纽约州奥尔巴尼，对于自己的经历他不愿多说，这与很多人，如本书第16章将要介绍的约瑟夫·斯蒂格利茨等人形成了鲜明的对比。他在获得诺贝尔经济学奖时提交的自传也不过是用三言两语带过，不仅篇幅很短，甚至是从第三人称的视角写的"他"自己。

依据网上搜集到的信息推断[7]，克鲁格曼的父亲名叫大卫·克鲁格曼，母亲的名字是阿尼塔。他的祖父是来自现在的白俄罗斯布列斯特—立陶夫斯克[1]的犹太裔移民，据克鲁格曼的某部著作中所记载，他的祖父是轮胎行业中心俄亥俄州阿克伦移民大潮中的一员。[8]

到了他父亲这一代，克鲁格曼家已经具有让儿子接受最高水平

---

[1] 今布列斯特。

教育的能力了。克鲁格曼在纽约郊外的拿骚县度过了少年时期，而后就读于著名天主教会学校约翰·F. 肯尼迪高中，1974年从耶鲁大学毕业，1977年在麻省理工学院取得了博士学位。

他对经济学的兴趣，源于对科幻作家艾萨克·阿西莫夫的小说中的"心理史学家"哈利·谢顿的向往。但是，现实中并不存在"心理史学"这一学科，克鲁格曼只得退而求其次，选择经济学作为自己的专业。[9]据说他在读本科的时候曾学习过历史学，也有人说这是他渊博学识的源头之一。

在麻省理工学院读研究生时，克鲁格曼得到了一个在葡萄牙中央银行工作的机会。1982年起，他成了里根政府经济顾问委员会的一员。在前面提到的那个短小精悍的自传中，克鲁格曼吐槽自己"曾效力于共和党的总统麾下"。[10]现在的克鲁格曼算得上是民主党左翼人士，所以他的这一经历会让有些人很感兴趣。

克鲁格曼广泛的兴趣渐渐收拢，研究的主攻方向聚焦到了国际贸易理论上。

> 在斯坦福大学当助理教授时，应该是第一年的时候吧，我对同僚说我正在研究国际贸易理论，结果他们说你为什么要做这种事。有一个人对我说："贸易是一个没有变通的领域。早就没什么前景了，没什么值得研究的东西。"[11]

然而，克鲁格曼却在这个领域中不断地发掘出了"值得研究的东西"。或许，对像克鲁格曼这样才华横溢的年轻经济学家来说，这个领域可能是一个宝藏。

20世纪80年代,他回到耶鲁大学后不久便升任教授,当时他所研究的是在贸易上刚刚开始显现的一个奇妙现象。

开拓新贸易理论

通常认为,各个国家在贸易中出口自己擅长的东西,进口自己不擅长的东西。用更专业一点的说法,正是因为各国的经济背景有差异,贸易才得以进行。

比如19世纪英国的大卫·李嘉图提出了"相对优势"[12]理论。假设英国在生产材料方面主要出口本国有优势的毛织物,而葡萄牙主要出口本国有优势的葡萄酒,这样一来,两国的财富之和将得到最大化。如果所有国家都这样做,就可以使全世界的财富最大化。

用克鲁格曼的话来讲,彼此经济特征"不相似"的国家进行贸易是理所当然的,所以发达国家和发展中国家之间进行贸易时,发达国家出口工业制品,发展中国家出口原材料,这样能形成最自然的贸易形式。

然而,克鲁格曼在研究贸易问题时发现,上述模式行不通。当时,在发达国家之间,也就是用克鲁格曼所说的彼此经济特征"相似"的国家之间,贸易往来频繁,尤为显著的是欧洲发达国家之间的贸易,而这很难用"相对优势"理论来解释。

这时,克鲁格曼脑中出现了一个念头,直觉告诉他,这里还有其他原理在起作用。这就像是一个难解的谜题,但很快克鲁格曼就凭借自己出色的洞察力解开了这个谜题。他指出:"如果将国内的垄断竞争模式套用到国际贸易上,就可以颠覆以相对优势为基础的传统论点。"[13]

以国内经济为例，如果大企业的生产规模占据压倒性优势，其他小企业就很难跟上。这是因为，大企业通过扩大生产规模，能以低廉的成本生产产品。这样就会出现"不完全竞争"。

在李嘉图所生活的时代，农业生产是中心，因此很难出现上述现象。在一定面积的土地上不断投入劳动力和生产资料时，最初生产率会提高，但达到一定程度后，生产率就不会继续提升了。也就是说，这样的经营管理战略是有局限性的，所以不会引起不完全竞争的泛滥。

每单位新投入的劳动力和资本所获得的新收益，在最初阶段会增加，但在中途开始减少。这被称为"收益递减定律"，通常认为这个定律是无法被打破的。

但是，在某一特定制造业中，这个收益递减定律的作用却并不显著。比如在高科技制造业中，劳动力和资本的投入会直接拉动收益。这样一来，能够大规模投入劳动力和资本的大企业就必然占上风。此时不会出现收益递减，而是规模经济所带来的收益递增。[14]

克鲁格曼将这些套用到了国际贸易，特别是发达国家之间的贸易上。假设一个国家在飞机制造上实现了收益递增，而另一个国家在家用电器方面实现了收益递增。这时，为了提高生产率，这两个国家就应当分别专注于飞机和家电的出口。这个做法对国内的企业来说是司空见惯的，但出现在国家之间时，就会呈现出发达国家间贸易扩大的现象。[15]

引领战略性国际贸易政策理论

可能不同学者对规模经济和收益递增有着不同的解释，总的来说，这是指在劳动力和资本的投入上，收益递减定律失去效用的现象。我们发现，深究这个现象会得到一些新的东西。

由规模经济带来的收益递增，之前一直被视为企业的经营管理战略。假设这种收益递增出现在国家与国家之间，那是不是也适用于政府的国际贸易政策呢？政府是不是可以通过积极推动收益递增，来促进本国的出口呢？

克鲁格曼与埃尔赫南·赫尔普曼于1985年出版了《市场结构和对外贸易》一书，他们在书中阐述了对新贸易理论的"野心"。

> 以往的贸易理论大多可以通过国家间的差别，特别是生产要素的相对性特质来说明。这意味着，国家之间的经济特质相似性和贸易量是成反比的。然而，事实上，将近一半的国际贸易是在具有相似相对生产要素的工业化国家之间进行的。[16]

于是，他们二人得出了以下阶段性的结论。

> 我们对收益递增作用的重视程度，要高于如消费者心理等其他因素。理由是，我们经历的种种奇妙现象似乎都可以直接通过规模经济来解释。[17]

克鲁格曼与赫尔普曼通过各种各样的案例验证并发展了自己的研究，在1989年出版的《贸易政策和市场结构》一书中，他们进一步深入检讨了以收益递增为目标的贸易政策究竟是否有效。

在有关不完全竞争下的贸易政策的最新文献中，最值得关注并成为论争对象之一的，是政府干预型国际贸易政策发挥出有益战略效果的可能性。[18]

在此之前也存在类似的观点。以航天器产业为例，在大型客机的设计、制造、出售过程中，某一国家的政策干预进来，对本国的航天器制造业提供支持，那么其他国家那些得不到政府支持的航天器制造业，就会因为得不到收益而退出市场。

克鲁格曼关注的点在于，同样是高科技产业，如大规模集成电路（LSI）制造业，政府干预会因为做法的不同而存在提升效果的可能。他的这一观点特别能够解释日本大规模集成电路出口的激增。[19]但是，克鲁格曼他们对给出结论采取了慎之又慎的态度。

不完全竞争下的贸易政策理论中满是悖论。……关税或进口配额可能会降低受保护产业的产量；进口补贴可能会改善贸易条件；出口补贴可能会使受补贴企业的利润提高到远大于补贴本身；保护能够提高国内企业利润一样提高外国企业的利润；关税会降低国内价格。[20]

换言之，即便采用了战略性国际贸易政策理论，往往也未必能够得到想要的结果。

回到李嘉图！

从克鲁格曼与赫尔普曼合著的书中可以看出，克鲁格曼在其他方面的论述上也采取了十分谨慎的态度。

从一开始,经济学家就非常谨慎。战略性观点是真的提供了一个支持侵略性政策的假说,抑或仅仅是一个特殊情况?在战略性贸易观点适用的那类产业中,是否存在弥补性影响?政府能够在多大程度上拥有实施成功的战略性政策所必需的信息?[21]

从克鲁格曼和赫尔普曼的立场来看,他们难以接受自己的新贸易理论轻易地被政治利用。

有许多人热衷于将新贸易理论的结果用于支持高度不确定的政治,作为一个国际经济学者,我不想成为初级保护主义贸易理论的辩护者。[22]

话虽如此,但在此之前,克鲁格曼却也在各处高声宣扬新贸易理论的"可能性"。比如在1986年出版的面向大众的论文集《战略性贸易政策与新国际经济学》中,克鲁格曼这样说道:

从以上分析可以看出,基于市场原理万能性的对极端自由贸易的支持,未必适用于政策。从这一点来说,国际贸易的新路线,对美国从行动主义式国际贸易政策上转变方向提供了合理的逻辑支持。[23]

20世纪80年代,美日经济摩擦加剧,美国政府就对日经济政策向克鲁格曼征求建议时，克鲁格曼曾提出过战略性国际贸易政策的观点。克鲁格曼已然成了战略性国际贸易政策理论的领军人物，对于原本"敬谢不敏"的政治目的反而开始积极建言。

后来发生了一件事，使克鲁格曼主动撤下了这个战略性国际贸易政策领军人物的头衔。1992年，比尔·克林顿在总统大选中胜出，当时克鲁格曼也试图以某种形式参与到政权之中。但是，同样以战略性国际贸易政策理论家而知名的劳拉·泰森当选为经济顾问委员会主席，而克鲁格曼甚至没有接到邀请。

这件事让克鲁格曼深以为耻，后来他在某个公开场合暗讽泰森，说"克林顿政府雇用了二流的经济学家"，从而引发了舆论。虽然他很快撤回了自己的发言并道了歉，但这件事严重损害了克鲁格曼的社会信誉。

不知道是不是因为这件事，克鲁格曼后来在论及国际贸易时会强调自由贸易论，甚至还写了一篇题为《回到李嘉图》的随笔文章。[24]这至少让一直将他视为新贸易理论领军人物的读者大为震惊，因为克鲁格曼的新贸易理论正是诞生自对立足于李嘉图相对优势理论的自由贸易理论的批判。

克林顿的失望

后来，克鲁格曼轻描淡写地谈起自己的失言以及与克林顿政府的关系。其实，克林顿政府曾经试图将克鲁格曼收入麾下。不仅如此，在大选中胜出的克林顿曾在竞选进行中与克鲁格曼会面。然而，克鲁格曼像平时一样轻率直言，这给当时的克林顿留下了颇为不安的印象。

> 克林顿询问我，如何才能恢复国际竞争力，增加制造业的就业。而我认为，美国制造业就业的缩减与国际竞争之间没什么关系。……我对他说，这大部分是由国内支出结构变化引起的，非制造业化不是贸易问题的结果。他听了之后，一脸失望。……从此之后，我再也没跟他讲过话。[25]

见弃于克林顿政府之后，克鲁格曼开始发力著书立说，通过网上的博客急速地扩大自己的舆论影响。1994年，他投稿给杂志《外交事务》(*Foreign Affairs*)的文章《亚洲奇迹的神话》让他声名鹊起。

20世纪90年代，日本经济泡沫崩盘引发经济倒退，与此同时，东亚的高速发展备受世人瞩目。但克鲁格曼指出，东亚经济会永远这样发展下去不过是一个幻想，迟早会碰壁的。

> 根据最近的趋势来预测，亚洲将获得霸主地位，就如同60年代人们根据勃列日涅夫时期来预测苏联将会获得工业霸主地位一样，都是荒唐的。[26]

克鲁格曼的这个预言，在1997年亚洲金融危机爆发时被认为一语中的。克鲁格曼从受知识分子读者追捧的作家摇身一变，被商人们奉为大预言家。

但是，克鲁格曼所说的，不过是根据斯坦福大学教授卢耀群（Lawrence Loh）给出的东亚经济分析，点明了亚洲的经济增长完全是依靠劳动力和资本的快速投入，这样没有伴随生产率提高的经济增长"奇迹"难以为继。

1993年，扬（Young）在欧洲经济区（EEA）举行的会议上，试图证明亚洲经济增长是由投入驱动时碰了壁，没有人相信他。因为在场的听众坚信，亚洲的经济奇迹绝不可能是通过这种普通的方法实现的。[27]

事实上，在提高生产率的问题显现之前，亚洲危机就以金融危机的形式出现了。之前快速涌入亚洲的"热钱"敏锐地嗅到了经济增长放缓的气息，快速流出。[28]这个转变在转瞬之间引起了东亚的经济低迷，[29]而IMF为拯救危机开出的处方是"财政紧缩，提高利率"。[30]

最初，克鲁格曼说"被讨厌也是IMF的分内工作之一"，[31]他其实是对IMF给出的方案予以了支持。但是，随着IMF的失败越来越明显，约瑟夫·斯蒂格利茨等人站出来指责IMF，克鲁格曼改口说"IMF的紧缩政策导致了亚洲的严重流动性不足"，[32]还在他的著作中反复对IMF加以批判。[33]

所以说，克鲁格曼预见了亚洲经济的未来，给出了恰当的建议，这个说法本身就是一个"神话"。

轻率的行事风格

也许是因为亚洲金融危机时克鲁格曼关于"神话"的预言让人太过印象深刻，他至今仍然有着很高的关注度。但是，观察一下他长年以来的发言就会发现，他所做的预测的命中率并不算高，而且事后自己推翻自己之前说的话的情况也非常多。

举一个稍微久远一点的例子。1992年，欧洲货币体系（EMS）

因为乔治·索罗斯等人的对冲基金的攻击而陷入危险时，克鲁格曼曾说："可以预见，欧洲货币体系将要崩溃，然后转为自由浮动汇率制度。"[34]但是，欧洲货币体系反而进一步加强，1999年通过发行欧元而形成了货币的统一。

说到这里不由得想起，克鲁格曼关于2011年之后出现的欧元危机的评论十分尖刻，他猛烈地抨击欧元本身。这种做法很难不让人觉得，他是因为曾经对欧洲货币体系做过错误的预测而留下了心理阴影。

另外，1993年，克鲁格曼称当时陷入停滞的美国经济"将要复苏"，不少人相信他言中了。但是，克鲁格曼之前一直对美国经济的复苏抱有质疑，他甚至曾评论说："一部分经济学家认为，'经济不景气已经过去了'，这个说法值得怀疑。"[35]而他改口称"将要复苏"是在从数据上已经基本可以看到经济复苏的迹象之后。

他于1997年写的论文《新经济是幻想》[36]也没有躲过数奇的命运。罗伯特·索洛指出，"计算机随处可见，但哪里都看不到生产率提高的迹象"，也就是所谓的"索洛悖论"。克鲁格曼依据这一悖论，断定被称为新经济的美国经济不存在快速提高的生产率。

然而，互联网热潮持续，在经济增长的带动下，生产率也开始得到提高。这时，克鲁格曼又抛弃了上述观点。[37]他甚至宣称，互联网经济泡沫破裂后反而会提高生产率，那才是新经济学派的"看点"。也就是说，他认为即使经济不景气，IT也会让生产率得到提高。

这仅仅是一个统计上的错觉。生产率依据的是GDP除以社会总劳动时间得到的数值。GDP增长可以拉动生产率提高，因解雇以及缩短工时导致的社会总劳动时间减少也可以使生产率提高。所以，当经济下滑时，从统计结果来看，生产率确实是提高的。现在已经很少有人单一地讨论IT带动生产率提高的问题，华尔街也很久不将生产率的高低作为股票投资的依据了。

如果克鲁格曼在生产率的问题上能再执着一点，也许他又能预言成功吧。煽动互联网经济泡沫的美联储时任主席艾伦·格林斯潘在退休后，于2007年出版的自传中承认："本书付梓于2007年6月，当时并没有出现生产率的又一次大幅提高，而高科技机械产品的价格跌幅也没有扩大（即高科技机械产品自身的生产率也没有提高）。"[38]

在艾伦·格林斯潘所在的领域中，自从克鲁格曼倡导"回归李嘉图"的理论以来，艾伦也开始站在维护全球化的立场上。艾伦对《北美自由贸易协定》（NAFTA）给予了积极正面的评价，声称《北美自由贸易协定》完全不会影响美国的就业，也不会加剧美国国内熟练劳动力与非熟练劳动力之间的两极分化。[39]但结果是，《北美自由贸易协定》不仅导致墨西哥出现了大量的失业者，还让墨西哥的失业者流向了美国，这些人成了薪资极低的非法移民，进而使美国国内出现了大范围的失业。

2008年2月，克鲁格曼在向布鲁金斯学会提交的论文《贸易与薪资的新思考》中说这篇论文是他的良心"受到呵责的证据"。他不得不承认，"美国国内劳动者薪资待遇的两极分化几乎不会扩大"的说法已经十分不可信了。[40]

作为作家的克鲁格曼，能够敏捷地抓住时下的热点问题，用华丽的表现手法聪明地将别人的研究结果展示出来。当自己的观点有失偏颇时，他会毫不迟疑地撤回前言，不予深究，行事风格轻率洒脱。

凯恩斯经济学尚在

1994年,克鲁格曼出版了一本题为《兜售繁荣》的书。书中描绘了美国经济学家知性与张皇交织的悲喜剧,尤其对共和党派系经济学家的批判较多。从这本书中也能清楚地看到克鲁格曼的态度,他批判了弗里德曼的货币主义和卢卡斯的理性预期理论,并指出"凯恩斯主义基本上是正确的",因而受到了关注。

> 所谓凯恩斯主义是正确的,并不是说名叫凯恩斯的这个人所写的一字一句都是正确的,也不是说在经济低迷时,被当作公共事业一般来推行的传统凯恩斯主义经济政策行之有效,而是说他准确地把握了经济低迷时出现的所有情况。[41]

货币主义和理性预期理论断言,政府的经济政策要么有害,要么无效。因为按照理性预期的理论,即使推行财政支出政策,国民也会预料到随之而来的税率提高。但是,克鲁格曼引用乔治·阿克洛夫的论文,指出理性预期理论家说的话和下面这个比喻一样,毫无意义。

傍晚,阖家团聚在一起,父亲对家里的人发表了这样的观点:"据新闻报道,克林顿总统发布计划说,今后5年中要花费1500亿美元来修建基础设施。总统说不会提高税率,但是肯定会不得不提高税率,所以我们必要将每个月的支出减少12.36美元。"[42]家人们听了之后,认为这样做很合理,纷纷点头表示"确实如此"。

由两位经济学家刚刚组成的新婚之家中,兴许会出现这样的对话。但是，普通家庭中恐怕不会出现这样的场景。

阿克洛夫说："人们虽然拥有常识，但并非全然理性。"[43]

动摇经济的不只有阿克洛夫所说的人们的非理性一面。现实中，"金融政策的具体情况各有不同，既可能会带来经济低迷，也可能会带来经济复苏"，而且"有关工资和价格刚性的证据"（即市场很难回到均衡的证据）也是清晰可见的。[44]

总之，克鲁格曼认为，虽然不能说凯恩斯的一字一句都是准确的，但他所指出的情况现在依然存在，而凯恩斯提出的应对经济不景气的政策也并没有失去意义。

1992年，克鲁格曼指出美国已经处于应当推行财政支出政策的局面。1998年以来，他断言日本可以通过实行通胀目标政策来摆脱通货紧缩。2008年，美国次贷危机爆发，这一次克鲁格曼又宣称"财政支出刻不容缓"。他一次又一次地"兜售"经济政策，正是从他认为"凯恩斯主义是正确的"开始的，他坚信经济学可以在应对不景气上有所建树。

得偿所愿的诺贝尔奖

早在20世纪80年代，克鲁格曼就因为新贸易理论而被认为"肯定会得诺贝尔奖"，但实际上他是在2008年之后才获奖的。确定获奖时，他被问有什么感想，他说："之前想过什么时候能得奖，问题在于得奖的时期。"但其实他内心真正想说的肯定是"这也太晚了吧"。

有意思的是，在他确定获奖后的报道中，世界各地的媒体对克鲁格曼的"获奖理由"说法不一。官方的获奖理由是他"有关贸易模式和经济行为的关联性分析"，以及在"将从前多个分散的研究领域统合为新国际贸易和经济地理学"方面作出了贡献。

可能了解的人不多,其实克鲁格曼的经济地理学也在前文提到的收益递增理论的延长线之上。在诺贝尔奖获奖演讲上,克鲁格曼以"收益递增革命"为题进行了演讲,他这样说道:

> 为什么一直以来贸易理论学家都无视经济地理学呢?对工业区位来说,收益递增理论在选址模式上起着多大的说明作用,这不是显而易见的吗?!没有人会用内生性生产因素和李嘉图的相对优势理论来谈论硅谷。……只要贸易理论学家总体上对思考收益递增问题感到胆怯,就没有办法说经济地理学是一个充满魅力的领域。[45]

克鲁格曼在解释收益递增理论在工业区位方面的应用时,引用了19世纪英国经济学家阿尔弗雷德·马歇尔在《经济学原理》中阐述的产业聚集理论。马歇尔认为,首先,同一产业聚集在一处时,特殊技术劳动者会聚集;其次,能以低廉的价格提供该产业特需的各种各样的中间性生产要素;最后,信息传达会变得通畅,从而促进技术的普及。

关于产业聚集产生的三点理由,克鲁格曼小心地避免陷入主观印象论,深入地展开了论述。比如在论述劳动集中化问题时,克鲁格曼将劳动者具有为了回避失业风险的不确定性而打造集中劳动市场的倾向,与企业集中化实现规模经济的收益递增现象结合在了一起。他指出,在中间性生产要素的调度上,规模经济,即收益递增原理也是有效的。

> 事实上，除去中间性生产要素的运输费用比最终产品低得多的情况，越来越容易出现产业的地域聚集才是正确的。当中间性生产要素和最终产品的运输费用降低时，普通的产业地域聚集不仅不会被阻碍，反而会更多地得到促进。[46]

他还指出，在知识普及方面，硅谷等事例看似显而易见，但应当注意的是，"地域聚集程度很高或者已经实现地域聚集的大多数美国国内企业，其实并不是高科技相关领域的"。知识的普及经常被认为与高科技紧密相关，但事实上并不尽然。

在诺贝尔奖获奖演讲上，克鲁格曼简明轻快地讲述了收益递增理论的分析如何适用于从发达国家之间的贸易到经济地理学的研究，而后他以最近旧形式的贸易正在复苏的话题作结。

> 但是，在我们把目光转向这个新视角时出现了一个奇妙的现象。当古典贸易理论在慢慢被否定，或者至少在慢慢被修改的过程中，现实世界却在向古典贸易回归，新贸易理论所强调的收益递增的效果在渐渐减弱。[47]

这里所说的不是别的，正是随着亚洲尤其是中国的发展，由发达国家与发展中国家之间的贸易急速增长而产生的现象。虽然克鲁格曼冷静地讲述着现实与理论之间的"猫鼠游戏"，但想必他的内心是十分复杂的吧。

激烈的政策批判家

次贷问题显现以来,克鲁格曼以《纽约时报》的专栏为据点,开始参与政策论争。比起经济学,他的著作带上了浓重的抨击政权的色彩。

在2007年出版的《一个自由主义者的良知》[48]一书中,他回顾了他所生活的20世纪60年代的美国,然后指出由于共和党接连掌握政权,使美国成了一个极端两极分化的国家。

克鲁格曼在书中引用了伊曼纽尔·赛斯和托马斯·皮凯蒂等人关于美国收入两极分化急速扩大的研究,对美国社会中的不平等现象予以了批判。

> 总而言之,存在有力的证据让我们可以相信,技术和全球化等带来的制度和规范的变化,正是美国不平等现象加剧的重要原因。[49]

克鲁格曼还说过,在这个制度和规范的变化上,人种歧视的影响也很大。之前向来喜欢讨论时髦话题的克鲁格曼身上竟然开始出现不受拘束的社会改革家的影子,他甚至煽动说应当回归到过去的美国。

> 自由在某种意义上其实是保守的。也就是说,我们应当回归到以前那种以中产阶级为主的美国社会。但是,进步派就必须一直前进。这听上去有点自相矛盾,实则并不然。为了向自由主义的传统目标迈进,新政策是必要的。[50]

克鲁格曼于2012年春出版的《现在终结萧条!》一书,也许可以看作是迎合同年秋美国大选的政治性著作。克鲁格曼在书中指出,美国和世界为了避免陷入低迷走势的二次触底,有必要果断地推行财政支出政策。

> 2008年,我们突然意识到,我们生活在凯恩斯式的世界之中。这个世界俨然拥有着约翰·梅纳德·凯恩斯写于1936年的伟大著作《就业、利息和货币通论》中所指出的各种特性。[51]

克鲁格曼大谈凯恩斯不是现在才开始的,但耐人寻味的是,他几乎不曾提到过凯恩斯理论中的不确定性。不知道是因为他认为从理论上来说没有必要导入这个部分,还是单纯因为他的性格。总之,因为个性使然,克鲁格曼的世界一直是清楚明了的,同时从某种意义上来看,他也一直是轻率的。

在《现在终结萧条!》中,克鲁格曼还提到了以前兜售到日本的通胀目标政策,不过只是轻飘飘一句带过,他说美联储时任主席伯南克应当实践自己在论文中所写的内容。

> 美联储如此激进的做法真的有效吗?未必。但重要的是,伯南克要像自己写的那样,总之先试一试,即使第一次失败了也应该继续尝试。[52]

当然,克鲁格曼建议日本实行通胀目标政策的时候也说了相同的话。然而,如今的克鲁格曼似乎完全抛却了曾经的风雅,转而一味追求即时有效的财政支出政策。原因无他,应该是因为他预感到美国经济真正的危机正在逼近吧。

> 正是现在,直到民间再次做好推动经济发展的准备为止,政府应当增加财政支出,不可以减少。然而,现在实行的却是给就业带来毁灭性打击的收紧政策。[53]

在克鲁格曼兜售给政府的所有政策中,这个建议看上去相当质朴,却又极其简单明了。随着他文风辛辣专栏作家的名声越叫越响,克鲁格曼似乎是在有意强化他的"高冷人设"。

第14章 注释

1 YOMIURI ONLINE 2009年4月15日。

2 Paul Krugman, "We're not Japan", *The New York Times*, Dec. 27th 2000. 日译版保罗·克鲁格曼著，中冈望译『恐慌の罠』，中央公论新社，2002年，204页。这里所谓"必须害怕的是'恐惧'的心情"应该是化用了弗兰克林·罗斯福就职演说中的说法。但不论如何，克鲁格曼相信只要依靠金融就可以摆脱困境。

3 保罗·克鲁格曼著『ためらいなき財政出動こそが問題を解決する』，『中央公論』，2009年3月号。

4 『なぜ輪転機を回さないのか』，『ニューズウィーク日本版』，1997年1月29日号。

5 最早以完整形式呈现出来的是1998年发表在博客上的一篇文章《日本落入的陷阱》。另外，Paul Krugman, "It's Baaack: Japan's Slump and the Return of the Liquidity Trap", *Brookings Papers on Economic Activity*, 2: 1998.

6 "Paul Krugman's London Lectures: Dismal science", *The Economist*, June 11th 2009.

7 Paul Krugman from Wikipedia.

8 克鲁格曼著，北村行伸等译『脱『国境』の経済学：産業立地と貿易の新理論』，东洋经济新报社，1994年，第78页。

9 "U. S. Economist Krugman Wins Nobel Prize in Economics", PBS Newshour, Originally Aired: Oct. 13th 2008.

10 Paul Krugman, "Autobiography", Nobelprize.org, 2008.

11 Paul Krugman, "The Increasing Returns Revolution in Trade and Geography", Prize Lecture, Dec. 8th 2008, Princeton, NJ 08544—1013, USA, p.335.

12 据保罗·克鲁格曼、罗宾·韦尔斯著『クルーグマンマクロ経済学』（大山道广等译，东洋经济新报社，2009年）所述，比较优势是指"某个人或国家可以以低于其他个人或国家的机会成本来生产出产品时，这个人或国家就对该产品具有比较优势"（第613页）。顺附一言，机会成本是指

"为了得到某样东西而必须付出的真正的成本"（第606页）。

13　Krugman, "The Increasing Returns Revolution in Trade and Geography", *op.cit.*, pp.338—339.

14　*Ibid.*

15　*Ibid.* 也有一部分经济学家认为，只有高科技行业中的垄断现象锁定带来收益递增时，才可以将规模经济用于一般的收益递增现象。

16　Elhanan Helpman and Paul Krugman, *Market Structure and Foreign Trade: Increasing Returns, Imperfect Competition, and the International Economy,* The MIT Press, 1985, p.2.

17　*Ibid.*, p.3.

18　Elhanan Helpman and Paul Krugman, *Trade Policy and Market Structure,* The MIT Press, 1989, p.5. 日译版大山道广译『現代の貿易政策 国際不完全競争の理論』，东洋经济新报社，1992年，第8页。日文译文依照该日译版。

19　大型客机的例子参考 *Trade Policy and Market Structure*, p.6，日译版第8页；半导体的例子参考克鲁格曼著、高中公男译『国际贸易の理论』，文真堂，2001年，第248页。关于这个问题，还参考了富浦英一著『战略的通商政策の经济学』，日本经济新闻社，1995年。

20　Helpman & Krugman, *Trade Policy and Market Structure, op.cit.,* pp.184—185. 日译版第185页。

21　*Ibid.*, p.8. 日译版第9页。

22　*Ibid.*, p.8. 日译版第11页『弁護をすることはごめんこうむりたい』的意思是 do not want to be apologist.

23　克鲁格曼编，高中公男译『战略的通商政策の理论』，文真堂，1995年，第17页。这样的话会让人充满期待吧。尤其是对站在政治立场上的人来说，克鲁格曼说的话作为对自由贸易的批判，非常吸引人。克鲁格曼在与伊藤隆俊的对谈『間違いだらけの结果主义』(『週刊東洋経済』，1993年11月20日号）中也提到："タイソン根本算不上是我等提倡的新贸易理论的直系弟子，他与产业政策支持论者间的联系在先，而后他知道了我们的新贸易理论，仅仅将这作为证明他自己理论合理性的工具。"

24　克鲁格曼著，山风洋一译『クルーグマンの良い経済学、悪い経済学』，日本经济新闻社，1997年，第152页。

25 克鲁格曼在与伊藤隆俊的对谈『間違いだらけの結果主義』，第76页。
26 克鲁格曼著『まぼろしのアジア経済』，『中央公論』1995年1月号，第386页。引用时参考原著有删改。
27 同上书，第380页。
28 详情参见吉富胜著『アジア経済の真実』，东洋经济新报社，2003年；以及大野健一著『途上国のグローバリゼーション』，东洋经济新报社，2000年。
29 更早的还有Yoshitomi Masaru and Ohno Kenichi, "Capital-Account Crisis and Credit Contraction: The New Nature of Crisis Requires New Policy Responces", ADB Institute, 1999. 克鲁格曼的草稿Paul Krugman, "Balance Sheets, The Transfer Problem, and Financial Crisis", Preliminary draft, January 1999. 发表时，大家在IMF的举措失当这一点上已经达成了共识。
30 约瑟夫·E·斯蒂格利茨著，铃木主税译『世界を不幸にしたグローバリズムの正体』德间书店，2002年。
31 1998年4月12日发行的报刊《朝日新闻》。同年3月20日《朝日新闻》的文章『文明の衝突：欧米流にどう融合、解を模索』中指出："IMF的选择很有限。"
32 1998年10月26日发行的报刊《日本经济新闻》的文章『せめぎ合う市場と国家（2）』。
33 克鲁格曼著，三上义一译『世界大不況への警告』，早川书房，1999年，第194—195页。"第一个错误是要求收紧财政"，"第二个是IMF要求'结构'改革"。这种精彩的转变，真让人想说句"你等一下"。
34 1992年10月4日发行的报刊《读卖新闻》的文章『根深い欧州通貨危機 EMSの崩壊は必至』。
35 1992年11月8日发行的报刊《读卖新闻》的文章『景気回復へ財政出動を 米新大統領に決断望む』。然而，1993年2月28日发行的《读卖新闻》的文章『米の景気回復は『本物』悲観論、根拠に誤解も』中断言："1992年作为美国经济真正开始从长期不景气中走出来的一年，我们不可以回顾一下1992年吗？"当时已经有充足的数据了。

36 克鲁格曼著『ニューエコノミーは幻想だ』,『This is 読売』1997年12月号。
37 克鲁格曼著『世界大不況への警告』指出:"目前还无法判断信息产业实际上给经济带来了多大的影响,我们很难通过衡量生产率这一尺度来量化它。即使可以量化,这个数字也很可能会远远小于我们所获得的收益。"(第39—40页)这样一来,克鲁格曼在创作《新经济是一个幻想》时,作为依据的生产率不再能被用作"尺度",也就是说,他自己推翻了自己断定那是"幻想"的依据。
38 艾伦·格林斯潘著,山冈洋一、高远裕子译『波乱の時代(下)』,日本经济新报社,2007年,第292页。
39 克鲁格曼著『クルーグマンの良い経済学、悪い経済学』指出:"北美自由贸易协定对美国的就业完全没有影响。"(第187页)"理论上,我们不得不承认北美自由贸易协定对美国的非熟练劳动力造成了负面影响,但实际上并没有证据能证明这一点。可见,其影响是非常小的。"(第194页)
40 关于北美自由贸易协定存在很多争论,卡内基基金会在北美自由贸易协定达成的第十年发表了一份报告,报告指出,它给墨西哥造成了130万农业失业人口。2008年,墨西哥一家农业组织宣布,总计产生了200万失业人口。据统计,这些失业人口作为非法移民涌入美国,至少造成了美国100万人失业,其他自由贸易协定区总计500万人失业。参见东谷晓著『郵政崩壊とTPP』,文春新书,2012年,第202—204;以及"Krugman's conundrum", *The Economist*, April 17, 2008.

根据《经济学人》的这篇文章,"克鲁格曼在1995年提交给布鲁金斯学会的论文得出结论,与贫穷国家之间的贸易并不会导致美国国内的工资差距的扩大,那也许只造成了整个20世纪80年代熟练劳动力与非熟练劳动力之间不断扩大的差距的十分之一……但是,……他去年在Vox EU博客上提出,现在已经不能继续放心地认为,这样的贸易对富裕国家的工资分配的影响很小"。克鲁格曼在2008年的论文『良心の呵責』中探讨了这个问题,但态度变得更为怀疑,他总结道:"现有的数据不足以处理这个问题。"换句话说,这个问题仍然是一个"conundrum"(谜题)。
41 克鲁格曼著,伊藤隆俊监译『経済政策を売り歩く人々:エコノミストのセンスとナンセンス』,日本経済新报社,1995年,第248页。

42 同上书,第239页。

43 同上书,第240页。克鲁格曼在该书中指出:"米尔顿·弗里德曼和罗伯特·卢卡斯认为,金融政策只会让人们迷惑,对稳定经济没有任何作用。但是,假设经济在人们完全清楚正在发生什么的情况下持续不景气,即便增加货币供给量是预料之中的政策,依然可以作为让经济从不景气中恢复过来的手段。"(第247页)

44 同上书,第249页。

45 Krugman, "The Increasing Returns Revolution in Trade and Geography", *op. cit.*, p.342.

46 克鲁格曼著『脱『国境』の経済学』,第64页。

47 Krugman, "The Increasing Returns Revolution in Trade and Geography", *op. cit.*, p.345.

48 Paul Krugman, *The Conscience of A Liberal*, W. W. Norton & Company, 2007.

49 *Ibid.*, p.141.

50 *Ibid.*, p.270.

51 Paul Krugman, *End This Depression Now!*, W. W. Norton & Company, 2012. p.93. 日译版山形浩生译『さっさと不況を終わらせろ』,早川书房,2012年。本文中的引用为笔者私译。

52 *Ibid.*, p.219.

53 *Ibid.*, p.xi.

第14章 中文参考资料及日文资料标题译文

2 《日本陷阱》。原题为 *Japan's trap*。
3 《毫不迟疑的财政出资才能解决问题》。
4 《为何不开动转轮印刷机?》。《新闻周刊日本版》。
8 原题为 *Geography and trade*。
12 保罗·克鲁格曼、罗宾·韦尔斯：《宏观经济学》，赵英军译，中国人民大学出版社2009年版。原题为 *Economics*。
18 埃尔赫南·赫尔普曼、保罗·克鲁格曼：《贸易政策和市场结构》，李增刚译，上海人民出版社2009年版。
19 克鲁格曼：《克鲁格曼国际贸易新理论》，黄胜强译，中国社会科学出版社2001年版。原题为 *Rethinking international trade*。《战略通商政策的经济学》。
23 克鲁格曼：《战略性贸易政策与新国际经济学》，海闻译，中国人民大学出版社2000年版。《错误百出的结果主义》，发表于《周刊东洋经济》。
24 克鲁格曼：《流行的国际主义》，张兆杰等译，中国人民大学出版社2000年版。原题为 *Pop internationalism*。
26 《亚洲奇迹的神话》。原题为 *The Myth of Asia's Miracle*。
28 《亚洲经济的真相》。《发展中国家的全球化》。
30 斯蒂格利茨：《全球化及其不满》，夏业良译，机械工业出版社2004年版。
31 《文明的冲突：探索如何与欧美模式融合》。
32 《相互竞争的市场与国家之二》。
33 克鲁格曼：《萧条经济学的回归》，刘波译，中信出版社2012年版。
34 《根深蒂固的欧洲货币危机EMS的崩溃在所难免》。
35 《希望新任美国总统作出决断，调动公共财政促进经济复苏》。《美国经济复苏是'真的'悲观论及其根据中存在误解》。
36 《新经济是一个幻想》。
38 艾伦·格林斯潘：《动荡年代》，张静、朱悦心译，电子工业出版社2011年版。

41 克鲁格曼:《兜售繁荣》,刘波译,中信出版社2010年版。原题为 *Peddling prosperity : economic sense and nonsense in the age of diminished expectations*。

51 克鲁格曼:《现在终结萧条!》,罗康琳译,中信出版社2012年版。

第15章 金融经济的启蒙主义者

罗伯特·詹姆斯·席勒

1946—

2000年，正值互联网经济泡沫最盛之时，席勒出版了《非理性繁荣》一书，预言了泡沫经济的破裂，成了开启互联网经济泡沫破裂之人。2005年该书第二版出版，书中加上了房地产泡沫经济一章并指出其破产的结局，两年后再次言中。人称他为"末日经济学家"。

席勒出生于密歇根州底特律。从密歇根大学毕业后，在麻省理工学院取得了博士学位。他专门研究金融市场领域，年轻时便发表过多篇论文，对当时学界主流的"有效市场理论"提出了质疑。1982年起，他在耶鲁大学任教授。研究成果包括"S&P凯斯—席勒房价指数"，现在该指数被认为是美国可信度最高的房价指数。他长相童颜，初执教鞭时看上去像一个高中生。在断言泡沫经济破裂之前，他的有口皆碑还仅限于经济学专家之间，但近年，他已经成了在经济政策方面具有巨大影响力的经济学家之一。

一方面，因为很早便预言了互联网经济泡沫的破裂，又在房地产泡沫破灭前就曾警示过其弊端，席勒被称为"末日经济学家"。
另一方面，席勒认为金融可以拓宽人们的可能性，鼓励所有人都参与到金融市场中来。

❝

"非理性繁荣"

耶鲁大学教授罗伯特·席勒，1996年12月3日，受FRB（美国联邦储备委员会）时任主席艾伦·格林斯潘的邀请，就当时的股价提供了背书。席勒当时说，虽然从统计学上看，现在的股价受到了非议，但是对比股票收益率与净利润来看，股价已经达到了相当高的历史水平。[1]

两天后，在美国企业研究所的晚宴上，格林斯潘主席在他长长的演讲中，稍显唐突地提到了股票价格的话题，他意味深长地说："务必警惕非理性繁荣。"[2]这句话后来被解释为对泡沫经济的预判，让格林斯潘名声斐然。但7个月后，格林斯潘举行了一场名为"现在美国经济进入了一个新时代"的"新时代"演讲，实际上他是在鼓吹IT正在改变美国的结构。

席勒在出版于2000年的初版《非理性繁荣》中这样说道：

> 现代预言家格林斯潘拥有驾驭语言的能力，比起简明地提出观点，他更喜欢提出问题。在这方面的问题上，大众解读格林斯潘的预言时总是忘记，其实他也不知道答案。[3]

这本书出版后不久，因互联网泡沫经济而高涨的股价突然暴跌。翌年1月开始，格林斯潘为了降低政策利率而四处奔走。与之相对，席勒作为经济学家兼预言家的评价急速提升。

席勒的《非理性繁荣》是他第一本面向大众的著作。之前他凭借探讨股市改革的《宏观市场：建立管理社会最大经济风险的机构》（1993年）一书获得了保罗·萨缪尔森奖。席勒建树颇多，在金融经济学领域名声远播，但从外界看来其实他十分低调。

《非理性繁荣》一书中将已经达到顶点的泡沫经济问题聚焦到人的行为的非理性侧面，准确地指出了人们对急速膨胀起来的IT行业所寄予的期望过高，持续高涨的科技股股价是非理性的。

> 不论是正面的还是负面的，大家的评价都对投机泡沫的增长起到了决定性的作用。判断一件事是否与投机性泡沫相关时，我们必须考虑到在任何情况下，评价都具有潜在的可能性。[4]

这种扭曲的交流带来了意想不到的新时代幻想。在日本，也有经济学家很认真地在倡导IT界"不需要开会"或者"去除中层管理和中间商"，美国的情况也差不多。

在互联网泡沫经济中，不仅互联网本身是"非理性繁荣"，互联网的使用体验更成了新幻想的种子，四处播撒着"新时代"的梦，扩大着虚假的繁荣。

就股市的繁荣而言，重要的不是互联网革命对人们现实生活所产生的深远影响无法言喻，而是这一革命所引起的公众反应。公众反应受互联网体验中直观的正常性影响，这个正常性最终来自轻易联想到互联网相关的实例和观点。日常使用互联网的话，这样的实例要多少有多少吧。[5]

不要迷信权威和名人

1946年，罗伯特·詹姆斯·席勒生于汽车城市底特律。他的父亲是一位机械工程师。父亲因为工作的关系调往密歇根后，他们全家也一起搬了过来。从席勒13岁开始，他们一家住在了底特律的郊外。[6]

席勒在某一本书中曾提到，他祖辈的四位是在大约一百年前，分别从拉脱维亚移民到美国的。[7]祖父乔治·席勒因为不想被俄军抓住而逃到了美国。同样地，祖母玛丽·米勒在18岁的时候，因为不愿意接受父母安排的婚姻而逃到了美国。祖父母在马萨诸塞州的加德纳市经营着一家煤炉店，后来听闻福特汽车要在底特律新建一家工厂，所以搬了过去。他的外祖父母在芝加哥经营着一家服装店，同样是因为福特要建新工厂，为了工作而搬到了底特律。

如果当初他们没有齐聚底特律，那么我的父母也没有机会相遇，自然也就不会有我。所以，我是托亨利·福特的福出生的。[8]

席勒家中很多人从事汽车产业相关的工作。父亲在一家制造工业锅炉的公司上班,这种锅炉是用来烧制喷涂在汽车上的珐琅的。席勒对父亲提及的不多,但似乎至今都充满了尊敬。

> 我的父亲经常对我说,不要迷信权威和名人说的话,因为社会上往往误将这些人当作超级明星。我觉得这是个很好的建议。[9]

也许席勒日后成为一名学者以及进行有关"非理性繁荣"的研究,很大程度上是受了他父亲这句话的影响。

席勒从密歇根大学毕业后,在麻省理工学院取得了博士学位,而后在耶鲁大学任教。此外,他还曾在宾夕法尼亚大学以及英国的伦敦大学等学校任过教。

他的专业是金融经济学,主要进行股票市场方面的研究,卢卡斯的理性预期备受追捧时,席勒曾写过论文来批判这一理论。[10] 1981年,席勒在杂志《美国经济评论》上发表的论文《股价过度波动能根据其后的股利变化进行解释吗?》引起了关注,因为他在文章中质疑了以尤金·法玛为代表的芝加哥学派提出的"有效市场理论"。

> (有效市场假说所给出的)关于这种股价变动的解释,真的可以被称为"学术"吗?那根本无法观察,也不能通过统计学的方法加以证明。"[11]

他认为在现实世界中很难找到有效市场,这是一个脱离现实的概念,只存在于"学术"世界之中。

推动股价的研究

1987年秋,所谓的"黑色星期一"对席勒来说是一个重大的转折。同年10月,股价打破历史跌幅,而在此之前,股价已经上涨到了一个旧有理论无法解释的高度。

席勒在1990年出版的《市场波动》一书中,分析了以股票市场为中心的价格波动问题。他指出了有效市场的模型无法用科学来解释,于是他将焦点转向了投机行为中存在的非理性或者感性的侧面之上。

> 投机市场往往容易成为由人们对市场的看法和对资本的评估所组成的混合物。……价格的变动来自投资者自身对市场看法的变化。[12]

1991年开始,席勒与卡尔·凯斯及艾伦·韦斯一起研究房地产市场指数,发表了"凯斯—席勒房价指数"。这个指数经过改良,成了现在美国代表性的房价指数。

在《宏观市场:建立管理社会最大经济风险的机构》一书中,席勒从历史的角度纵向分析了股市的暴走。他指出,如果将市场分割,那么某一领域的股价暴跌的时候,对其他领域的影响是有限的,暴跌带来的不良影响可以得到抑制。[13]

席勒提出的市场改革方案解释了90年代末的股价高涨与2000年4月开始的股价暴跌,而且纽约证券交易所与纳斯达克是分开的,纽约证券交易所的跌幅比纳斯达克的要低得多,从而证明了他提出的分离论。

2000年，正值互联网泡沫经济鼎盛时期，他在《非理性繁荣》中分析了人们对互联网的幻想一旦产生就会膨胀，并尖锐地批判了美国逐渐固化的高股价环境。

> 最近人们开始认为股市并不像以前想象的那样具有风险，股市投资往往优于其他投资形式。而这种"心得"是因为在过去几年中，股票作为一种投资具有优势被媒体报道广为传播所得到的结果。[14]

当时他批判的是投资评论家杰里米·西格尔所写的股票投资入门书《股市长线法宝》，后来，席勒与西格尔二人在2002年8月27日发行的电子经济报刊《分析》上展开了较量。西格尔认为，从长期观点来看，股价下跌的当下正是购入股票的时机。

> 假设（股价暴跌的）1929年时有一个人35岁，30年后这个人退休。即使他在1929年股价达到顶点时将资金投入到股市中，在30年后退休时，他在股市上获得的收益也远比投资国债等要多得多。[15]

对此，席勒是这样回答的。

> 换个角度来看，1929年（股价暴跌前）离开股市，然后在（股价触底的）1932年左右再回到股市的话，能得到更好的收益吧。[16]

预言了房地产经济泡沫的破裂

有些讽刺的是,席勒没有漏掉当时刚刚开始的房地产经济泡沫,并且敏锐地发出了警告,因此他深受房地产界忌惮,被称为"末日经济学家"。2005年出版的《非理性繁荣》(第二版)深化了有关泡沫经济整体的研究,同时还加上了即将迎来顶点的房地产经济泡沫一章。

> 房地产泡沫与股票市场泡沫一样神秘并且令人难以理解。当泡沫发生时,有很多流行的解释,但这些解释并不总是正确的。[17]

经常被提到的理由包括人口压力、利率低、建设成本下降等,但据席勒揭示的1890年至2004年的超长期数据图显示,将这些数值与住房价格的推移重叠起来看时,可以清楚地看到这些数值与房地产经济泡沫并不相关。

有趣的是,席勒指出,美国在此之前出现过多次房地产泡沫,但那总是限定在某个地区范围之内,像这次这样波及美国全国的情况还不曾出现过。比如19世纪美国铁路建设普及到西海岸之后,加利福尼亚州的房价曾经高涨;20世纪20年代,佛罗里达州也出现过房地产泡沫经济;另外,第二次世界大战结束后,几乎美国全国的房价都出现上涨,这是因为战争时的住房建设受到抑制,加上战后的婴儿潮使人口增加,拉动了实际需求。

但是,21世纪初的房地产泡沫经济并不是这种地区性的,算不上是实际需求,却波及了美国全国。席勒认为,这一次住房并没有被作为居住的地方,而是被作为投资的对象,所以才会波及全国。他还指出,世界各地都已经出现了住房价格的急速上涨,这个全球性的价格上涨是由对住房的无国界投机导致的。

> 像其他市场一样,住房市场上不断增加的投机行为彻底地改变了人们的生活。诸如高速公路、运河和铁路建设等导致的价格变动,曾经只是房地产市场的局部波动,或者是单独事件,如今已经成为全国性甚至是国际性的事件。……住房价格的变化反映了公众财产价值观念的改变,也是人们对投机活动更为关注的一个体现。[18]

这本书出版之后,席勒登上了2006年10月14日的日本《钻石周刊》,回答了采访的问题。

> 说实话,我现在非常担心。房地产市场的动向与经济周期呈现出了非常紧密的联动性。从以往的例子来看,几乎可以肯定地说,包括二手房的装修投资在内的房地产投资,都在经济衰退前迎来了顶峰。另外,比2005年民用住房投资水平(GDP占比)还高的就只有1950年。所以,可以认为现在已经过了顶点。如果是这样,那么两年之内,美国经济突然进入调整期的可能性很高。[19]

这一年,在美国购入的新房中有40%是用于居住之外的目的,其中28%作为投资,12%用于休闲。转年夏天,次贷危机显现。"末日经济学家"成了对席勒的褒奖。

解决次贷危机

　　2007年夏，美国投资银行的子公司纷纷宣告破产，不久便波及了投行和商业银行。2008年9月，美国第四大投资银行雷曼兄弟宣告破产。之后，美亚保险等世界一流的保险公司也陷入了危机。

　　众所周知，次级抵押贷款是面向低收入群体提供的住房贷款，基于这种贷款的住房抵押贷款证券的风险变高，不仅导致了持有这种资产的金融机构破产，更带来了全球性的金融危机。

　　次贷问题加剧，马上就要演化成次贷危机之前，2008年8月，席勒的《终结次贷危机》出版了。书中，席勒在历史分析一章的开头写道：

> 即使房地产泡沫经济不是一切问题的原因，也是这次次贷危机和经济危机的第一大原因。[20]

　　值得注意的是，席勒回顾了过去曾论及金融泡沫的经济学家的功绩。

> 信用水平的恶化造成了这次的局面，而这是投机性泡沫中司空见惯的过程，海曼·明斯基和查尔斯·金德尔伯格等人很早就指出过这一点。过度乐天主义的环境中，人们总是乐观地认为很久以后才会出现问题，一味地沉浸在当下的繁荣带来的好处之中。[21]

　　席勒再次讨论了曾在《非理性繁荣》（第二版）中指出的这次房

地产泡沫的特殊性,并强调了这种泡沫产生的"故事"。总是存在试图消除关于经济泡沫疑虑的幻想,并且会"传染"给很多人,这才导致了泡沫的产生。

> 能破解本次或者其他任何一次引发投机性繁荣最关键的单个因素,就是繁荣观念的社会传染,而繁荣观念通常产生于对价格快速上涨的常规性观察之中。这种社会传染将不断提高的可信度注入故事里——这些故事我称之为"新纪元"故事——表面上看起来,这些故事反复地证明了繁荣将持续发展下去的观念。[22]

那么席勒所说的"终结"究竟要如何做呢?他认为,办法只有一个,那就是给因为次级抵押贷款而失去了财产和家园的人提供低利率且长期的贷款。但是,关键还在这之后。

冲出眼前的混乱重围之后,住房贷款应当进行怎样的改革呢?金融市场又应当进行怎样的改革呢?对此,席勒是这样说的:[23]

> 第一,完善面向一般大众的金融信息基础设施建设;
> 第二,扩展金融市场监管范围,将更广泛的经济风险纳入其中;
> 第三,开发一般大众可以使用的金融工具,强化住房贷款、住宅产权保险。

对比在分析泡沫经济现象时的敏锐,上述解决方法看上去模糊了问题的焦点,但席勒针对每一条展开了详细的论述。

席勒构想的泛保险世界

第一点所说的"信息基础设施建设"是指，构筑起重视消费者的政府金融监管机构和任何人都可以用的数据库，完善简单易懂的经济指标系统。第二点提到的"金融市场监管"是指，仿照消费者商品安全委员会，建立起金融商品安全委员会。第三点中说的"开发金融工具"是指，将风险变动包含在内的、具有保障的金融。

在笔者看来非常奇妙的是，席勒提出，应当让普通市民可以参与到基于他们自己建立的"凯斯—席勒指数"的住房中介市场中。他认为应当在原来只属于一小部分专家的住房中介市场实行"民主化"，让尽可能多的人参与进来。

> 大多数人不曾在中介市场上进行过交易。普通人不熟悉这种交易，他们无法掌握信息。对他们来说，中介市场上的交易是极其危险的。为了实现金融上的民主主义，需要设计出简单的金融商品，让普通人也能参与到这种新形式的中介市场交易中来。[24]

笔者反复阅读了这一部分之后发现，席勒似乎真的不是在开玩笑，而是在认真地思考应当让普通人参与到住房中介市场中来。但是这样一来，难道不会使现在已经非常容易失控的金融市场变得更加容易失控吗？

其实，席勒在加急出版《非理性繁荣》之前，还在稳步地着手另一本书的创作，那本书后来以《新金融秩序》为标题于2003年出版。书中，他非常认真且详细地阐述了他的构想。这里仅简单介绍一下其概要。[25]

第一，引入生计保险，这种保险将长期经济风险也纳入了保险范围。这样一来，就可以应对家中发生火灾等导致维持生活的基本资产价值减少的情况。

第二，建立全球规模的宏观市场，不仅可以交易不动产等非流动资产，还可以交易国民收入以及与各种职业收入的增减相关联的宏观证券，将可能产生的变化分散开，从而达到缓和国民收入突然下降的问题。

第三，开发收入挂钩型贷款。这是一种金融机构根据个人和企业的收入进行融资的机制，收入减少时，可融资额也会被削减。通过这种机制，借款方可以售卖未来的收入。

第四，不平等保险。为了缓和收入分配的极端两极分化问题，席勒指出，"为了应对富人越来越富，穷人越来越穷这一重大风险，需要坚决引入这一机制"。

第五，跨代社保体系，可以实现几代人分摊风险。比如以前三世同堂的大家庭能够分摊的风险，现在通过社会保障的形式，可以在制度的层面上分担风险。

第六，为了控制与国民经济相关的风险，签订国际协议。国家与国家之间事先相互详细地规定好，当某一个国家出现经济危机时，其他国家可以提供什么样的援助。

简单来说，将所有情况纳入保险体系，就能打造一个比现在安心得多的世界环境。上述每一点都需要国际合作，难度很大，几乎是不可能实现的，但席勒却说得非常认真。

即使可以实现国际合作，下次全世界同时出现经济危机时，世界各国就真的可以实现风险分摊吗？之前席勒曾激烈地批判过非理性和感性的因素导致了世界金融的破产,那么他又觉得如何做才能使这个基于理性判断的合理构想成为可能呢?

动物精神

2009年,席勒与诺贝尔经济学奖获奖者乔治·阿克洛夫一起出版了《动物精神》一书,这本书成了畅销书。

这本书的标题让人马上就能联想到凯恩斯在《通论》中所说的"活力"。席勒与阿克洛夫认为,这种动物精神正是在2008年次贷危机之后,将完全失去可信度的经济学重建起来的关键所在。

> 基于社会科学70多年以来的研究成果,我们可以用早期凯恩斯主义者没能实现的方法来实现宏观经济学中动物精神的作用。……我们可以做到不忽视动物精神的同时占据中心位置。[26]

这里所说的"动物精神"是一个比凯恩斯说的投资者身上的"活力"更为广义的概念。比如他重新定义了凯恩斯理论中的"信赖""指数"以及"货币幻觉",并将这些称为动物精神。当然,还包含了席勒从泡沫经济分析中抽象出来的"故事"。

席勒与阿克洛夫试图用之前他们各自的理论中论述的将人的非理性和感情囊括到经济分析之中的做法,即"行为经济学"[27]的方法,重铸宏观经济学。这是一个非常大胆的尝试,现在对行为经济学的评价还没有定论,他们的做法很可能以一个"张冠李戴"的结果告终。

虽说如此，他们的尝试还是十分引人深思的。比如在这本书的第4章"货币幻觉"中，他们对弗里德曼指出凯恩斯理论无效的自然利率学说予以了驳斥。

弗里德曼批判了萨缪尔森关于菲利普斯曲线的论述，开启了美国凯恩斯主义的没落（参考第7章）。如此想来，席勒和阿克洛夫的反驳可以算得上是来自新凯恩斯主义者的一次复仇。

弗里德曼指责凯恩斯和萨缪尔森的观点过于关注劳动者名目薪资（即账面的金额），他认为，实际薪资（考虑了通胀率的现实金额）对劳动者来说才是关键，失业率也应当以实际薪资来判断。

席勒和阿克洛夫将凯恩斯和萨缪尔森以名目薪资展开论述的做法称为"货币幻觉"，将其归为动物精神之一；而对于认为应当以实际薪资展开论述的弗里德曼提出了批判，认为那是不现实的。

> 现代宏观经济学中最重要的前提之一，是人们能够掀开通货膨胀的面纱。这似乎是一个极端的假设。鉴于工资合同、价格决定、债券合同以及会计的性质，这个假设似乎是完全不合情理的。通过指数化调整，这些合同可以轻易地把通货膨胀的面纱抛在一边。但是，在绝大多数情况下，合同的当事人并不选择这条路。[28]

席勒和阿克洛夫二人所反击的是被现在的新古典主义当作前提的假说，他们大胆地引入了动物精神的概念，试图脱离这个假说。

真正的问题在于，当前的经济理论是由许多传统观念构成的。有太多的宏观经济学和金融学专业人士在"理性预期"和"有效市场理论"的道路上走得太远,以致根本未能考虑经济危机最重要的动力机制。如果不把动物精神添加到理论模型中去,我们就会丧失判断力,也就无法认清危机的真正根源。[29]

一般市民的金融启蒙

席勒在与阿克洛夫合著的《动物精神》中,对新古典主义提出了批判,而席勒作为新凯恩斯主义者的立场也变得清晰起来。但是,如前面提到的,为了挖掘现实的经济问题,尤其是金融经济问题,席勒自身的姿态也存在着很大的问题,他对金融经济本身几乎没有任何怀疑。

2012年3月,席勒出版了《金融与好的社会》一书。他最初构思这本书时是作为给大学生的教材,但结合当下的情况,他认为应该让更多普通读者也读一读,所以公开出版了。

> 诚然,阻碍人们从资本主义制度中获取利益的社会障碍确实存在。……但这种现象并不代表金融体系的本源性问题,其存在只能说明我们需要对金融体系进行更深层次的民主化、人性化和扩大化改造。[30]

之前笔者就一直觉得奇怪,席勒在论述次贷问题时,房地产泡沫经济在美国全国蔓延,甚至扩大到全世界的原因是中间过程中的金融技术,这已经是显而易见的。但他在《非理性繁荣》(第二版)

和《终结次贷危机》中都不曾提及。

金融技术的进步让住房贷款的证券化变得非常容易实现，曾经被限定在住房这一概念上的商品成了投机的对象。也许是因为席勒不愿意承认金融经济本身存在内部的不稳定性，所以他在上述两本著作中都没指出证券化的风险。他在《动物精神》的第三章中第一次谈到了证券化的风险。他虽然提到了明斯基和金德尔伯格已经就金融与泡沫经济的关系展开过论述，但他提得也有点太晚了。

席勒在《金融与好的社会》中指出，在实现伦理上的"好的社会"方面，金融可以充分扮演好作为工具的角色。

> 金融体系应当让每个人在人生中的某个阶段有展现自己本性中更为光辉一面的机会。同时，这也有益于整个社会的好的一面。[31]

席勒认为，之前的金融市场研究往往容易陷入动物精神的谜团，"伴随着泡沫经济的问题并不是市场这一抽象实体的行为，而是人们普通的行为"。[32] 所以，存在巨大的问题也完全不是金融市场的原因。

人的动物精神如果不经由市场，就不会产生太大规模的影响。而正是由于市场的存在，动物精神才被现实化了。席勒本人在之前有关金融制度与人性的关系的论述中，已经承认了这一点。

> 为了使金融体系运转得更好，我们需要进一步发展其内在的逻辑，以及金融在独立自由的人之间撮合交易的能力——这些交易能使大家生活得更好。[33]

席勒认为，这种发展"在真正被金融资本主义启蒙的体系之下"[34]能够实现。但是，人们是如何得到金融启蒙的呢？金融又是从何时起以"好的社会"为目标的呢？与崇高的理想相比，席勒似乎认为这些不是问题。可见，"末日经济学家"席勒其实是一位极端乐观的金融经济启蒙主义者。

— 第15章 注释 —

1. Robert J. Shiller, *Irrational Exuberance*, Princeton University Press, 2000, pp.1—14.
2. 威廉・A・弗莱肯施泰恩、弗雷德里克・希恩著，北村庆监译『グリーンスパンの正体：2つのバブルを生み出した男』，エクスナレッジ，2008年，第57—58页。
3. Shiller, *Irrational Exuberance, op. cit.*, p.14.
4. *Ibid.*, p.162 另外，还参考了日译版泽崎冬日译『投機バブル根拠なき熱狂』，ダイヤモンド社，2001年（同上书，第196页）。
5. Shiller, *Irrational Exuberance, op. cit.*, p.21.
6. "The World According to Robert Shiller", *Upstart*, by Lloyd Grove, 2nd May. 2008. (upstart.bizjournal.com)
7. Robert J. Shiller, *Finance and the Good Society*, Princeton University Press, 2012, p.174.
8. "The World According to Robert Shiller", *op. cit.*
9. "Robert Shiller: The best advice I ever got", CNNMoney, 2nd Dec. 2011. (money.cnn.com)
10. Michael Carter and Rodney Maddock, *Rational Expectations: Macroeconomics for the 1980s?*, Macmillan, 1984, p.113.
11. Robert J. Shiller, "Do Stock Prices Move Too Much to be Justified by Subsequent Changes in Dividends?", *The American Economic Review*, Jun. 1981, p.434.
12. Robert J. Shiller, *Market Volatility*, The MIT Press, 1989. p.431.
13. Robert J. Shiller, *Macro Markets: Creating Institutions for Managing Society's Largest Economic Risks*, Oxford University Press, 1993.
14. *Irrational Exuberance, op. cit.*, p.192.
15. ANALYSIS, Air Date: 27th Aug. 2002.
16. *Ibid.*
17. Robert J. Shiller, *Irrational Exuberance 2nd ed.*, Doubleday, 2005, p.11.
18. *Ibid.*, p.27.
19. 『住宅指標と景気は密接に連動 二年以内の後退局面入りが濃厚』,『週刊ダイヤモンド』，2006年10月14日号，第144页。
20 Robert J. Shiller, *The Subprime Solution: How Today's Global Financial Crisis Happened, and What to Do About It,* Princeton University Press, 2008, p.29.
21 *Ibid.*, pp.54—56.
22 *Ibid.*, p.41.
23 *Ibid.*, pp.121—169.
24 *Ibid.*, p.156.
25 参考罗伯特·J·席勒著，田村胜省译『新しい金融秩序』，日本经济新报社，2004年，『第3部 新しい金融秩序のための六つのアイディア』。
26 George A. Akerlof and Robert J. Shiller, *Animal Spirits: How Human Psychology Drives the Economy, and Why It Matters for Global Capitalism,* Princeton University Press, 2009, p.xi 日译版山形浩生译『アニマルスピリット：人間の心理がマクロ経済を動かす』，东洋经济新报社，2009年。
27 试图将人类的非合理性和感情也作为经济学现象进行的经济学。丹尼尔·卡内曼、阿莫斯·特沃斯基等的成绩广为人知。相关入门书如友野典男著『行動経済学：経済は『感情』で動いている』，光文社新书，2006年。
28 *Animal Spirits, op. cit.*, p.50.
29 *Ibid.*, p.167.
30 *Finance and the Good Society, op. cit.*, pp.5—6.
31 *Ibid.*, p.236.
32 *Ibid.*, p.177.
33 *Ibid.*, p.235.
34 *Ibid.*

─ 第15章 中文参考资料及日文资料标题译文 ─

2　威廉·A·弗莱肯施泰恩、弗雷德里克:《格林斯潘的泡沫:美国经济灾难的真相》,单波译,2008年版。

3—5　席勒:《非理性繁荣》,廖理、施红敏译,中国人民大学出版社2001年版。

19　《住房指标与经济密切相关,两年内进入衰退阶段的趋势强烈》,《钻石周刊》。

25　席勒:《新金融秩序》,束宇译,中信出版社2014年版。《新金融秩序的六个理念(第三部)》。

26　乔治·A·阿克洛夫、罗伯行·J·席勒:《动物精神》,黄志强译,中信出版社2009年版。

27　《行为经济学:经济因"感情"而动》。

第16章 信息不对称经济学的修补工

约瑟夫·斯蒂格利茨

1943—

1997—2000年,斯蒂格利茨任世界银行高级副行长兼首席经济学家。在2002年的著作《全球化及其不满》一书中,他批判了美国推行的世界经济政策。之后,他在世界各地进行演讲,为支持发展中国家的发展四处奔走。

与保罗·萨缪尔森一样,斯蒂格利茨出生于印第安纳州加里市。从阿默斯特学院毕业后来到麻省理工学院,师从萨缪尔森,协助萨缪尔森论文集的编纂。

他深入研究信息不对称的市场,2001年与乔治·阿克洛夫、迈克尔·斯彭斯一起,凭借信息不对称理论荣获诺贝尔经济学奖。

他曾在克林顿政府担任总统经济顾问委员会主席,但在任职世界银行副行长期间,因与美国财政部及IMF立场对立,并且对美国经济政策的批判越来越激烈,所以没有加入后来的奥巴马政府。

本应带来繁荣的经济体系如果只有不全面的信息，
那么马上就会成为一台两极分化制造机。
斯蒂格利茨批判了美国主导下的全球化向全世界散播灾祸，
支持打造缩小国家之间差距的世界货币"班柯"。
最终，他会迎来属于自己的荣光吗？

支持占领华尔街运动

约瑟夫·斯蒂格利茨凭借对信息与经济之间关系的分析荣获诺贝尔经济学奖。2012年初夏时分，他的著作《不平等的代价》（日译版标题为『世界の99％を貧困にする経済』）出版了。他在书中猛烈地批判了当今美国经济学所带来的不平等。

> 本书讲述了为什么对多数美国人而言，美国的经济体制是失败的……其问题在于，我们为不平等付出了高昂的代价。[1]

2011年秋天，斯蒂格利茨参加了占领华尔街运动。他曾就这件事这样评价道：

华尔街之所以会成为被攻击的目标，是因为那里是美国的病灶所在。金融领域的制度显然是不合适的，因为给政治提供资金和进行政治游说的是同一批人。他们在政权与金融机构之间来回穿梭，形成了一种"旋转门"一般的体制，所以由金融中心当事者制定的政策必然是不行的。过于宽松的制度让经济变得不稳定，从而引起了金融危机。[2]

之前，斯蒂格利茨已经批判过全球化导致各国家之间经济差距扩大的问题，并已经就经济全球化写过很多专著。一直以来，他都在猛烈地抨击美国经济政策任由次贷问题从显现直到爆发。在《不平等的代价》一书中他是这样说的：

并不是说全球化不好或者根本就是错的，问题在于许多政府为了满足特殊利益集团的需要，导致他们管理全球化的效果太差。[3]

斯蒂格利茨对美国经济和全球化经济的批判，绝不是一个经济学家因为精神错乱了而开始在社会问题上置喙。这与他长年以来深耕不辍的视角以及独特的经济学研究有着很紧密的关系。

占领华尔街运动以及其他世界各地的抗议者所传达的信息都告诉我们，市场必须再一次被驯化和调和。……即便市场本身是稳定的，也往往会造成高度的不平等，从而给人以不公平的感觉。现代心理学和经济学的研究揭示了个体对于公平的重视。[4]

在过去20年中，我们很少能见到有经济学家如此直言不讳。现代经济学家从各种各样的角度指出了经济导致的不平等和不公平，但是现在不再有人说这种不平等和不公平的原因在于市场本身。

斯蒂格利茨有什么证据能如此断言呢？他的斯蒂格利茨经济学又是什么呢？是不是回归到过去的理论来改变现在的经济学呢？

萨缪尔森的"后辈"

据约瑟夫·尤金·斯蒂格利茨提交给诺贝尔财团的那份长得异乎寻常的自传中所说，斯蒂格利茨1943年出生于印第安纳州加里市。相信读者朋友马上就能联想到，这个城市也是保罗·萨缪尔森的故乡。在萨缪尔森成为知名学者之后，无论是周围的人还是斯蒂格利茨本人，都无法忽视这个事实。

> 保罗曾经给我写过一封推荐信。听说他在推荐信中介绍了我之前的成绩概要，将我称为印第安纳州加里市诞生的最杰出的经济学家。[5]

关于父母，斯蒂格利茨在自传中首先提到他的母亲"是支持新政的民主党派，对罗斯福非常尊敬"。他的外祖父是一位非常成功的律师，立场坚定地维护广大劳动者。而有趣的是，他的父亲算得上是一位"杰斐逊式的民主主义者"，经营着一家保险代理公司，自己当自己的老板，是一个视"自助精神"高于一切的商人。

> 据我所见，我的父亲是一个彻底的保守派，在他将近

百年的人生之中，慢慢地适应着美国社会的变化。父亲在20世纪70年代中期，曾是一个力主市民权利的人。[6]

在思想基础的形成上，对斯蒂格利茨产生了重大影响的果然还是加里这座城市的性格。萨缪尔森也曾说，加里是在经济热潮与不景气之间煎熬的钢铁城市，而斯蒂格利茨又加上了一点，他说那里存在着种族歧视。

> 我上的是公立学校，加里与美国其他城市一样，存在种族歧视。城市是与整个社会相统一的，这里有来自各种各样家庭的孩子，城市展现出了社会的一个横切面。[7]

可能是因为斯蒂格利茨家喜欢辩论，他在公立学校中对辩论相关的课程十分热衷。辩论课上，交替选择正方和反方的立场进行辩论。"这可以说是我的一个长处。对一个复杂的问题，不局限于一个角度，从其他角度看也会有收获。"

斯蒂格利茨大学时就读于阿默斯特学院，对从小就渴望"神童"的名号，年仅26岁就成了耶鲁大学教授的大人物来说，这份学历稍显普通。关于这一点，他的学生兼朋友薮下史郎曾详细谈论过。[8]

美国以学术研究为中心的大学除了哈佛、耶鲁、普林斯顿、芝加哥、麻省理工、斯坦福等名牌大学，还有像阿默斯特学院、斯沃斯莫尔学院、文理学院等重视通识教养教学的名门学院。斯蒂格利茨采取的路径是，在这些学院里充分学习通识课程，然后去其他大学的研究所钻研专业。他曾这样回忆自己在阿默斯特学院时的日子：

> 最好的教育家至今仍然在按照苏格拉底的方式教学，在提出问题让学生解答的同时提出新的问题。[9]

总之，斯蒂格利茨在比他早入学的哥哥的推荐下，进入了阿默斯特学院学习，最初的专业是物理学，后来逐渐接触了英语文学、历史、哲学、数学，而后开始接触经济学。临近毕业时，斯蒂格利茨觉得经济学非常有趣，决定到麻省理工继续读研。在那里，他遇到了当时当红的经济学家，也是他的同乡前辈萨缪尔森。

在这里要特别提到的是，在阿默斯特学院读书时，斯蒂格利茨不仅对通识教养的课程非常用心，而且对政治运动也展现出了兴趣。斯蒂格利茨展开了"友爱社团废止运动"。当时，阿默斯特学院中有很多公认的学生友爱社团，大约90%的学生都加入了某个这样的社团。而斯蒂格利茨要做的是"消灭"这些社团。

> 我开始了废止运动。……友爱社团本身就是一种社会性歧视，这有悖于大学的自由艺术和社区的精神，这是我认为应当予以废除的理由。[10]

修行中的斯蒂格利茨

斯蒂格利茨在充分提高学识并开始向政治运动迈进之后，离开阿默斯特学院，来到了麻省理工的研究所，这里对他来说是非常适合展开研究的地方。"阿默斯特学院在我获得广博的知识储备上具有决定性的作用，而我能够成为一个专业的经济学家，麻省理工则不可或缺。"

当时麻省理工的教授中除了萨缪尔森，还聚集了一批先锋探索者，有凭借增长理论荣获诺贝尔奖的罗伯特·索洛，以金融研究获得诺贝尔奖的弗兰科·莫迪利安尼，以不确定性理论获得诺贝尔奖的肯尼斯·阿罗，等等。跟斯蒂格利茨同一届的同学中，还有同他一起获得诺贝尔奖的乔治·阿克洛夫。

斯蒂格利茨在萨缪尔森的指导下学习时开始崭露头角，萨缪尔森将自己论文集的编辑工作也交给了他。

> 离开麻省理工之后，我在人们心中的印象依然是萨缪尔森著作集的编者，这实在是让人开心不起来。我自然是希望可以凭借自己的成绩为众人所知。[11]

在麻省理工的第二年夏天，斯蒂格利茨结识了刚刚从斯坦福大学转任到芝加哥大学的宇泽弘文。斯蒂格利茨说宇泽弘文"是我的恩师之一，是世界上最伟大的经济学家之一"。可见，他从宇泽弘文那里受到的影响非常大，20世纪70年代他来日本时，还在宇泽弘文于箱根主办的研讨会上进行了演讲。

尽管学习环境一直十分优越，可斯蒂格利茨似乎还是感到不满。"我担心自己受萨缪尔森的影响太大了。"1965年后一年间，他取得了富布莱尔奖学金，前往英国剑桥大学留学。斯蒂格利茨最初师从指责美国凯恩斯主义"忘记了不确定性"的乔治·罗宾逊，但是二人的关系似乎不太融洽。后来，他在弗兰克·哈恩的指导下完成论文后回了国。

让斯蒂格利茨感到疑惑的是，美国的新古典派经济学描述的经济样态与现实的经济之间存在龃龉。新古典派经济学中，市场完美地发挥着自己的功能，没有失业，没有两极分化，也没有经济不景气。

从剑桥回国后，我与麻省理工签了一年的助教合同，在那之后我去了耶鲁大学。在耶鲁的教职似乎帮我无限地延后了越战的召集令。那段时间，我撰写有关经济动态学的论文，着手不确定性经济学的研究。很快，我的研究方向就走向了信息经济学。[12]

信息不对称是常态

关于信息经济学，最简单易懂的例子是阿克洛夫所提出的"柠檬效应"[13]。"柠檬"指的是有缺陷的二手车，买到这种"柠檬"的话，肯定会被"酸"到。研究当二手车市场中混入了这种"柠檬"后会发生什么事的，就是"信息不对称"的经济学。

售卖二手车的汽车中间商掌握着自己打算出售的车辆的信息。他们清楚车子哪里容易坏，以前出过什么事故等，而打算购入二手车的买家完全不了解这些。买方能知道的只有外观如何，座椅是否舒适之类的稍微试开一下就能了解到的信息。这时，中间商与买方之间就产生了巨大的信息差。买家不得不在几乎不了解任何信息的情况下购入，就如同选柠檬一样有风险。而中间商自然是想把车卖掉，所以即使二手车的品质很好，他也愿意把价格压得很低。

不仅如此，还存在更复杂一点的现象。买方看了很多二手车之后，可能会认为价格越高的品质越好，但当价格达到一定高度时又会出现反转，买方会觉得果然还是太贵了。中间商设定价格时传达出的"这个品质好，所以比较贵"的信息起到了反作用，结果导致这辆二手车"品质很好，却卖不出去"。

另外，保险也经常被作为信息不对称的例子。斯蒂格利茨开拓了这一领域的研究，[14] 他指出因为牵扯到复杂的信息问题，所以很难简单地认定保险市场是否在正常地运作。比如一些参保人因为加入了保险而变得很安心，反而做出了比以往更大胆的行为。

假设现在有一种肝脏保险。加入肝脏保险之后，不论罹患什么肝脏疾病都能拿到医疗费，那么很有可能会出现很多人肆意酗酒的情况。

如果肆意酗酒的人只占少数，那么不酗酒的人会认为支付这份保险是合适的。但是，如果他们得知肆意酗酒的人非常多，那么愿意购买这种保险的人就不会太多，甚至已经参保的人选择退保的情况也会增多。因为替那些酗酒的人支付医疗费实在是太愚蠢了。结果是，酗酒的人所占的比例急剧上涨，当初签订合同时规定的保险费用难以维持下去，导致这种肝脏保险宣告破产。

上述几例都与"市场中会产生最适当的平衡"这一新古典派的市场观相去甚远，但这些绝非虚构，这种信息不对称已经以某种形式渗入了市场之中。相反，无论发生什么事，依靠市场的抉择都会得出正确的结果这一观点才更加不现实。

> 我在不确定性经济学方面的研究自然而然地走向了信息不对称经济学的方向，然后进一步拓宽范围，走向了信息不完全的经济学。[15]

东欧失败的原因在于市场主义

斯蒂格利茨在诺贝尔奖获奖演讲（这也是一个长得异乎寻常的演讲）中，就市场上的信息不完全的经济学这样说道：

> 信息不完全的市场不同于信息完全的市场，最根本的理由在于，在信息不完全的情况下，市场的某个行为或选择都传达了某种信息。如果市场参与者清楚这个信息，那么他们的行为就不会受到影响。[16]

如果一个汽车中间商所在的公司宣称自己的二手车故障率低，那么当这个中间商经手的二手车的事故率变高时，不论他如何舌灿莲花，恐怕从他这里买车的人都会骤减。

如果人们知道购买了肝脏保险会导致接受肝脏疾病治疗的参保者急速增多，那么这种肝脏保险本身的信誉就会受损。这样一来，不仅新参保的人数会大量减少，已经参保的人中也会有更多人选择退出。

还不仅如此。一旦在市场经济的研究中加入了信息的问题，那么之前的经济学前提就都会变得非常不可信。

> 我们曾受到非议，说如果将信息不完全的可能性加入经济学模型中，就相当于打开了潘多拉的魔盒，因为信息不完全之类的问题是极其寻常的事情。但即使可以想象出信息完全的情况，如果我们能对现实世界中存在的信息不完全性所带来的各种各样的情况理解得更加深入，显然也

是更好的。[17]

斯蒂格利茨关注的问题是,通过这种"信息不完全的经济学",重新审视包括发展中国家在内的全球经济现实。斯蒂格利茨说,他曾于1969年起作为洛克菲勒财团的研究员,在肯尼亚从事调查研究。他后来的信息不完全的经济学与当时得到的很多灵感密不可分。

1989年开始的东欧崩溃,成了通过社会主义经济来检验市场经济的好机会。斯蒂格利茨于1994年出版的《社会主义向何处去》虽然在经济学家之间的口碑并不好,但对之后的市场经济研究来说却有着重大的意义。他在这本书中这样说道:

> 在我看来,如果说新古典模型……对经济本身的描述是正确的,那么市场社会主义确实有机会获得成功。由此看来,市场社会主义的失败,不仅使市场社会主义者的理想化为泡影,同时也对标准的新古典模型提出了质疑。[18]

他这样说,让那些坚信社会主义的崩溃是由于市场原理主义是正确的新古典派经济学家非常恼火。如果认为只有竞争市场在维持着经济的观点是正确的,那么引入竞争市场机制的社会主义理应都能获得成功。但是,事实并非如此。斯蒂格利茨在他的自传中也提到了这一点。

> 我在《社会主义向何处去》一书中得出结论,社会主义经济的失败让我更加确信,竞争均衡模型是不合适的。如果竞争均衡模型是正确的,那么市场社会主义就应该成

功了吧。[19]

对IMF与美国财政部的批判

新古典派模型不仅在被运用于美国国内经济时造成了很多问题，在被运用于国际经济上时更是如此。当时，斯蒂格利茨已经对有关国际经济的粗陋观点抱有怀疑，让他更确定这份怀疑的是他在世界银行的经历。

1992年，斯蒂格利茨成了克林顿政府经济顾问委员会的成员，后来就任委员会主席，1997年后他辞去了主席的职务，成了世界银行副行长兼首席经济学家。而这让他有机会直面美国主导下的全球经济中的骗局。

这一年爆发了东亚经济危机，当时IMF（国际货币基金组织）规定的资金援助条件在斯蒂格利茨看来完全是错误的。IMF对东亚各国的资金援助条件是财政紧缩与利率上调，这完全是一个有反作用的处方。

有两点理由可以说明IMF的判断带来了严重的后果。第一，在拉丁美洲那样通货膨胀严重的环境中，抑制过剩的需求变得非常重要。但是，在东亚出现的是经济衰退，问题不在于需求过剩，而是需求不足。这时给需求泼冷水降温只会使问题更加恶化。第二，公司债务不多时，高利率虽然有些棘手，但也并非难以接受。当公司债台高筑时，即使是短期的借贷，高利率对很多公司甚至对经济整体来说就相当于宣判了死刑。[20]

有意思的是，与IMF和美国财政部相关的经济学家自不必说，与这些部门不相关的经济学家也支持IMF的方针。即使出现指责的声音，他们也会予以维护。日后转向批判阵营的克鲁格曼等人最初也认为"IMF吃力不讨好"，并没有给出任何反对意见。斯蒂格利茨这样说道：

> 无论是费舍尔还是萨默斯，鲁宾还是康德苏，无论是IMF还是美国财政部，他们都不愿意承认自己的政策具有误导性。他们依然坚持自己的立场，毫不在意我发现了他们已经失败了的这一无可辩驳的事实。[21]

IMF的举措过分失当，甚至有时会让人怀疑这是不是他们的阴谋，他们是在有意削弱东亚的实力。而事实上，东亚的经济危机也确实加剧了。但是，斯蒂格利茨这样说道：

> 我相信存在一系列更简单的解释——国际货币基金组织并不参与这一阴谋，但是它反映了西方金融界的利益和意识形态。运作模式是不透明的，这就将该机构及其政策与那些详细审查的政策隔离开来，详细审查的政策可能会迫使国际货币基金组织利用和采取那些适合东亚情形的政策。[22]

这里也许反映出了斯蒂格利茨作为理想主义者的开朗性格。但是，斯蒂格利茨与IMF在详细审查政策以及认识世界的机制上究竟是否一致呢？

对华盛顿共识的批判

充满活力的斯蒂格利茨奔走在全世界各个发展中国家之间，向他们提出建议，并且参加在世界各地召开的研究会，人称"空中飞人经济学家"（满世界飞的经济学家）。[23]

支持他这样做的应该是他的知性与开放的乐观主义吧。但是，在让房地产经济泡沫达到顶峰的美国主导下的全球化之中，这份乐观可能也稍稍染上了一层阴霾。

> 我在任职于世界银行时，明白了为什么当今全球化的方向不能得出令人满意的结果。诚然，全球化中蕴藏着发展的可能。但是，那些不过是"可能"，而非"必然"。我亲眼见证了那些因为全球化而使贫困不少反增的国家。[24]

有一个很有名的传闻，据说IMF中很多经济学家在考虑对发展中国家的援助时，仅凭统计数据进行判断。当数据相似时，他们就只改一改文件上的国名，继续沿用之前的文件。这不是笑话，而是事实。

对于那些市场没有很好地发挥作用的国家，他们也是抱着"看不见的手"可以发挥作用的市场原理主义态度作壁上观，将完全不符合实际的政策强加于人。这种情况不限于他们在东亚经济危机时所开出的处方。

> 通过信息经济学相关的研究，我弄清了"看不见的手"之所以看不见的原因。信息不全面的时候，特别是信息不对称——某个人知道特定的信息，而其他人不知道的情况（而且这种情况正在常态化）——的时候，所谓的"看不见的手"并不是一开始就存在。所以，政府如果不能适当地进行限制和干预，就不能期待市场上的经济效率提高。[25]

在世界经济上也是同样的道理。斯蒂格利茨把相信市场总是会实现最恰当的资源分配的市场主义政策称为"华盛顿共识"，而试图将这个华盛顿共识应用到世界经济上的，就是美国主导下的全球化。斯蒂格利茨对华盛顿共识的批判越来越强烈。在巴塞罗那召开的研讨会上，他多次提出"华盛顿共识究竟是不是共识"的质疑。他批判称，美国为了本国利益而提出的华盛顿共识，与让世界经济平衡发展的共识毫不相干。[26]只要是在美国的主导下，那所谓的共识就会沦为替美国服务的东西。尽管如此，斯蒂格利茨依然坚信，真正的共识是有可能达成的。

> 我至今仍然抱有希望。迟早——当然越早越好——世界会变得公平，会创造出亲和发展的贸易体制。来自发展中国家的呼声日益高涨，我相信发达国家的良心和他们的利益也总有一天会听到这个声音。[27]

作为实现上述目标的一个方法，斯蒂格利茨提出，应当建立全球性准备金制度，并将之前凯恩斯倡导的国际通用货币"班柯"付诸实践。换言之，就是要打造一个真正的"世界银行"。

全球性准备金制度的建议一直就有。约翰·梅纳德·凯恩斯在布雷顿森林货币体系建成之初就力主建立世界货币"班柯"，但被当时的美国政府拒绝了。我认为，现在正是一个绝佳的时机。[28]

泡沫经济的崩溃与凯恩斯主义的复兴

斯蒂格利茨在2008年美国次贷危机之后，更加有力地批判了美国的经济政策，明确指出应当回归到凯恩斯主义。

在所有获得成功的经济体制中，市场扮演了核心的角色，这一点毋庸置疑。但是我不认为今后的市场可以独自完成这一职能。因此，现在我正在从对现代经济学有着巨大影响的英国伟人约翰·梅纳德·凯恩斯的一系列理论中汲取营养。政府有政府应当扮演的角色，这不仅包括在市场崩溃时拯救经济，还包括约束市场的行为，预防我们经历这次这样的失败。[29]

这十多年间美国遭遇的两次经济泡沫及其破裂，正是由于政府职能的偏离所致的。芝加哥学派的有效市场假说看似排除了政府的干预，但实际上，为了维护美国金融界等特定群体的利益，政府其实一直在积极地进行着干预。其结果是，信息可以完全覆盖的健全有效的市场这一假说不仅错了，而且在为维护特定群体利益的意识形态方面发挥着作用。

在斯蒂格利茨看来，2008年美国资贷危机带来的严重经济停滞，不仅让标榜有效市场的经济学跌落了神坛，更促进了美国凯恩斯学派内部的论争。

美国的凯恩斯学派分为两个群体。一个是坚持在新古典派的基础上，认为由于工资和价格具有刚性，所以凯恩斯经济学至今依然有效；另一个认为市场中存在不稳定性的根本问题，而这在金融市场上的表现尤甚。[30]

斯蒂格利茨没有具体列举经济学家的名字，但可以看出，格里高利·曼昆的菜单成本理论等属于前者，而后者则包括谈论金融带来市场变形的海曼·明斯基的金融不稳定性假说。斯蒂格利茨认为，目前后者占上风。

> 有观点认为，目前着眼于金融脆弱性的新凯恩斯主义经济学的另一个体系取得了胜利。值得庆幸的是，如今大多数的中央银行行长已经意识到，不仅要注意通货膨胀，还要对金融市场与资产泡沫提高警惕，并且也有了相关的工具。[31]

应当注意的是，斯蒂格利茨在谈论凯恩斯主义"复兴"的同时，还提出了应当重新审视对弗里德里希·冯·哈耶克的评价。众所周知，哈耶克在美国受到了保守派和自由意志主义（彻底的自由主义者）的高度评价。

有意思的是，哈耶克在保守派中被奉若神灵。他和亚当·斯密一样，也认为政府肩负着重要的职责。用哈耶克的话来说，"恐怕坚持某种经济主义，特别是自由放任资本主义这一原则"，对市场拥护者的目标"不会造成太大的损失"。[32]

虽然一直以来，日本的亲美保守派时常将哈耶克与米尔顿·弗里德曼搞混，但是像西部迈以及与其相关的经济学家（佐伯启思、松原隆一郎等），都准确地理解了哈耶克这一奇怪的论点。这在思考哈耶克对弗里德曼的批判方面也是十分重要的一点。[33]

哈耶克认为，从限制劳动时间，到货币政策、法律制度以及适当地导入信息，政府在各个方面都应当履行职责。……他们（指美国的保守派）一边表示亚当·斯密与弗里德里希·冯·哈耶克关于市场效率的论述已经涵盖了全部，一边又无视着这二人对政府干预的必要性的警告。[34]

斯蒂格利茨去向何处

与第14章中的克鲁格曼一样，深入思考2008年美国次贷危机时，经济学家会面临一个棘手的问题，那就是经济学是否还能这样继续走下去。

克鲁格曼一如往常地做出了超前的发言，他说："经济学好则无力，坏则有害"。但是，斯蒂格利茨与克鲁格曼不同，他一直以来都在批判美国主导下的全球化，而且也不曾轻易认同竞争市场的神话。正因如此，他对自己开拓出来的新经济学充满了自信。也许是出于这个原因，他那独到的乐观才一直不曾动摇。

> 另一种世界是可能的。我们可以实现一个与我们基本价值观更为一致的社会，有更多的机遇、更高的国民总收入、更强的民主制度以及大多数人能享受到的更高的生活标准。[35]

那么该如何做呢？对此，斯蒂格利茨给出的答案中没有耳目一新的东西，无非是进行经济制度改革，从而实现一种比现在更为恰当的制度，以及进行政治制度改革，维护弱者的权利。

他列举的体制改革包括"金融部门的改革""竞争法的强化""公司治理的强化""破产法的修订""法制改革""税制改革"等。作为维护弱者权利的改革，他举出了"推进教育普及""援助贫困群体""完善社会保障"等。抛开细节不谈，单就上面列出的这些从字面来看，只不过是罗列一些连日本的结构改革派也能想得到的平庸的"改革方案"。

> 接下来的半个世纪美国将面临两种愿景。一种愿景是富人与穷人更加分化的社会；另一种愿景是富人与穷人之间的差距缩小。……我相信，第二种愿景才是唯一与我们的传统和价值观一致的。[36]

我们相信，这是来自现在的斯蒂格利茨心底的诚挚愿望，也是对救赎现在两极分化进一步扩大的美国社会的恳切愿望。但是，这种直指良心的话语，与其说是经济学或者政治经济学的观点，不如说更接近社会活动家或是宗教活动家的观点。

斯蒂格利茨在论述中引用了批判市场经济支配的经济人类学家卡尔·波兰尼的观点，认为现在的市场经济理应受到抨击。[37]波兰尼所说的"双重运动"的旋涡现在又在上演，引起这个旋涡的正是斯蒂格利茨。

可能对斯蒂格利茨来说，经济学的荣光已经无所谓了，他只一心想着纠正当今世界和美国的不平等现象。这很好。这比仅仅将经济学从简单的意识形态中剥离出来并奉之为科学要好得多。但是，当他踏上这条警钟长鸣的漫漫征程时，他作为经济学家的时代就已经宣告结束了。

第16章 注释

1 Joseph E. Stiglitz, *The Price of Inequality*, W. W. Norton & Company, 2012, p.xii. 日译版榆井浩一、峯村利哉译『世界の99%を貧困にする経済』，徳間書店，2012年。

2 『過度の格差『経済の安定や成長妨げる』：米コロンビア大のスティグリッツ教授に聞く』，2011年10月24日发行的《日本经济新闻电子版》。

3 Stiglitz, *The Price of Inequality, op. cit.*, p. xiii.

4 *Ibid.*, pp.xiii—xiv.

5 Joseph E. Stiglitz, "Autobiography", Nobelprize.org. 2001. 下文中有关自传的内容也多参考本书。

6 *Ibid*.

7 *Ibid*.

8 薮下史郎著『非対称情報の経済学：スティグリッツと新しい経済学』，光文社新書，2002年，第52—56頁。

9 "Autobiography", *op. cit.*

10 *Ibid*.

11 *Ibid*.

12 *Ibid*.

13 关于柠檬效应的内容参考斯蒂格利茨著、薮下史郎等译『スティグリッツ ミクロ経済学 第2版』，東洋経済新報社，2000年，第500—502頁；以及薮下史郎著『非対称情報の経済学 スティグリッツと新しい経済学』，第83—87頁。另外，原著原文参考了乔治・A・阿克洛夫著，雪村千佳良、井上桃子译『ある理論経済学者のお話の本』，ハーベスト社，1995年，『第2章『レモン』の市場：品質の不確実性と市場メカニズム』。

14 关于保险的内容参考斯蒂格利茨著、薮下史郎译『スティグリッツ入門経済学 第2版』，東洋経済新報社，2000年，第215—223頁；以及薮下史郎著『非対称情報の経済学 スティグリッツと新しい経済学』，第101—112頁。另外，本文中有关柠檬效应和保险的内容，在斯蒂格利茨及薮下的论述基础上进行了简化。

15 "Autobiography", *op. cit.*

16 Joseph Stiglitz, "Information and The Change in the Paradigm in Economics", Prize Lecture, 8th December. 2001, p.485.

17 *Ibid.*, p. 520.

18 Joseph E. Stiglitz, *Whither Socialism?*, The MIT Press, 1994, p.2.

19 "Autobiography", *op. cit.*

20 斯蒂格利茨著，铃木主税译『世界を不幸にしたグローバリズムの正体』，德间书店，2002年，第156页。

21 同上书，第190页。

22 同上书，第191页。

23 2008年6月，笔者曾经在伦敦一家酒店采访过斯蒂格利茨（『世界に猛毒をばらまく米国経済』，『文藝春秋』2008年8月号）。当时，笔者对自己的英语非常没有自信，所以请了一位厉害的翻译。我们约好在这家酒店的大堂碰头，笔者提前一个小时左右来到大堂时，那位翻译已经到了。据她说，斯蒂格利茨有很多会议要参加，她曾看到过斯蒂格利茨在大厅里来回走动。"刚才他也飞一样地从我面前过去了呢。"

24 斯蒂格利茨著，榆井浩一译『世界に格差をバラ撒いたグローバリズムを正す』，德间书店，2006年，第23—24页。

25 同上书，第28页。

26 Joseph E. Stiglitz, "Is There a Post-Washington Consensus Consensus?", in Narcís Serra and Joseph E. Stiglitz (eds.), *The Washington Consensus Reconsidered*, Oxford University Press, 2008.

27 斯蒂格利茨著『世界に格差をバラ撒いたグローバリズムを正す』，第169页。

28 斯蒂格利茨著『円の価値がさらに上がる時代：アジア経済安定のために日本ができること』，『Voice』2010年2月号，第139页。

29 斯蒂格利茨著，榆井浩一、峯村利哉译『フリーフォール グローバル経済はどこまで落ちるのか』，德间书店，2010年，第6页。

30 同上书，第364—365页。

31 同上书，第371页。

32 同上书，第384页。

33 西部迈著『思想の英雄たち』，文艺春秋，1996年；佐伯启思著『市场社会の经济学』，新世社，1991年；以及松原隆一郎著『ケインズとハイエク』，讲谈社现代新书，2011年，等等。

34 斯蒂格利茨著『フリーフォール』，第384页。

35 Stiglitz, *The Price of Inequality, op. cit.*, p.266.

36 *Ibid.*, p. 289.

37 卡尔·波兰尼著，野口建彦、栖原学译『[新訳] 大転換』，东洋经济新报社，2009年。参见斯蒂格利茨的序文。"不幸的是，无论自我调节经济的神话是穿着自由放任主义的旧衣，还是华盛顿共识的新装，它都并不代表（不以牺牲他人为代价的）自由的平衡……如果波兰尼是在今天执笔（《大转型》一书），他可能会这样写：'能否在为时已晚之前纠正这些自由的失衡，是当今地球社会所面临的挑战。'"

38 2008年6月，在注23提到的采访的最后，笔者向斯蒂格利茨提问："经济学会发展成什么样子？会不会更多地考虑社会方面的因素呢？"斯蒂格利茨是这样回答的："我认为经济学已经在发生变化。这200年以来的完全竞争、完全市场、完全信息的模式中满是错误和缺陷，基于这种模式的政策也是错误的。比如过度理性之类的，我们应当与之保持距离吧。"2002年，凭借行为经济学方面的成绩荣获诺贝尔奖的丹尼尔·卡内曼也曾指出："系统性地脱离理性。"可见，从社会和政治的侧面来考虑是有必要的。在接下来的50年中，我认为经济学将会出现不同于20世纪时的新动向。

— 第16章 中文参考资料及日文资料标题译文 —

1 约瑟夫·斯蒂格利茨:《不平等的代价》,张子源译,机械工业出版社2013年版。

2 《贫富差距过大"有碍于经济的稳定和发展":听美国哥伦比亚大学斯蒂格利茨教授怎样说》。

8 《信息不对称的经济学:斯蒂格利茨与新经济学》。

13 斯蒂格利茨:《微观经济学:不确定性与研发(第2版)》,纪沫、宛圆渊译,中国金融出版社2009年版。阿克洛夫:《一位经济理论家讲述的故事:关于经济理论新假设有趣结果的论文集》,胡怀国译,首都经济贸易大学出版社2006年版,原题为 An economic theorist's book of tales : essays that entertain the consequences of new assumptions in economic theory。《第二章"柠檬"的市场:品质不确定性与市场机制》。

14 斯蒂格利茨:《经济学(第2版)》,梁小民、黄险峰译,中国人民大学出版社2000年版。

20 斯蒂格利茨:《全球化及其不满》,夏业良译,机械工业出版社2004年版。

23 《给全世界播撒剧毒的美国经济》。

24 斯蒂格利茨:《让全球化造福全球》,雷达、朱丹、李有根译,中国人民大学出版社2013年版。

28 《日元价格再次上涨的时代:日本可以为亚洲经济稳定做什么》。

29 斯蒂格利茨:《自由市场的坠落》,李俊青、杨玲玲译,机械工业出版社2017年版。原题为 Freefall : America, free markets, and the sinking of the world economy。

33 《思想英雄们》;《市场社会经济学》;《凯恩斯与哈耶克》。

37 卡尔·波兰尼:《大转型:我们时代的政治与经济起源》,冯钢、刘阳译,浙江人民出版社2007年版。

终章

在此，我想简单记述一下与本书创作相关的回忆，并向与之相关的人致谢。

如之前所说，我不曾专门学习过经济学专业知识。学生时期的一个暑假，我需要查一些凯恩斯主义国家观的相关资料，一上来就读了凯恩斯的《就业、利息和货币通论》，而且是在二手书店买的英文原版。

一天早上，在仙台青叶城旧址附近，从家父所住的公务员宿舍出发，当我走下通往市民图书馆的坡道时，心中满是干劲。但我埋头苦读了半日，什么也没搞明白。当我迎着夕阳，有气无力地爬上坡道时，心中被一股焦躁感煎熬着。尽管如此，翌日一早我还是再次走下了这条坡道。

后来，我仍然没有正经地学习过经济学。但是每当看到凯恩斯这个名字时，我心中都会浮现出那天上下青叶坡道的回忆，同时生出一股莫名其妙的焦躁感。当我读到西部迈先生的《经济伦理学序说》(中央公论社出版)时，那股焦躁感减弱了些许。而当我读完西部先生写的《凯恩斯》(岩波书店出版)之后，我觉得自己终于可以摆脱与凯恩斯(相关的那份莫名焦躁)的"孽缘"了。

再后来，我反复阅读了与凯恩斯相关的几本书，却不敢再读上述两本书了。可能每个人都有这种因为对自己影响实在太大以至不敢再读第二遍的书吧。对我来说，就是那两本了。因为可能会有读者朋友对我不敢触碰这两本书感到不可思议，所以我在这里解释一下。

还有一点需要说明，那就是本书附有注释。但是，我并没有把注释附在本书后面，而是传到了互联网上，大家可以在网上看到[1]。所谓注释，可能对普通读者来说有些碍事，但对好奇心强的读者来说却像是一道菜里不可或缺的调味料，对自称专家的人来说又是没有它就是言之无据的证明。所以，我采用了这样折中的形式。

最后，我想对建议我完成本书的朝日新书出版社副总编辑三宫博信先生表示由衷的感谢。当他向我提起这个主题策划案时，我真的吓了一跳。不过，在听了他的提议之后，我确实马上便回忆起了当年在坡道上上下求索的感觉。

平成25年3月3日
东谷晓

---

[1] 如作者所说，日文原版书中没有注释。为方便我国读者阅读及资料查阅，注释附在了每章正文之后，希望能对有需要的读者朋友有所帮助。
　　　　　　　　　　　　　　　　　　　　——编者注

图片来源

朝日新闻社
    p.002　约翰·M.凯恩斯
    p.076　保罗·A.萨缪尔森
    p.101　约翰·K.加尔布雷思
    p.168　加里·S.贝克尔
    p.232　弗里德里希·冯·哈耶克
    p.274　彼得·德鲁克
    p.300　保罗·克鲁格曼
    p.329　罗伯特·J.席勒
    p.350　约瑟夫·E.斯蒂格利茨

Aflo
    p.188　理查德·A.波斯纳
    p.210　小罗伯特·E.卢卡斯

Getty Images
    p.138　米尔顿·弗里德曼

The Levy Economics Institute of Bard College
    p.118　海曼·P.明斯基

Kari Polanyi Levitt
    p.255　卡尔·波兰尼

图字：01-2023-3045

KeizaiGakusha no Eiko to Haiboku by Higashitani Satoshi
Copyright © 2013 Higashitani Satoshi
Simplified Chinese translation copyright ©2021 Oriental Press,
All rights reserved
Original Japanese language edition published by Asahi Shimbun Publications Inc.
Simplified Chinese translation rights arranged with Asahi Shimbun Publications Inc.
through Hanhe International(HK) Co., Ltd.

中文简体字版版权由汉和国际（香港）有限公司代理
中文简体字版专有权属东方出版社

图书在版编目（CIP）数据

经济学家的荣光与败北：从凯恩斯到克鲁格曼 /（日）东谷晓 著；靳园元 译. 一 北京：东方出版社，2023.11
ISBN 978-7-5207-3680-0

Ⅰ. ①经… Ⅱ. ①东… ②靳… Ⅲ. ①经济学家 - 思想评论 - 世界 Ⅳ. ①F091

中国国家版本馆CIP数据核字(2023)第187593号

经济学家的荣光与败北：从凯恩斯到克鲁格曼
（JINGJIXUEJIA DE RONGGUANG YU BAIBEI: CONG KAIENSI DAO KELUGEMAN）

作　　者：	[日] 东谷晓
译　　者：	靳园元
责任编辑：	王夕月　徐洪坤
出　　版：	东方出版社
发　　行：	人民东方出版传媒有限公司
地　　址：	北京市东城区朝阳门内大街166号
邮　　编：	100010
印　　刷：	优奇仕印刷河北有限公司
版　　次：	2023年11月第1版
印　　次：	2023年11月第1次印刷
开　　本：	880毫米×1230毫米　1/32
印　　张：	12.5
字　　数：	290千字
书　　号：	ISBN 978-7-5207-3680-0
定　　价：	69.00元
发行电话：	(010) 85924663　85924644　85924641

版权所有，违者必究
如有印装质量问题，我社负责调换，请拨打电话：(010) 85924602　85924603